三晋百位历史文化名人传记丛书

追寻先贤的足迹　倾听历史的回声
守望伟大的传统　成就时代的梦想

郑光祖传

孟志平 / 著

山西出版传媒集团
北岳文艺出版社
·太原

图书在版编目(CIP)数据

郑光祖传 / 孟志平著. —太原：北岳文艺出版社，2020.11
ISBN 978-7-5378-6312-4

Ⅰ.①郑… Ⅱ.①孟… Ⅲ.①郑光祖—传记 Ⅳ.①K825.6

中国版本图书馆CIP数据核字（2020）第213693号

书　　名：郑光祖传
著　　者：孟志平
责任编辑：邹　伟
装帧设计：张永文
篆　　刻：刘　刚
插图设计：阎宏睿
印装监制：郭　勇

出版发行：山西出版传媒集团·北岳文艺出版社
地　　址：山西省太原市并州南路57号
邮　　编：030012
电　　话：0351-5628696（发行部）
　　　　　0351-5628698（编辑室）
传　　真：0351-5628680
网　　址：http://www.bywy.com
E－mail：bywycbs@163.com
经 销 商：新华书店
印刷装订：山西人民印刷有限责任公司

开　　本：710mm×1000mm　1/16
字　　数：280千字
印　　张：19.5
版　　次：2020年11月　第1版
印　　次：2020年11月　山西第1次印刷
书　　号：ISBN 978-7-5378-6312-4
定　　价：38.00元

本书版权为本社独家所有，未经本社同意不得转载、摘编或复制

《三晋百位历史文化名人传记丛书》组织机构

策划
杜学文　张明旺　王宇鸿　梁宝印

专家审读小组
主　任：杨占平
副主任：续小强
成　员：周宗奇　韩石山　降大任　赵　瑜　哲　夫
　　　　李书吉　陈为人　乔忠延　魏荣汉　范兆飞

编辑出版办公室
主　任：杨占平
副主任：续小强
成　员：郭　松　孙　茜　李金山　王　姝　吕轶芳

◎城隍庙郑光祖雕塑

◎临汾王曲村东岳庙元代戏台

◎临汾魏村牛王庙元代戏台

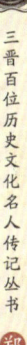

◎临汾东羊村后土庙元代戏台

◎临汾东羊村后土庙元代戏台上的壁画

◎临汾东羊村后土庙元代戏台上顶部木质结构

◎西湖灵隐寺

◎白苏二公祠

◎城隍庙碑刻

郑光祖传

◎ 襄陵文笔塔

◎襄陵三官庙

◎襄陵西街村牌楼

郑光祖传
Zheng Guangzu zhuan

◎西湖景

序：现代化进程中的山西文学

杜学文

从传统社会向现代社会的转化是人类发展进程中的重大课题。每一个国家、每一个民族都将面对，难以回避。个人，作为社会的组成细胞，也同样如此。这并不以我们自己的意志来转移。综观世界各国，在这种转化的进程中，都有了不同的选择，并表现出各异的特色。但总的来说，还是目前我们称之为"发达国家"的率先实现了现代化。其成功的转化有诸多原因，但从文化的角度来看，与其自然环境的特殊性、农耕文明的不发达，以及突出的个人奋斗精神、重利思想、实用主义等有极大的关系。而目前世界上的欠发达国家或发展中国家，则在向现代化转化的历史进程中，又表现出各自不同的特色。就中国而言，在其漫长的历史进程中，农耕文明得到了充分发展，并达到了最为繁荣的境界。现在的发达国家在转型早期的生存压力等表现得并不明显，从而一种自给自足、自得其乐的生活方式逐渐固化。向现代化转型的原生性动力并不强大。从某种意义来看，中国实际上进入了一种人类最美好的发展境界，那就是，依靠劳动来创造财富，与大自然和谐共处，有剩余的时间来体验人生的乐趣等等。中国从传统社会向现代社会的转化主要靠外部的强力推动。就是说，因为先发国家对财富、权力、欲望的强烈追求，在吸纳了东方文化，其中非常重要的是中国文化之后，骤然表现出突飞猛进的发展状态。其商业首先得到了快速的发展。特别是依靠对海外市场的分割，使过去形成的传统的世界市场在大航海时代变得更加活跃。同时，工业技术得到了快速的进步。人类的新发明成几何级数增长。新技术的出现使社会生产力得到了空前的解放，物质生产表现出前所未有的丰富。而与之相应的是社会制度的进一步变革。一种能够服务新的生产力发展的社会管理系统逐渐建立，并在血与火之中不断完善。在这样的变革转型中，东方古老的中国受到了西方先发国家的强烈冲击。传统的农耕文明与新发展的工业文明之间出现了严重了错位，并引发了控制、占有与反控制、反占有的残酷斗争。中国从农耕文明的辉煌顶峰跌落，中国人开始睁开眼睛看世界，并反思自身文明存在的问题。在外力的冲击下，中国不自觉地开始了向现代化转化的历史进程。一代又一代的中国人筚路蓝缕、奉献牺牲，前赴后继、求索奋斗，就是要重新找到国家独立、发展、进步的正确道路，实现民族的复兴。在不同的历史时期，他们承担了不同的历史使命。不同的人们从自己所从事的事业中为这样一个艰难而宏伟的目标做出了自己的贡献。而中国的文学，同样没有疏离民族的历史追求，甚至在许多关键的历史时刻，承担了开启民智、传播思想、激发斗志、重塑文明的历史重任。在这样一个艰难的充满了探索的转型进程中，中国人民表现出了自己最大的智慧与韧性。一直到新中国的建立，才基本形成了主权统一、独立自主的现代国家形态，并以超人的勇气与奋斗精神、惊人的创造力与发展速度迈向现代化。在这样一个伟大的转化进程中，中国虽然经历了失败、屈辱、挫折，但终于创造了他人所没有的成就。而我们的文学，正是这一历史的亲历者、推动者、表现者。就山西文学来说，是中国文学的重要方阵，当然也是这一历史的组成部分。其努力与贡献非常突出。

首先是推动了现代汉语的大众化,为现代汉语从知识阶层走向普通民众,并使二者有机结合做出了积极的贡献。在中国追求现代化的进程中,经历了一个从"器"到"道"的转变。所谓"器",就是中国人在最初以为是西方发达国家的技术、器物先进,因而倡导"洋务运动",开办现代工厂,引进西方设施,等等。这些努力从历史发展的必然来看,当然是非常重要的。但是,事实很快证明,仅仅引进西方的先进技术并不能解决问题。之后发生了制度层面的改革,包括推翻清王朝,建立立宪政权,仿效欧美三权分立及选举制度等等。但是,这种形式上的制度变革没有使中国强大起来,反而使中国成了一盘散沙,四分五裂。于是,更多的人开始反思中国的文化。一方面,对中国传统文化中的落后部分进行批判;一方面引进国外的思想如无政府主义、新村主义,包括马克思主义等等。新文化运动成为当时风生水起的社会思潮。从今天来看,其对中国传统文化的批判有许多过激之言。但是如果我们回到具体的历史场景,就会感到这些批判背后所表露的急切心情及历史合理性。在新文化运动中,一个最为突出的问题,也是最为重要的成果就是把中国人使用了数千年的文言文转化为白话文。从文化发展传承的角度来说,以文言文为代表的中国书面语言具有其重要的历史价值、文化价值、文明意义。可以说,文言文的简洁、精炼、典雅,以及其表情达意的丰富性,是世界上任何语言都难以企及的。这也正是其生命力之所在。但是,从历史发展的现实来看,文言文也具有非常严重的局限性,难以适应现代社会的发展要求。首先是缺乏精确性。由于中国传统文化中思维追求整体感、人文感、艺术感,中国的语言缺少对事物的准确表述。这种特点虽然具有非常强烈的人文色彩,以及超越了具体现象的整体感,但是与现代工业技术发展中对事物精确性表达的要求有很大的距离。语言的背后体现的是思维方式。如果语言难以体现精确性要求，人们的思维同样将不能适应时代发展的要求。其次是书面语言与口头语言的分离。虽然任何语言都会表现出书面与口头的差别，也就是说，人们不可能把口头语言照搬为书面语言。但这种差别在汉语中表现得尤为突出。这就是作为书面语言的文言文与口头语言的"白话"之间的区别。这种区别使更多的普通民众与书面书写脱离，对开启民智、提升大众的文化素养产生了障碍。而现代化的实现并不仅仅是少数"文化人"的事，而是全民族的事。因此，语言的变革，使之更能够适应现代化的需要就成为一种时代的必然。20世纪的新文化运动，除了其在价值观方面的追求如"科学""民主"等之外，对语言的解放也是一种非常强烈的期待。一些有识之士率先放弃了对古代汉语的使用，积极采用白话文来构建现代汉语。这其中，出现了许多具有代表性的人物，如鲁迅、胡适等。今天我们仍然能够感受到鲁迅的语言中存留有古代汉语的元素。这是中国语文从古代汉语向现代汉语过渡的典型表现。而胡适等人则努力使自己的书面语言更加通俗化、口语化，也显示出某种过分倾向于白话的特点。另外一些具有欧美留学背景的人则企望借鉴外来语言对中国的语言进行改造，因而出现了许多非常欧化的表达方式。就中国现代汉语的成熟完善来说，这些努力都是非常珍贵的。但是，真正使新生的现代汉语从古代汉语中出走，并吸纳了民间语言的丰富、生动的特质，使之成为一种既有古代汉语的节制、典雅，又有民间口头语言的生动、活泼，从而使现代汉语能够成为一种具有完整的语法体系、鲜活的表现力，以及体现民族语言特色的"现代汉语"形态，则是以赵树理为代表的作家们做出了重要的不可忽略的贡献。

就赵树理个人的创作而言，其早期也是走欧美语法特色浓重的路线。但是当他发现这条路难以被普通民众接受后，其语言表达发生了转化，开始更加注重民族语言与现代性的融合。他的语言生根于中国古代汉语与民间语言的丰厚土壤。在保持语言典雅品格的同时，至少从这样两个方面进行了努力。一是更多地吸收了民间语言的表达方式，使普通民众能够走进这样的语言，使用这样的语言。也正因此，他的语言表现出非常鲜活、生动的状态，使语言的活力大大增强，表现力得到了拓展甚至突破。二是他的语言在规范性方面进行了重大的努力。一方面剔除了民间语言、方言中粗俗的、生僻的元素，使之更加典雅、庄重，另一方面，他保持并强化了以北方方言为主的结构形式，使之在语法形态方面更加完善严谨。所以，今天我们读赵树理的作品，其语言的流畅、生动、鲜活仍然非常突出。可以说，在中国现代汉语出现、发展、完善的进程中，赵树理做出了不可跨越的贡献。当然，这种贡献不可能是他一个人完成的，而是在特定历史条件下，由包括他在内的一大批作家共同努力，并在一代又一代作家的接力中实现的。赵树理丰富了现代汉语的表现力，并使这种获得新生的语言成为广大民众自己的语言。这后一方面的贡献更为重要。因为如果一种新生的语言难以得到民众的认可，其生命力是非常值得怀疑的。可以这样说，如果没有这些作家的努力，中国的现代汉语很可能成为一种"精英"的语言。也就是说，很可能成为一种少数有"文化"的知识分子的语言。这不仅将使语言的普及受到阻碍，也将因为得不到大众的认可而导致中国现代化的迟滞。

山西的作家受赵树理的影响甚深。除了创作理念、题材选择等方面外，在语言的运用上也同样如此。这也就是说，从赵树理以来的几代山西作家不仅坚持了赵树理的创作方向，也共同为中国现代汉语的进一步完善、发展做出了努力。尽管今天我们可以说，这些作家个人的成就不同，在语言表达方面风格各异，但是他们有一个共同的特点，即在坚持语言的民族化方面都进行了非常积极的实践。进入新时期，随着改革开放的不断深化，各种创作观念竞相显现。山西作家虽然与全国的创作相比更多地表现出固守的姿态，但是新的创作手法、元素等也在自觉不自觉地借鉴当中。其中就语言表达的追求而言，大体表现出两种特点。一种是仍然坚持语言表达的民族风格，并随着时代的发展变化使之更加丰富生动起来。他们的语言，不仅缘于题材选择的民间性、地域性，以及人物、故事的原生性，更缘于吸纳了民间语言的鲜活元素，在叙述、描写等诸多方面更多地体现了植根于本土的语言活力。另一种虽然也注重题材的地域性选择，但在语言表达中更多地呈现出一种开放的意识，比较侧重吸纳外来语言中的合理成分。如修辞的繁复，语句的长结构，象征意象的频繁使用等等。虽然这两种追求表现出各自不同的倾向，但他们随着时代的发展而推动现代汉语不断进步的努力是一致的。

　　需要我们重视的是，山西作家在自己的创作中表现了中国文化的原生态及其变化。这种原生态不是指文化最初形成的形态，而是指数千年来一直呈现出来的未经现代化浸染、改变的文化。从某种意义来看，它已经成为生活在这样的历史环境中每一个人不自觉的潜在意识，并支配着人们的思想与行为。文学的表达虽然是语言与形象的表达。但是隐藏在语言与形象背后的却是生成这种语言与形象的文化。如果一种文学性的描写没有隐晦地展示出某种文化及其价值观，我以为就是一种表面性的甚或肤浅的描写。山西作家在自己的创作中表现出一个非常突出的特点，即对自己生活的土地、家园有一种执着的关注。而就山西这一地域来说，其文化又具有某种典型性。这就是生根于黄土高原的农耕文化。在中国现代化的进程中，一个非常艰难的任务就是要改变这种文化，使之蜕变为一种新的文化：现代化。这一过程是非常艰难的，也是非常痛苦的。数千年的农耕劳作，已经形成了一种自足的完善的文明体系。但是，就在这种文明体系达到顶峰的时刻，我们突然发现她已经不能适应现代化的要求。于是，开始不自觉地改变自己。这一过程伴随着战争、灾难、屈辱、失去国土与家园等等。在经受这种外在考验的同时,还有我们内在的情感、思想、精神等诸多方面的考验。一方面,救亡与重生成为一种时代的必然使命。另一方面,精神与文化的重建、新生也面临着更大的挑战。就前者而言,山西作家的创作并不是真正的重点。而后者却是其在描写社会变革进步中隐藏的中心。山西是中国最早开始工业化、现代化建设的地区,但是我们很少能够看到山西作家所描写的这方面的作品,而曾经作为抗日战争敌后根据地中心的山西,实际上也没有太多的文学作品来表现。反倒是有许多作品在这样的社会背景下来描写当时的人们如何生活,并参与了这一影响世界文明进程的历史。可以说,这些作家们表面上看起来对社会变革更关心。但是一到拿起笔的时候,就情不自禁地流露出他们对于特定文化及其价值观的不自觉的关注。这实际上成就了他们,也局限了他们。如果就当代文学而言,最早的表达在于农民群体的觉醒。他们感受到了时代的变化,并参与、推动了这样的变化。比如小二黑,虽然具有了杀敌英雄的身份,但作家所要说的却是旧的文化观念,以及由此形成的生活方式对人性的伤害——当然是从爱情的角度切入的。作家的贡献不仅在于表现了时代变化中人性尊严的重新确立,更重要的是,作家生动地再现了这种旧的文化制约在人们劳动、生产、生活、情感,以及社会关系诸多方面的表现。也就是说,作家不是把一个关于追求自由恋爱、自主婚姻的故事作为一种孤立的现象展示出来,而是生动地表现了这种文化观念在旧的生活方式中的普遍性,以及其荒谬性。也就是表达了必须改变这种文化观念的必然要求。这当然是非常符合时代需要的,也是中国在现代化进程中必须跨越的。在山西作家的创作中,相当多地表现了劳动者——当然主要是农民,以及农民出身的、具有农耕文化背景的其他身份的人们对劳动的热爱,对土地的执着,对家庭的重视等等。从历史的层面来看，这些内容都构成了农耕文明的重要组成部分，也是这一文明能够发展、生长的原动力。但是从时代的要求来看，这种文化又成为那些最终必然要离开土地，不再是农民的人们内心世界与精神领域的时代痛苦。比如在改革开放之后，工业化的浪潮漫卷一切。在最具现代化特点的大型露天煤矿当工人的吴福却难以适应这种快节奏的标准化的生活方式。他无限怀恋地回到了自己的家乡。但是家乡已经不再是曾经的家乡，吴福也不再是过去的吴福。他身跨两界，无所归依，内心充满了痛苦。这是一种时代转换、文明更替的痛苦，是一种具有重大典型意义的内心再现。而在现代化程度日益加深的历史时期，农村也已不再是传统意义的农村。农民也不再是仅仅从事农业生产的农民。更大的市场与财富吸引了更多的农民，城市成为新的生活中心。虽然从某种意义来看，城市化可以作为现代化程度的一种标志。但是城市化也同时带来了传统文化的消失、传统生活方式的改变，以及传统人际关系的新建。老甘，这个仍然坚守在内心世界的"过去的农村"中的农民，痛苦地怀恋着昔日活色生香的农村及农村的生活。但是，过去的一切似乎已经义无反顾地过去了。他的农村已然不再。如果说这样的农村随着市场化程度的提高有新生的希望的话，也与过去的农村大不一样。老甘的痛苦同样是一种时代的痛苦，是我们在走向现代化进程中不可回避的痛苦。当然，山西的作家也描写了这种进程中人们的希望、新生，以及由此而来的快乐、自信。宋老大进城送公粮时那种发自内心的自豪感、主人感，那种终于直起了腰板的幸福感将永远感动我们。而在首都打工并学会说普通话的小雪也动人地透露出新一代农民美好的未来。

　　山西的作家们也企图从比较宏大的层面来揭示中国文化的品格，以及由此而反映出来的中国精神。这些描写不在意于对现实生活具体人事的再现，而是企图通过某种具象化的人事具有隐喻意味地表达作家对民族性的理解。他们营造的人物生活环境不太具体，而是具有某种概括性，超越了具体的、实指的时间、空间。其中人物的行为，以及由这种行为所表现出来的文化内涵、价值选择体现出一种超越了具象的恒久性。由此可以使我们领略一种民族的生存状态与价值操守。其中的一部分作品甚至具有进行人生意义、价值意义探求的哲学性努力。这时，作家关注的不再是现实生活中具体的人事，以及其中透露出的社会文化内涵，而是超越其上的价值追寻。在临危受命的戴夫人身上，作者赋予她民族人格最为优秀的内涵。她不仅具有一般人所可能具有的大局观，以及人性的智慧，而且作为生命个体，她具有了一种古人所言的"浩然之气"。她在漫长艰难的商旅途中，没有感受到生命的渺小，而是站在太行山顶吟诵前人的诗篇。她感受到的是生命的博大、伟岸，以及大自然的神奇、浩渺，是一种天人合一、物我两忘的至高境界。这不仅是她个体生命的壮美华章，也是民族文化中价值体系的完美内化。张马丁的遭遇则从另一种角度表现了不同文化短兵相接所引发的一系列事件，以一种宏阔的视野描写了文化境遇背后各异的价值体系之间的交锋、错位、融合。还有许多作品通过对具体人物生命境遇的描写，表现了具有历史意味的在潜意识中特定价值观支配下的民族精神世界。

　　读山西作家的作品，事实上也可以看到中国从农耕文明的顶峰跌落到重新崛起，实现现代化的历史进程。在当代文学中为数不多的抗日战争题材的作品中，我们可以看到以中国北方农民为主的人们如何从屈辱中觉醒、抗争，并取得了历史性意义的胜利。抗日战争的胜利，不仅仅是军事的胜利，而且是中华民族在经历了无数的失败、屈辱之后终于走向独立、自主，重新以一个文明民族的形象自立于世界民族之林的标志；也是中国在经历了种种探索，尝试了不同发展道路之后，终于表现出走向正确发展道路，迈出实质性转型步伐的标志。

尽管一直以来我们都有这方面的创作，但是具有宏观性、历史深刻性的作品还不多。新中国的建立是中华民族终于在百余年的努力之后有了自己独立政权的大事，也是中国开始以超人预料的成就向现代化迈进的起点。山西的作家以自己敏锐的笔触描写了这一关键时刻中国普通人内心世界的喜悦、自豪，以及对未来的憧憬。还是在1949年10月1日，诗人高沐鸿就创作了诗歌《这是我们人民自己的胎生》，为新中国的建立而欢歌。之后的一系列文学作品生动地表现了站起来的普通民众内心世界的巨大变化，特别是其人格世界的变化。他们实实在在地感受到了新社会的进步，以及当家做主的自豪。他们不仅在经济上得到了解放，在政治上得到了翻身，而且在精神世界上发生了积极的蜕变。一个新的时代带来了新的发展与进步。也正是这些作品成就了这个新文学史上一个最具典型意义、产生重大影响的文学流派——"山药蛋派"。他们有共同的创作追求，有共同的题材选择，有以赵树理为代表的领军人物。这个流派出现的意义，不仅仅是属于文学的，更是属于中国文化的。他们在尊重并表现中国优秀传统文化价值观的前提下，呈现在这种价值体系影响下中国民众，主要是农民如何生活、生产、思考、发展。读这些作家的作品，不仅使我们能够了解到特定历史时期中国发生的事情，而且将使我们了解中国人是怎样的一种生活方式，中国人在新的历史时期发生了怎样的变化。在20世纪70年代末、80年代初，山西的作家们非常敏锐地感受到时代将要发生的巨变。这种感受不是源于理性的分析研究，而是源于他们对现实生活的关注与热爱，是他们从具体的生活中感受、发现了时代变革的动力。其中有他们对极"左"路线的批判，以及对中国变革发自内心世界的呼唤。这首先是已经成名的一批被称为"老作家"的人们走上了历史的舞台。而另一批将在中国文学园地表现出勃勃生机的作家以自己的敏锐发现了生活的变化。至20世纪80年代中期，以《当代》发

表一组山西作家的作品为标志,文学"晋军崛起"成为中国文坛的一个重要事件,引起了广泛关注。这批作家一进入文坛即表现出不俗的活力,显得生龙活虎,风生水起。他们首先成为对极"左"路线的批判者。通过一系列生动的、充满生活意蕴的人物形象来揭示中国曾经走过的弯路,以及即将出现的变革。而后,出现了一系列呼唤改革的优秀作品。一些小说被改编为影视作品,在当时传媒欠发达的条件下产生了极大的轰动效应,甚至有万人空巷之叹。其中的朱克实、李向南、李高成等成为新的历史条件下拨乱反正、推进改革的典型人物。这些作品既是文学的,更是时代的、历史的。它们表达了中国人内心深处希望变革的期待,也呼唤着一个新的历史时期的到来!

中国的改革是中国从传统的农耕文明出走,迈向现代化的重大事件。随着改革开放的不断深化,中国表现出强劲的发展态势。同时,也遇到了许多需要解决的问题。一方面是现代化程度的不断提高,另一方面是这一进程的艰难演进。一个时期,那种充满浪漫主义色彩的乐观情调被现实生活中的艰难前行所生发的复杂性代替。改革并非一帆风顺,充满了困惑、曲折,有许多困难需要智慧与勇气来克服。这一时期,山西的文学创作沿两条主线展开。一方面是直面现实,表现新的发展时期人民的智慧力量,及时代的进步,如农村改革,国企改革,全球化背景下的商业博弈,以及反腐倡廉、环境保护、民主选举、基层生活、重大事件等等。总的来说,山西文学表现出社会的艰难进步,这种进步首先是积极的、正义的、人民的力量战胜了消极的、不义的、损害人民利益的力量。同时也表现出了中国传统社会在时代的发展进步历程中逐渐变化:如传统农村的式微与新盛;农村人口向城镇的转移;土地的工业化、商业化等等;商品经济的蔓延,城镇化的发展;以及身处其间人们内心世界的彷徨、痛苦、选择;人对土地以及建立其上的生产生活方式的依恋;对改革进程中传统国有企业的情感等等。从这些作品中,我们可以观察、感受到中国正在发生的翻天覆地的变化。另一方面,许多作家企图从超越现实的具有形而上意味的层面来探求中国的民族精神。一些作品甚至具有了某种哲学性品味。他们可能借助于某一历史事件,或者设计一个与现实生活隔离的故事来表现自己理解的民族精神。这一类作品可能表面上与现实生活没有直接的关联,但是对我们认识民族文化、民族品格具有积极的意义。事实上这些作品为我们提供了一种思想文化资源,是对现实生活中剧烈变革引发人的价值观的迷茫进行的某种文化性指引。它不涉及现实问题,不为我们思考感受现实生活提供具体的形象。但是,为我们提供观照现实、解决现实问题的精神力量、价值选择和思想资源。这其中也有一个如何认识人生、如何认识民族、如何面对个人价值的问题。

总之,不论是对现实生活的直接表现,还是以隐晦的笔法对现实生活提供精神资源,都可以看到山西作家对社会生活、人生价值的一种积极的态度。他们试图以自己的描写来表达某种具有积极意义的思想内涵,为今天的人们提供精神力量,以推动中国社会的发展、进步,以及在历史蜕变中人的完善。这些努力也可以视为是在现代化进程中对民族精神的一种回顾与追寻。读山西作家的作品,可以使我们从一个侧面感受到中国走向现代化的历史进程。

山西作家在艺术创造上也进行了积极的努力。就山西文学的当代面貌来看,表现出一种从一元向多样的发展态势。当代山西文学受以赵树理为代表的"山药蛋派"影响甚重。一代一代的作家不仅受到这一流派作家关注现实生活、关注社会民生的创作理念的影响,而且在表现手法上也多承续这一流派。因此,直至改革开放前,山西文学基本呈现出一种"山药蛋派"式的一元状态。但是,进入改革开放的新时期后,这种局面开始发生变化。一些人更注重语言描写、心理表达等等。不同于"山药蛋派"风格的作品开始大量出现。首先是题材选择表现得更加多样，其次是表现手法更加多样，再次是创作观念也呈现出多样化的格局。山西文学终于形成了从一元走向多样的创作态势。那些坚持以农村为主要创作题材的作家们也积极地吸纳了其他的表现手法，使农村生活的表现领域大大拓展。另一方面，山西也出现了典型的所谓"现代派"小说。心理结构、借鉴侦探小说手法的"悬念"结构、无情节结构、意象结构、寓言式结构等等次第登场，宏大叙事与个人化叙事并存一体。这些作品有的已经产生了比较大的影响。无论如何，他们都是山西作家对文学自身进步的积极探索。

  从某种角度来看，山西文学似乎为我们呈现出了中国走向现代化的百年变迁史。这不仅表现在人们广为关注的小说创作之中，同时也更加丰富地表现在文学的其他领域，如诗歌、散文、戏剧，以及逐渐从散文文体中独立出来的报告文学及传记文学之中。当我们追寻这种变迁的历史时，不能割断由山西而表现出来的中国五千年文明史。山西是华夏文明的主要发祥地，从远古以来，这一文明代代相传，承续不绝，其中涌现出众多的仁人贤士。作为个人，他们有自己所处的具体的历史环境、成长条件，对人类文明的进步做出了自己的贡献。但是，作为一种文化现象，他们似乎勾勒出中国文明发展进程的历史脉络。在他们身上体现了中华文明的历史贡献、价值选择，以及思维模式。对他们进行研究，并用传记的方式表现出来，使今天的人们了解并感受他们所具有的闪光的人文价值，不仅对今天的改革发展具有积极的意义，对我们现代化进程中的文明重建同样具有非常重要的意义。这将首先使我们看到历史发展进程中文化的影响力，进而使我们能够进一步确立文化的自信心与自觉性。在这些如星光一般闪烁的先人身上，我们将体会到中华文化的魅力、价值和绵延不绝的生命力。承续山西文学的精神品格，创作出新的能够表现时代精神的优秀作品，是我们这一代人的使命。而对五千年文明发展进程中那些曾经做出突出贡献的英杰才俊进行文学式的描述，也将是我们传承民族精神的一种努力。因此，组织编辑出版山西文学"双百工程"，有着非常积极的现实意义。

这一"工程"包含两个序列三个方面的内容。一是"百部长篇小说"，其中一部分是已经发表出版并产生了较大影响的现当代小说。通过集中编辑出版，可以使我们比较全面地回顾审视山西文学某一方面的成就与贡献。另一部分是新创作的长篇小说。其目的是推动山西长篇小说的不断繁荣。把它们列入这一工程，即是对文学发展的新推动，也可以延续已有的成果，使人们看到山西文学创作的最新成就及更加生动的面貌。二是"百部山西历史文化名人传记"。山西的报告文学近些年来表现出非常活跃的态势。不仅参与创作的作家比较多，出现的作品比较多，而且产生的影响也比较大。其中一些作家应该说是中国报告文学领域的领军人物。同时山西也是华夏文明的重要发祥地，在五千年的文明发展历程中涌现出许许多多的对中华文化发展进步做出重大贡献的英杰先贤。以传记的方式把这些先人在中华文化发展进程中的贡献表现出来，有助于我们重新认识中华文明对人类的重大贡献，有助于我们进一步追寻中华文化的精神、操守、品格，并使我们从先人的风采中找到自己前行的楷模和动力，激励我们推动中国的改革发展进步。所以，这也就成为我们的一种责任。相信通过这一努力，既将促进山西文学的进一步繁荣，也将进一步增强我们的文化责任，重塑我们的文化形象，展示中华民族在漫长发展历程中表现出来的精神力量与智慧，为实现民族复兴的中国梦做出积极的贡献。

目录

第一章 魂归灵隐寺
一湖碧水　满目蒹葭 …………………………… 001
游梦痴梦　唤魂离魂 …………………………… 005
虚幻古刹　梦醒断桥 …………………………… 009

第二章 乱世儒家风
书丧秦嬴　道绝孔圣 …………………………… 014
襄陵故里　儒业簪缨 …………………………… 018
声到耳清　香拂鼻馨 …………………………… 022

第三章 善恶两况味
终身为善　不可玷染 …………………………… 028
少年张狂　气宇昂扬 …………………………… 032
人心苍茫　荣辱气量 …………………………… 036

第 四 章　祸福孰可料
　　时之不幸　士之大幸 …………………… 040
　　酒囊饭袋　世人皆鬼 …………………… 044
　　平阳才人　方今名公 …………………… 048

第 五 章　人生本如戏
　　真伪虚实　混沌尘世 …………………… 054
　　贫贱富贵　一夕黄粱 …………………… 058
　　龙澍唱戏　黄崖吟诗 …………………… 063

第 六 章　南北有曲调
　　知人知世　知情知理 …………………… 068
　　前辈先人　谁是知音 …………………… 071
　　背井离家　咫尺天涯 …………………… 076

第 七 章　世事原无常
　　山水遁隐　情窦初开 …………………… 081
　　离我家园　圆我戏缘 …………………… 085
　　涉世涉险　卜生卜死 …………………… 089

第 八 章　寂寞杏飘香
　　前辈先贤　和曲如烟 …………………… 093
　　儒者受制　力者制人 …………………… 097
　　铭我壮志　抒我豪情 …………………… 100

第 九 章　我为江南吏
　　世事纷繁　怎谓无常 …………………… 105
　　习儒为业　以儒为吏 …………………… 110
　　汉人悲也　士者辱也 …………………… 114

第 十 章　离人在天涯
　　儒生名也　从吏实也 …………………… 116

　　　　人生异也　殊途同也 ·················· 119
　　　　行路易也　抉择难也 ·················· 122

第十一章　忍辱且偷生
　　　　人言足畏　人言足恶 ·················· 127
　　　　干禄无阶　入仕无路 ·················· 131
　　　　汉家之恶　吏人之危 ·················· 133

第十二章　笑拈黄花去
　　　　我为伊尹　我辅成汤 ·················· 137
　　　　天降圣君　世生良臣 ·················· 141
　　　　可诉之人　可为之事 ·················· 145

第十三章　掘下相思窖
　　　　善行遭恶　快刀见血 ·················· 150
　　　　秋雨钱塘　春情短墙 ·················· 154
　　　　浪漫一约　生死一缘 ·················· 159

第十四章　一如平生欢
　　　　雪映断桥　雾锁灵隐 ·················· 163
　　　　离恨易诉　秘情难宣 ·················· 167
　　　　北人南曲　旧谊新朋 ·················· 171

第十五章　云端觅黄鹤
　　　　我是王粲　王粲是我 ·················· 174
　　　　神仙道化　山林隐遁 ·················· 179
　　　　悼怀先古　抒我襟怀 ·················· 181

第十六章　五陵豪气人
　　　　桑枢瓮牖　玉砌雕栏 ·················· 184
　　　　善舍善得　慎言慎行 ·················· 188
　　　　彩幡飞舞　楼宇空旷 ·················· 191

第十七章　一醉堪逍遥
　　汉人草芥　南人价驴 …………… 195
　　量斗海河　气卷江湖 …………… 199
　　嗜酒如命　梦醉若生 …………… 202

第十八章　春暖墨痕香
　　西湖晴霁　知音何觅 …………… 207
　　御车郊原　舞剑尊席 …………… 211
　　将浊酒沽　破兴亡数 …………… 215

第十九章　殊途可同归
　　俗世俗事　人生人性 …………… 219
　　君子淡亲　小人甘绝 …………… 223
　　士林火花　文坛光采 …………… 227

第二十章　相交岂忘年
　　士子士才　录鬼录人 …………… 231
　　孤傲品格　谦逊德性 …………… 236
　　不论本色　何言文采 …………… 239

第二十一章　红稀信尤稀
　　有汾必饮　饮必有汾 …………… 242
　　风入罗帏　月照纱窗 …………… 247
　　文章曲调　乡人故交 …………… 250

第二十二章　缥缈兰麝香
　　莺歌燕舞　风月江湖 …………… 255
　　不在湖堤　不在断桥 …………… 258
　　爱恋成痴　想思成灾 …………… 262

第二十三章　相见时也难
　　月影铭心　青灯刻骨 …………… 265

一石起浪　唯我岿然 …………………… 269
　　良辰美景　风调才情 …………………… 272

第二十四章　生死两茫茫
　　一帘秋雨　半生流年 …………………… 277
　　王生写恨　倩女离魂 …………………… 280
　　琴瑟齐奏　琵琶悠扬 …………………… 288

参考文献 …………………………………………… 291

第一章 魂归灵隐寺

一湖碧水　满目蒹葭
游梦痴梦　唤魂离魂
虚幻古刹　梦醒断桥

一湖碧水　满目蒹葭

天下胜景，莫甚瑶台；人间天堂，自然首崇西湖。

西湖醉人之美，既是由莽莽苍苍的连天飞雪以晶莹剔透的圣洁奇幻之形悄然妆点而成，亦是由青翠欲滴满目葱绿的林带飘逸而出的清爽沁心之气凝结而成，更是由淅淅沥沥从天而降的迷漫珠玉敲击在远山近水、花径竹叶上的奇妙乐声混合而成。

一生寄情山水、飘逸洒脱、风流倜傥的福建崇安才子柳三变，当年独自徜徉西子湖畔，留恋其间，竟数日不忍离去。眼前和风十里，细柳拂水，荷花初绽，天水一色，完全可以想象词者的心湖上必然掀起一圈圈与湖水有着相同振频、相同波痕的涟漪；涟漪层层扩散，由近而远，首尾相衔，绵延不绝，三百年未散。山水灵性滋养的文人才子，历来无惧生死劫难险恶刀枪，却禁不住一池碧水的温柔撩拨。

这一撩拨，山水活泛了，胸襟摇曳了，盛传天下后世的佳句出来了。

> 东南形胜，三吴都会，钱塘自古繁华。烟柳画桥，风帘翠幕，参差十万人家。云树绕堤沙，怒涛卷霜雪，天堑无涯。市列珠玑，户盈罗绮，竞豪奢。重湖叠巘清嘉，有三秋桂子，十里荷花。羌管弄晴，菱歌泛夜，嬉嬉钓叟莲娃。千骑拥高牙，乘醉听箫鼓，吟赏烟霞。异日图将好景，归去凤池夸。

西湖，旧有钱唐湖、明圣湖、潋滟湖、明月湖诸般名称。《汉书地理志》载："钱唐（塘），西部都尉治。武林山，武林水所出，东入海，行八百三十里。"西湖之称，一则杭州古名钱塘，湖称钱塘湖；二则因湖在杭城之西，故名西湖。其盛传后世之名，追溯其源，乃出自唐朝诗人白居易《西湖晚归回望孤山寺赠诸客》及《杭州回舫》所作诗篇。宋之后，名家诗文均以西湖为名，钱塘湖之名逐渐隐没。官方首次使用西湖之名，则源于苏轼的《乞开杭州西湖状》。

自古吟诵西湖胜景者如云。诗人白居易于唐长庆二年（822）七月走马上任杭州刺史，为蓄积湖水灌溉农田，从东段家桥（即断桥）经锦带桥而止于现平湖秋月间的湖面，以白沙修筑了一道长约二里的堤坝，将西湖分为外湖与里湖，并将孤山与北山一堤相连。后人为纪念心系民生的白居易，遂称此堤为"白堤"。二百年之后，宋元祐五年（1090），诗人苏轼（即苏东坡）任杭州知州时，亲自率人疏浚西湖，将从湖中清出的淤泥葑草堆筑起一道南北走向的堤岸，南起南屏山麓，北至栖霞岭下。一堤飞架六桥，桥桥是景。此六桥便为名震天下的映波、锁澜、望山、压堤、东浦、跨虹。

"我来钱塘拓湖绿,大堤士女争昌丰。六桥横绝天汉上,北山始与南屏通。"至朝廷南下时,其堤岸已为西湖十景之首,名曰"苏堤春晓"。

形名一统,素有天堂盛名之称的杭州西湖自此稳稳端坐决胜之巅,巍然屹立。

这一立,即达千年。

西湖的美,无论如何是三言两语说不清道不尽的。若以粗线条宽视角大略概之,唯"一山、二塔、三岛、三堤、五湖"。"一山"者,夕照山;"二塔"者,雷峰塔与保俶塔;"三岛"者,小瀛洲、湖心亭、阮公墩;"三堤"者,白堤、苏堤、杨公堤;"五湖"者,外西湖、西里湖、北里湖、小南湖、岳湖。

至宋末,遂成"西湖十景"。谓之十景者,所指即为苏堤春晓、曲苑风荷、平湖秋月、断桥残雪、柳浪闻莺、花港观鱼、雷峰夕照、双峰插云、南屏晚钟、三潭印月。

历来,景为情境,情为景意。其交融渗透,方有盛名。

雪雾连天的西子湖畔人迹罕至,烟花三月的西子湖畔清冷如常,夏雨霏霏的西子湖畔唯听檐水滴漏,独独漫天黄叶零落飞坠,色调斑驳,混杂难辨的暮秋时节,一夜之间西子湖畔人潮如涌。

呼朋唤友,戚戚喟叹,拖老携幼的密集人流仿佛同时领受于一声力量非凡的召唤,从北岸郁郁葱葱的林带里涌出,向断桥边逶迤而来。不到半个时辰,从断桥至白堤,在长约三四里的湖畔上,形成一道规模至为壮观的庞大人潮。人潮不见首尾,一直涌向南湖后茂密得不见天日的林带里。

断桥外有家装饰较为别致的酒肆,厅门大敞。一位喝得面红耳赤操北地口音的后生,端至唇边的酒碗缓缓放下,目不转睛地看着酒肆外急匆匆赶路的男女老少,大是不解,问柜台后不时踮起脚尖、满脸焦灼之色的掌柜:

"店家老哥,杭州西湖今日是甚节令,咋地如此多人?"

掌柜大约没听清,愣了半响方道:"听兄弟口音不是本地人,这时不时晌不晌的,哪是什么节令。说起来倒怕是比过节还隆重些,你不晓得吗?名震天下的郑老先生不日前逝了,今日出殡,在灵隐寺火葬。郑老先生昔日故交,全城瓦肆勾栏行院班主有头面的名角名优们都送郑老先生西去。啧啧啧,这场面咱杭州地界百年未尝见识过。唉,老朽是有这两间铺面绊着腿脚,走不得。择时何如撞日,兄弟,不是我催你,碗里的酒落了肚,快快看排场去。误了,怕是一生憾事。"

后生大为不解,道:"郑老先生?民不民官不官的,竟有如此大的脸面吗?实不相瞒,两年前兄弟也在杭州,知州大人死在任上,也没见过这么大场子。"

"嗐!"临窗一位本地儒生模样的汉子霍地起身,仿若自言自语道,"知州大人是个好东西吗?大字不识半箩筐,老天瞎了眼,原是万两雪花银从杭州路达鲁花赤手里买来的狗屁官。一手交钱,一手戴帽,货真价实。知州任上,衙门大敞,肚皮撑开了,上下里外通吃,要不然一万两银子如何捞回来?官家,向来是个污浊不堪的烂泥塘,心地不黑得透亮,如何能进去?他死了,百姓夜半放炮放得通天大亮,巴不得知州老爷的臭皮囊狼吃狗啃了——若万民送他,岂不昧了良心!他能和郑老先生比吗!"一边骂骂咧咧,一边将两角碎银放在桌上,"店家,酒尚未足兴呢。银子留着,送完郑老先生回来接着喝!"

说罢,出门扬长而去。

店家胖乎乎的手掌利落地将两角碎银收起,满脸堆笑,"您只管瞧热闹去,这酒给您留着——保证半滴不会少!"一边压低了嗓门道,"就是这话,给鞑子当狗腿子,吃北蛮子的涎水乞活,天下有个好名声的没有?都他娘一丘貉鼠。知州是个甚,能跟郑老先生比吗!"

"听着倒是热闹。"后生将小半碗酒仰头喝尽,顺手夹了两块猪头肉在嘴里大嚼,"说了半日,这郑老先生,兄弟尚不知何许人,敢请掌柜指教。"

掌柜眼睛滴溜溜地瞅着后生从怀里摸出足有一两的银块,嘴里叨叨着,"哎哟,店里银镊子刚被下街借去,这点子酒食顶多三角银子——"

后生大度地挥手道:"余钱先撂这,不定今晚就住您这店里呢,多多少少到时一并结账,岂不爽快!"

"好咧,晚上给您腾出临湖的房间来,可赏三潭印月奇景。"店家亲热地拉着后生,指着白堤方向的重重峰林道,"郑老先生是杭州城,也是整个江南有名的富户,专擅写好剧目,城里城外方圆几百里府县村镇戏台上唱的都是老先生的戏。郑老先生叫郑光祖。"

"郑光祖?"年轻后生吃了一惊,"莫非平阳府襄陵人郑光祖郑德辉老先生?"

店家连连点头,道:"正是。后生莫非与郑老先生相识?"

后生默然半晌方道:"知其名未见其人,在下也是北地平阳府人,与郑老先生是同乡,日夜渴盼一见,不想竟是阴阳两隔。都是背井离乡人,在下自当送郑老先生最后一程。告辞!"霎时汇入人潮,踏上断桥。远远遥望,从白堤至灵隐寺,数里湖岸,摩肩接踵,人山人海。

游梦痴梦　唤魂离魂

人生于世,除却生死之外,由得你信也好不信也罢,在若隐若现中事实上还有第三种游离于尘世、界于天府与凡间的状态。这种状态虽则不易表述,但在所有人的某个特定时刻,一倏儿都实实在在体察过这种感触,恍如梦寐,或深如临渊。如此独特的感触绝非言语所能准确描述。凡瞬间坠入此般状态者,必定产生过无以名状的恐惧。好在恐惧如朝露,来得快消失得更快，继而是四壁无依的迷茫感，直至飘逸安然的大空灵。恰恰是在这种让人直至现今仍诡秘不可解的空灵状态中，任何一个或许片刻之前尚在俗世遭受无尽劫难苦痛的凡者，均会体验到蓦然脱离得与失、荣与辱，乃至生与死重重困扰的自由。

自由得酣畅淋漓，自由得痛快舒爽，自由得飘逸洒脱，此中况味，一言不可尽不忍尽也不愿尽。

飒飒秋风大起，悄无声息地掠过一碧如画的西子湖水，微波起落之处，浪涛不时拍击岸畔卵石，声响清盈滑脆，绵绵不绝。远山绿气盎然，近岸林带茂盛，宽阔呈一条笔直线条的白堤上，人头攒动。远方密林深处飞来峰直耸云天，隐隐可见袅袅香火徐徐升起，与深邃如海的苍穹云层融作一处。

半空里，就在堤岸人流的头顶上方，蓦地传来一声喟然长叹。奇怪的是，如此长叹之声虽则短暂却声如沉雷，成千上万的人流却无人听到，甚至无人觉察。人潮依旧默然前行，脚步依旧踏实稳当。

喟叹之后，发出此般声响者甚感失望，继而发出同样声如惊雷的自嘲苦笑。

老夫何人？老夫郑光祖也，平阳襄陵人氏，寓居杭城数十载的郑德辉郑老先生是也！

世人可悲乎可叹乎可笑乎，你们口中千呼万唤的郑老先生在此，为何独独不见！

那时，一个若隐若现的人影稳稳端坐于缓缓浮动的云层之上，如一尊尖利石斧雕刻出的僵硬佛像，纹丝不动。那"佛像"须发皆白，一块四角方巾扎于头顶，两边下摆微微垂落，在秋风中缓缓拂动。

云层悬浮人流上方，随人流沿白堤一路向飞来峰飘去。

"佛像"缓缓睁开双眼，脚下景事人事一如既往。好似就在昨日，遍野的荷花不再，满湖游弋的画舫不再，密布游鱼的花港仿若已成为一湖死水，印月的三潭光色顿失。"佛像"蓦地打了个寒噤，他猛然想起，所有的改变都源于两个月前的那个夏日晚上。

那个夏日的晚上，持续了一整天的燥热刚刚散去，他——郑光祖——依照惯有的方式，坐在可俯可躺的藤椅上，两方镇石一左一右呈完全相同的外八字倾斜角度置于额前一尺之外的纸张边缘；然后沏一杯浓浓的西湖龙井，墨砚早已备齐，檀香烟气氤氲。此处住地，说是寓所，实为一处方方正正的四合院落。正房通堂五间，东西厢各三间，南厢两步之外，照壁耸立。此杭城西湖边的四合院，稍有见识者一眼就可看出，整幢建筑实非江南格局，从立檐到斗拱，从窗棂连架到廊柱砖雕，无一处不显示出北地民居样式。而且院落并非江南百姓的普通居所，而是数年前郑光祖掷重金在紧挨西子湖畔购置了一片荒地，在荒地之上前后耗费一年多时间，聘请北地工匠，亲自参与总体策划及布局施工，完全仿照印象中家乡民居样式修筑而成的。

常年寓居他乡，如同所有漂泊流落异地的游子一样，每至夜深人静之时，郑光祖心中总会在莫名的怅然中不由自主回想起昔年故乡的青春时光。回味已成为一种不可回避的惯例，而所有的惯例往往又是最为残忍的心灵自戕，锋芒隐于无形却极为尖利，每一次哪怕是最轻微的触及都毫不亚于刮骨，无论夜幕沉落，无论皓月盈空，亦无论四野清幽，郑光祖不得不承认，当远避尘世纷扰，这理应是一天中难得让他至为珍惜的轻松愉悦一刻，但分明又是让他揪心感伤的时光。犹如置身无尽的旷野或一望无际的湖水中央，微风渐起之时，耳畔有隐隐的波动声同步而至，莫名的凄楚即在此时不期而至。眼前层云漫舞，群峰叠嶂，间或有空谷鸟鸣，涧水飞溅。无须怀疑，那都是来自家乡平阳襄陵的影迹。而这些曾经至为熟悉的线条与轮廓，当年都是被自己用心囊全部兜起来，并历经千水万水到达数千里之外的长江南岸。隐隐记得他在踏足江南之时，曾经举目四顾试图寻一处僻静处所，将这座规模庞大的精神家园轻轻放下，在难以忍受的孤独和落寞之时，好随时汲取，舒润自己，激奋自己，磨砺自己。但是，他很快发现，与他的身心一并而至的，所有刻有故乡印痕的精神辎重在这里竟然患有让他始料未及的水土不服之疾。任何一种卸载的向往都使得他产生莫名其妙的恐惧：他害怕一旦卸载将会无可挽回地全部失落。人之一生，多少绫罗衣物、美味珍馐、玉佩金戒，乃至世上之人从一睁开眼就摩拳擦掌不惜性命争夺的银钱名利，到头来不过都是些生带不来死带不去的身外之物，唯有沉重而噬心的怀念情愫，反是不可估价之物。

毕竟，当年只身南下时，风华正茂意气昂扬的后生身无分文，困顿不堪，竟是连栖身之地也苦寻不得，哪里还敢奢求一方宁静的精神居所？既然难以卸载，索性就一直寄存在心底吧，如此倒取用方便。

岂料，这一负，前前后后竟达约四十年之久。

更让郑光祖感慨不已的是，四十年前走进江南那个举目无亲、落魄困顿、来自平阳府襄陵县的穷小子竟在四十年之后，一跃而成为让杭州民众渴羡不已、妒忌不已的一方巨富。当年为一顿果腹饭食痛苦乃至一度绝望的郑光祖早已今非昔比，面对纵览杭州城尽可随意享用的美食，他并无得意富足的心思。这一点事实上对任何一位历经人世艰辛和起伏坎坷、遍尝挫折劫难况味的过来人而言都是相似的。沉甸甸的金钱并非激起心湖涟漪的那块幸运石，恰恰相反，它实际上是无时无刻不在散发着刺鼻的污浊之气恶臭之气的污物秽物。同四十年来一直小心翼翼留存在心底的思乡之情相比，白花花的银钱除了刺鼻之味，还让人生厌生忿，甚至生仇。

而来自故乡的精神滋养从未间断，如涓涓流淌于千里之外的平阳府汾河峡谷，莫名凄楚也好，蓦然奋发也罢，不可否认的是，这数十年来正是这股清流让他笔耕不辍，让他在繁杂的俗世中品尝到至为爽口之味，让他在困惑的状态中发现夺目的希望光彩，更让他在无聊且无趣的生命进程中体味到常常让他浑身为之一振的情感寄托。

创作，原是他生活和生命中始终闪耀的火烛。

想到这里，郑光祖不由自主地挺直腰身，因年老体弱而生的力不从心之惑一扫而空，创作的激情即如沉闷至久于山脉之下的滚烫岩浆，不断上涌。

在完全属于他自己的世俗庭院和精神花园中，郑光祖奋笔而书。今天是他几个月来的新剧作《王太后摔印哭孺子》的收笔之日。

思路通畅，文采挥洒，不到一个时辰，全剧最后一个字终于款款写毕。

"痛快也！"郑光祖霍然起身，将笔墨奋力掷向窗外。数滴黑汁不慎甩落纸面，在最后剧作正名位置留下大块墨点。

郑光祖眉头不禁微皱，下意识地长吁一口气，黑点反向"题目"侵染，将"哭"字染得面目全非。

不知何故，郑光祖顿觉喉结微耸，眼窝湿辣，胸腹深处涌起大股莫名的酸涩之味，有种骤然伏桌畅哭的冲动。

郑光祖竭力克制，蓦觉腰酸腿疼，浑身困乏，臂膀无力。他缓缓长吁了口气，眼皮已沉重如石碾。此生墨点何止这一处，待明日再作理会，累了，歇歇吧。

微微秋风从窗外徐徐拂入，郑光祖缓缓伏在桌案上，几无半点辗转，沉沉睡去。

郑光祖本人没有料到，杭州城各瓦肆勾栏行院的名优名角们没有料到，整个天下文坛没有料到，郑老先生这一睡，再也没有醒来……

虚幻古刹　梦醒断桥

俗世龌龊混乱，让人厌恶。虽是如此，日头坠入西天到底还是盼望着第二天黎明准时伴着万道霞光冉冉升起。长眠不醒，简直不可想象。苍老也许并不意味着与死亡日趋接近，自女娲造人，有幸生而为人，不管贫贱富贵，伤残康泰，历来是见证他人入世与出世的一个充满隐秘与诡异的过程，似乎尚未听说有亲眼看见自己身后之事的奇异之人。但尘世不可解处甚多，常言亡人辞世，魂魄西归。想来辞世者不过是具再无生气的臭皮囊而已，但真正有感知有灵性者正在这魂魄一说。

世人又云，人生如梦。想来魂魄确实存在，非在他处，就在这迷离之梦境。否则，何谈凡体即逝，魂魄西归，凡体与魂魄硬生生分扯撕裂之说？

郑光祖已无这种毫无意义真伪之辨的想法，一来无意，二来不屑。他至为清楚的是此刻"自己"就端坐在虚无缥缈的云层之上，并清晰无误地随着人潮向飞来峰下的灵隐寺缓缓而去。

灵隐寺，熟悉至极。在郑光祖的印象中，数十年来，他走进灵隐寺的山门不下十余次。当年走进杭州府，路途上对杭州这座人间天堂圣境，年轻的郑光祖想象中的州城土地上必定日夜笙歌艳舞，遍地银钱闪闪，毫不费力俯首可拾。首次走进灵隐寺山门，既非与文林仕士游历，也非与歌馆行院意中的小伶娘私密幽会，而是因饥肠辘辘，晕倒于山门阶下。若非灵隐寺僧人相救，说不定早已"魂魄归西"，日后江南杭州地面岂有"郑老先生"？

远远视野中的灵隐寺同记忆中相比并无多大改观。自信思维灵敏的郑光祖清楚地记得，这座人间天堂之地首座名刹，背依北高峰，与飞来峰直面相望，两峰夹峙，山林耸秀，一年四季烟火缭绕。

灵隐古刹始建于东晋咸和元年（326），其开山祖师为西域高僧慧理和尚。慧理和尚由中原云游入浙，至武林（即今杭州）面前陡立一峰，大叹曰："此乃中天竺国灵鹫山一小岭，不知何代飞来？佛在世日，多为仙灵所隐。"遂于峰前建寺，名曰灵隐。初创时佛法未盛，至南朝梁武帝赐田扩建，其规模方为可见。唐末"会昌发难"，灵隐寺受池鱼之灾，寺毁僧散。直到五代吴越王钱镠时期，命请永明延寿大师重兴开拓，新建石幢、佛阁、法堂及百尺弥勒阁，并赐名灵隐新寺。前朝南迁建都杭州，灵隐寺香火至为鼎盛，曾有九楼、十八阁、七十二殿堂，仅僧房就达一千三百余间，僧众达三千余人。宋宁宗嘉定年间，寺院被誉为江南禅宗"五山"之一。

或史或实或人或事，沉浸其一，对握笔执着于创作一辈子的郑光祖而言都是至为享受之事。每及醉于此状，他都会自觉不自觉地微闭双目。无他，唯此状态，可断绝周身一切侵扰，可凝神于一念，可悠然而忘记天下人间忧愁。

陡地，掩映在一派秋黄丛林中的寺院响起一阵沉闷的钟鼓之声，将痴醉于灵隐寺前世今生的郑光祖惊醒。

郑光祖恍然睁开眼睛，他分明意识到原本近些年来已近昏花的双目此刻竟然具有了让他吃惊不已的某种超人技能：目光穿透了茂盛的林木，一切遮掩尽数消失，直直落于寺院宽敞深旷的广场上。

广场上四面聚满了人，足有上万之巨。沿西湖堤岸，周围仍有人潮不断朝寺院涌来。广场正中，用粗达两人合抱的上好材木搭成一座廊楼样式的宏大房舍，四面木材紧偎，形成一幢下圆上方的塔式框架。框架之上，稳稳端放着一具四面彩绘、在秋阳下熠熠生辉的高挑檐矮小尾的棺木。棺木之上，五色彩纸扎制的大幡小幡在秋风中四散旋舞。

郑光祖大为惊诧，他不自觉地猛然摇头，竭力睁大双目——光目锐利，瞬间穿透重重叠叠的纸幡与厚重敦实的棺木——猛然从云层一跃而起：啊呀，棺中所躺之人，莫不是老夫也！

人群前面，密密麻麻涌出男男女女数十人之多，一色缟素腰麻在身，与周遭萧瑟秋景融为一体，看不清面目；却隐约可见熟悉之状，多数好似昨日在舞台上唱着他的曲目款款起舞的优娘与班头！

他们围棺垛环环跪下。秋风大起，听不见半点声响。跪毕，内中沿四面有人举起火烛，仿佛约好了似的，火烛一齐投向棺周木架。

立时，熊熊烈焰大起。他们这是要火葬郑老先生！

"错也，错也！"郑光祖举臂大呼，声若洪雷，凌空而下，脚底云层亦为之大颤！寺院火葬现场，上万人竟浑似木雕般，围观火葬，刺目的焰色中，清晰可见伏地痛哭者有之，衣袖抹脸者有之，默默垂泪者有之，摇头喟叹者有之。

郑光祖哭笑不得，嘴里含混不清地骂骂咧咧，一脚探出云端，竟无限伸长，巨橡般直直踏上棺材，用力踩踏。

"天可怜见，你个老东西，还不起来，还躺着要诈尸吗！不睁眼就是死了，仗着支秃笔，招摇天下，写些日里歪怪乌七八糟的烂剧目，编些蛊惑人心煽欲撩火的破文辞，哄骗了多少痴情人儿的伤心泪，吃也吃饱了，喝也喝足了，披件醉生梦死的臭皮囊，躲在庭院里张牙舞爪闭门造车，你还要祸害多少梦中人碎心人，昨爬墙，今幽会，明私奔。让多少家人隔窗吵吵闹闹不安宁！啊呀呀，遍地都是痴男怨女讨身份，又有多少粗口大张戮着脊梁骨骂你是害人不浅的老妖精！还嫌个不知足吗！"郑光祖听见棺材咚咚骤响，偏那沉睡的人儿竟毫无反应，好似还爱理不理地翻了个身："气死我也，气死我也！"

火焰瞬时冲天，彩棺周边的粗木熊熊燃起，焰头腾起数丈之高。

人群中悲凄声倏然大起，寺院里钟声大起，两下里混成节奏感甚强的哀乐，如同瓦肆里勾栏院高台上的宫调大曲。

郑光祖蓦地长叹一声，眼睁睁看着彩棺陷入大火，悠闲躺卧于棺中的那具肉身隐约睁开两眼，嘴角微咧，竟是满脸讥讽与不屑，隔空遥遥斥道："兀那看热闹不嫌事大的老头，你懂个甚。想我郑某一生，点起了多少心灯，剖开了多少人心，勘破了多少世情；世人纵有恨我的诅咒，到底还有念我想我的声音，谁能捂住世人伶俐口，谁能左右世人优劣评。该埋头时埋头，该发声时发声，该骂人时骂人，骂天地骂鬼神，骂尽天下不平事，不枉坦坦荡荡来世一遭，做一个实实在在人！闭上你的鸟嘴，小心我手中三丈钢矛将你捅下云，让你求死不得求生不能！"

"啊呀呀！"云端稳坐的郑光祖猛地用力拍拍脑门，大觉生疼，"老天爷，这到底是梦境也离魂也！"

滔天的火焰中蓦地哈哈大笑："郑光祖呀郑光祖，梦即是魂，魂也是梦，管他是王文举还是白敏中；幸你还下得床出得门驾得云，趁着这秋日盛光景，怎不回家打紧做你牵肠的梦挂肚的魂，做你的郑老先生。老夫去也！"

天下到底有几个郑光祖？真焉假焉，虚焉实焉？

浩如烟海的云层之上，涌过铺天盖地的浓雾，天地骤然朦胧一片。云随风至，仿佛降落淋淋漓漓的雨线。焰火隐遁了，人潮隐遁了，寺院隐遁了。

郑光祖长叹一声，拨云回身，望来路缓缓而去。

不消片刻，那扑面的雨线立止，转而是纷纷扬扬的鹅毛飞雪，山川田园堤岸湖泊顿时白皑皑一派苍茫。

四野静寂，天地失色。郑光祖忽地浑身大震，他分明看见，孤寂如银线的白堤尽头，断桥之上分明木木地端坐着一位五十余岁的老妇人。那老妇人面目丑陋，密布伤疤肉棱，满脸泪水，却脸色红润，腋下夹把毫无用处的油纸伞，踮着脚尖，伸长脖颈，口中嘟哝着，朝灵隐寺方向张望。

郑光祖再次瞪大了两眼，无论如何凝神，仍看不清妇人模样。神色举止眉目分明却又何曾熟悉，郑光祖心中陡地涌起大股热流，嘴里不自觉喃喃道：

刘牙儿？朱阿娇？张天香？罗真真？……顾楚仪！

咔嚓嚓惊天一声巨响，断桥塌成两截，真正成了"断桥"。

第二章 乱世儒家风

书丧秦嬴　道绝孔圣
襄陵故里　儒业簪缨
声到耳清　香拂鼻馨

书丧秦嬴　道绝孔圣

悬浮于灵隐寺苍穹之上的烟雾逐渐消散殆尽。草绿秋黄，年年月月像水一样悄无声息地流逝了。

日夜奔腾不息的长江水浩浩西来，轰响如雷的黄河一路咆哮绝尘而去。震耳欲聋的江河，身形如练，如同绵延无尽的玉带、镶嵌在中华大地上的巨龙，源于辉映天日的雪原峰峦，越过茫茫的千里戈壁，穿山越岭，奏响了一种足以震古烁今的雄浑大音。同长江黄河相比，纵贯三晋大地的汾河水流非但显得寂寥静默，且愈显娇秀羞赧之色，一路哗啦啦轻淌。此种寂寥静默与娇秀羞赧之色，恰是孕育人世才俊、士林翘楚的绝佳之所。

汾水两岸，山色巍峻，丛林郁郁，阡陌纵横，土地肥沃。尤以晋南平阳府境，东倚太岳，西临黄河，北起韩信岭，南接蒲坂；东临雷霍，西控河汾，南通秦蜀，北达幽并，自古为兵家必争之地，素有华夏民族发祥地及黄河文明摇篮之称。

本文的主人公郑光祖就出生于这块肥沃的土地上。

郑光祖，出生于蒙古世祖皇帝至元初年（1264），卒年至今无考，字德辉，汉族，平阳襄陵（今山西临汾市襄汾县襄陵人），为蒙元一代著名的杂剧家和散曲家。郑光祖与其时同为三晋籍的关汉卿、白朴及王实甫（一说为马致远）被世誉为"元曲四大家"。

古往今来，凡瞩目史册文坛中格外耀眼并绵延遗香至今达千年之久的这一璀璨时代者，视野中断然离不开郑光祖的影子。而要真正耐心且客观地解读此人，首先必须平静下来，由外而内，解读两大要素。一个是时代背景，一个是人文背景。

元朝是由蒙古族建立的中国历史上第一个由少数民族统治的大一统王朝。前后历时不足百年，对泱泱上下五千年华夏文明史而言，视其为昙花一现并不为过。论及元朝之创建，必定离不开一个人，这个人就是铁木真。铁木真出生之时，距其后人建立的大元帝国尚有二百年之久。铁木真出生在蒙古孛儿只斤氏贵族之家，幼年经历颠沛无依困顿不堪。因父亲被金朝所杀，率联合诸蒙古部落公然起兵，采取由内而外的战略，经南征北战，首先统一蒙古各部落，于公元1206年春建立大蒙古国。此后连续发动对外作战，征服地域西达中亚、东欧黑海海滨，公元1227年伐西夏时病故，后余部推其幼子拖雷监国。仅仅一年后，蒙古诸王遵照铁木真遗嘱，拥其子窝阔台为大汗。窝阔台承其父志，采取远交近攻、各个击破的战略决策，与宋朝联手，从南北两线对金朝形成合围。公元1233年，蒙古大军包围金都南京（即今河南开封）。金末代皇帝金哀宗完颜守绪夜逃，由归德至蔡州。"冬十月，南宋孟珙、江海率师二万，运米三十万石，赴蒙古之约"。两军会师蔡州。次年，蔡州城破，完颜守绪自杀，金朝亡。待灭金战役一结束，蒙古大军迅速调整战略，兵分两路一路远征欧洲，一路则对昔日盟友宋朝展开进攻。公元1257年，蒙古大汗拖雷之子蒙哥正式对南宋发动全面进攻。公元1264年，忽必烈即汗位，并建都燕京，改年号为至元。并依照中原传统，采用《易经》"大哉乾元"之说，于公元1271年改国号为大元。

  人文背景，与蒙古族创立的大元开国关系至为密切。稍加梳理，又可从两个方面来加以浅述，一个是蒙古建国后实行的四等人制度。所谓四等人制最早是由民国学者屠寄于《蒙兀儿史记》中所提，屠寄曾为清朝官员为清朝著史。虽则学术界迄今为止并没有发现元朝实行四等人制的正式法令，但此种划分反映在一些政策和规定中，蒙古贵族在法律上享有特权，汉人打死蒙古人需偿命，而蒙古人打死汉人只需"断罚出征，并全征烧埋银"。综合蒙古颁布诸法令及后世后人总结，蒙古国建立后，为巩固自身统治，将全国分为四等不同种族，统而治之，即蒙古人、色目人、汉人、南人。此制之治实源于金朝。其中蒙古人为第一等，又分为成吉思汗皇族及同出于尼伦之蒙古人与被称为迭列列斤（各种音译）的蒙古人。第二等为色目人。据陶宗仪《辍耕录》所载，色目人包括钦察、唐兀、阿速、图八、康里、畏兀儿、回族、乃蛮、乞失迷儿等三十一种。大德八年规定，除汉人、高丽人、蛮子之外，俱系色目人（见《元典章》卷49《刑部女直作贼刺字》十一）。第三等为汉人，又称"汉儿""乞塔""札忽歹"。《辍耕录》卷一《氏族》载汉人有八种：契丹、高丽、女真、竹因歹、术里阔歹、竹温、竹赤歹、渤海。所谓汉人，在其时有两种之义：一是概指淮河以北原金朝境内的汉族和契丹、女真等民族；一指云南、四川两省的民众。需要特别指出的是，此两地均为较早被蒙古大军征服的地区。第四等为南人，又称"蛮子""囊加歹""新附人"，即元朝江浙、江西、湖广三行省与河南行省南部百姓，其为被蒙古（元军）最后征服之境。汉人、南人中绝大部分是汉族成分，蒙古统治者为实现其分而治之的目的，据其征服先后分为汉人与南人两等，实为利用汉人压制南人。

其二，科举制度的废除。众所周知，科举制度是中国古代通过考试选拔官吏之制，因其采用分科取士，故名科举。士子应举，原则上允许投牒自进，不必非得由公卿大臣或州郡官员推荐，此乃科举制最为主要的特点，亦是与察举制最根本的区别。科举制以文才进士，非但改善了之前的选人用人制度，更彻底打破了血缘世袭关系与世族的垄断。"朝为田舍郎、暮登天子堂"，已非痴人之梦。科举制度萌发于南北朝，真正成型则在唐朝。此后数百年一直盛行，成为普通读书人改变命运的康庄大道。公元1238年，蒙古大汗窝阔台在灭金后急需大量统治管理人才，遂采纳契丹出身的谋臣耶律楚材建议，举行"戊戌选试"。虽则是一次临时应急的权宜之举，其程序则完全仿照唐宋科举考试。"命宣德州宣课使刘中随郡考试，以经义、辞赋、论分为三科，儒人被俘为奴者，亦令就试，其主匿弗遣者死。得士凡四千三十人，免为奴者四分之一。"据《元史》卷八十一《选举志》，中选者"皆一时名士"，被任命为"本贯变色镜事官"。此次选举，遭到蒙古贵族集团的竭力反对，即所谓"当世或以为非便，事复中此"。选士之政，由此中断八十年之久。

八十年，在浩瀚的史简中不过是过隙白驹瞬间一瞥，但在数十年短暂而稍纵即逝的人生历程中，却足以让任何一个体生命由平坦大路跌入不测深渊，亦可由强壮康健而一夜间血迹斑斑，体无完肤，一辈子都无法翻身。

科举取士之制的戛然废除，无异于寒了天下士子的心，一笔抹杀了读书人十年寒窗的所有艰辛与付出，断了他们一跃龙门、光宗耀祖、尽展才学、实践平生价值的苦斗之路。

所谓的人生梦想，瞬间破灭成为泡影。

蒙古统治者在举国上下实行的民族歧视政策，非但使汉人（包括南人）社会地位低下，备受欺凌，也使得历来崇奉"万般皆下品、唯有读书高"的读书人处境愈发悲惨。元朝一代，官方根据社会职业又将人分为十等：一官二吏三僧四道五工六农七医八娼九儒十丐。

《说文解字》载：儒者，柔也，（本为）术士之称。因此种职业地位低微，既无固定资产与收入，为人做事须仰人鼻息，遂成比较柔弱之性。春秋时期，儒士从巫、吏、祝、卜中分化而出，熟悉诗书礼乐而为贵族服务之人，均有儒术之称。后世则专指为读书人。

不幸的是，本文的主人公郑光祖同无数读书人一样，恰恰出生在这样一个时代。

郑光祖一出生，注定其人生就此笼上一层悲剧色彩。

襄陵故里　儒业簪缨

元朝麻革作《重修（襄陵）庙学碑》载："天朝开国裂土，以建同姓，震宫得河东道，仍割州之吉，邑之襄、潞城。畀嗣王治襄陵，选年耆德茂者何赤公统其事，且命天成李侯贰之。八何赤，译言为人师者……"其意为：蒙古国建立，成吉思汗家族成员均得领地（封地内可自征赋税），东宫太子分得河东道（今山西）吉州以及襄陵县、潞城县。太子将封地都给了他的长子，为管理好这一封邑，太子挑选了一名年高德劭的"八何赤"到襄陵统管其事，同时派天城人李先生为副。"八何赤"即达鲁花赤，监督官。

此碑文作于甲寅年（1254），其时蒙古大军占领平阳不久。《元史》载，平阳府管辖范围包括现山西临汾、运城、长治、晋城四市之地。其中部分县域为成吉思汗长子术赤封地。

十年之后，即公元1264年，郑光祖就出生在河东道平阳府襄陵县。襄陵县，西汉初年建县，以晋襄公陵墓命名，属河东郡。新朝王莽时期改名干昌，东汉复名襄陵。北齐天保七年（556）襄陵并入擒昌县；北周孝闵帝元年（557）擒昌县治移于襄陵古城；隋朝大业二年（606）改擒昌县为襄陵县，属临汾郡；金朝时县属平阳府；元朝时先属平阳路，后属晋宁路。

名列"元曲四大家"之一的郑光祖，一生以创作杂剧为业。而之所以走上这条道路，非是在理论上其人生经历、个体性情及思想铸成，大多受出生地域及风俗习惯的熏陶影响。事实上郑光祖从幼年到青年，作为文士特有的渗透到血液和骨骼里的鄙夷世俗与桀骜不驯的给养恰恰来源于他脚下生他养他的这块土地——平阳府。

平阳，素有古代戏曲摇篮之称。

太原道（网站）的《戏曲摇蓝话三晋》中云，中国古代戏曲，是为融乐舞、百戏、说唱、杂技以及民间社火等多种优戏技艺演化而成。其萌芽上可追溯至远古时期的原始歌舞和巫舞，历经周秦的古优，汉代的俳优、百戏，唐代的歌舞戏、参军戏等演化形式，通过宋杂剧、金院本的演化，进入元代，形成了集唱、念、做、打于一体的成熟戏曲形式。这种形式，即是本文主人公拼却一生之心血的元杂剧。单是唐代盛行之"歌舞戏""参军戏"，曾流行于山西南部平阳；宋朝滑稽戏、歌舞戏、百戏技艺、傀儡戏、皮影戏等，更是在山西民间广为流传。

北宋神宗熙宁至哲宗元年间，在泽州（今山西晋城）就曾出现过一位识文断字的说唱艺人，名为孔三传，常在当时京师汴梁的勾栏瓦舍中献艺，名噪一时。由孔三传首创的诸宫调说唱艺术，更是元代杂剧的直接起源。所谓"诸宫调"，是流传于北宋、金朝时的一种大型说唱文学，乃从变文和教坊大曲、杂曲基础上发展而来，因集若干套不同宫调的曲子轮递歌唱而得名。诸宫调以说唱为主，又因其用琵琶等乐器伴奏，故又称为"弹词"或"弦索"。

诸宫调由韵文和散文两部分组成，演唱时采取歌唱和说白相间的方式，属叙事体。其中唱词接近代言体的部分，为后世戏曲音乐开辟了一条道路。在宋时，民间已用诸宫调的曲调来演唱宋杂剧。现存的两部诸宫调著作，一为《刘知远诸宫调》，所写内容为山西人发生于山西的故事，作者刘知远是今山西孝义人，由此可知作品成于山西无误。另一本是《西厢记诸宫调》，其作者为金朝山西侯马人董解元，内容为发生在今山西永济普救寺崔莺莺和张生的爱情故事。剧情跌宕起伏，全剧共用十四种宫调，一百九十套曲子，五万余言，为后世元代同为元曲大家的王实甫创作《西厢记》提供了蓝本。

平阳，山川秀美，人杰地灵，歌舞繁盛。郑光祖出生之时，幼弱的耳畔响起的第一声是娘亲的至疼至爱的呵护声，第二声即是流淌于勾栏瓦肆、大街小巷的婉转唱腔。

郑光祖出生那年，距蒙古大汗忽必烈改国号为大元尚有七年。

遍观史册，郑光祖的资料严重匮乏。但结合其此后南下杭州"以儒为吏"及积极投身杂剧创作这两条线索，大可对其出生有一个较为合适的考证：郑光祖出生在平阳府襄陵县一个普通农家，儿时的生活与身边其他同龄的孩子一样，迫于生计，他的童年并不可能无忧无虑。其时蒙古虽与南宋尚处在兵火连天的战局之中，蒙古全力攻伐一统天下的形势并不明朗。所幸的是，平阳府境早在十余年前就被蒙古大军占领。烽火消散，战事所造成的创伤在这十余年来的重建中业已恢复得一如战前。蒙古朝委任各级政府官员迅速到位，组织当地百姓大力垦荒勤农，并全力协助民计民生诸项事务，民心趋于稳定，整个社会大境趋于稳定。

从蒙古大军南渡黄河，攻陷金朝都城南京城到郑光祖出生，前后已历时三十余年。由此可见，郑光祖出生时，当他稚嫩的眼睛一睁开，战争的硝烟早已荡然无存，眼前院落平静，街巷安宁。隔着低矮的窗棂，远处村落正中戏院的大舞台上，云板清脆、琴瑟琵琶，与时而高亢时而婉转时而低沉时而悲泣的歌喉抑扬顿挫极为和谐地交融在一起，汇成让人痴迷的节奏。仿佛从遥远的天际而来，如涓涓细流柔柔地流入郑光祖的耳朵内，流入幼弱的心扉中。

　　人之为世，对其心地的虚实、脾性的塑造、兴趣的启蒙、秉性的形成乃至走向的谋求，家风学风的影响力和锻造力是全覆盖性的，这是无可怀疑的至理。二十年后，郑光祖南下杭州"以儒为吏"，可以做出某种推断：虽则郑光祖幼年家境贫困，可他的父辈或祖辈受"万般皆下品、唯有读书高"传统观念的久远熏陶，对其进行了力所能及的教育。在蒙古南下之前，无论国势如何，延续了数百年之久的科举取士国策从未间断，普通士者通过读书求功名入仕途既是一条展示平生才学、实践价值、报效家国且光宗耀祖的途径，也是体现读书人独特身份的正道。不管何种原因，郑光祖在怀揣梦想的青年时代义无反顾地辞别父老、背井离乡到江南求生存求发展，虽其仅在杭州官场"以儒为吏"，但直至生命尽头，在官场中都未有所建树。但即便如此，这种让人不免戚叹不免怅然更不免感慨的人生大失意非是郑光祖一个人的悲剧，而是几乎整个蒙元一代绝大部分读书人的集体性悲剧，即可谓"生不逢时"。换一个层面来讲，郑光祖以平生所学创作出的大量散曲杂剧作品，之所以能取得让时人后人众口一辞的高度评价，并荣登"元曲四大家"之尊位，事实上又同时反映出两条价值极高的线索。其一，科举虽废，仕途之望断绝，但并没有阻碍郑光祖立志求学、用儒家学典充实和丰富人生内在修养德行的脚步。历来促成破壁之想者恰来源于撞壁之痛，这一个浅显却意义非凡的生命法则给了郑光祖包括整个士林儒生阶层以不可想象的勇气和自信。唯至绝境，求生求存求胜之心往往更为炽烈更为不可阻挡。从东到西，从南到北，山川江河已不成天险，那种绝望之后所生发的号哭呼喊与愤怒悲痛已远掷身后，他们不约而同地携手并肩，转瞬形成一种近乎"同仇敌忾"无畏的气度，向世间至为恢宏的艺术殿堂大步而去。其二，由郑光祖创作的流传至今为数不多的一系列作品字里行间中，除了世人广为传诵的才学，还有其对人生世道至为透彻的理解和感悟，由此足以显现出郑光祖本身文学造诣与阅历体察的广度和深度。显然，能够将人生历练与学术思维达到有机的相融，这个功底和基础绝非一朝一夕可奠定养成，决然是从幼年时期就开始耳濡目染所致。

至于辞章才华，无须赘言，郑光祖从小伶俐聪慧，受良好的家风所赐，他必定遍览群书，腹墨沉香。而另一个更为关键的因素还在于，除了家风之外，尚有天赐的外在环境所习所染。郑光祖有幸生在有中国戏曲摇篮之称的平阳，那么对戏曲的熟知和由戏曲本身对他的潜移默化的影响势必在内心淤集成一种强烈的炽热感和无比亲和的认同感。正是这种炽热感和认同感，使郑光祖离开平阳远走他乡并终老江南异地，他每逢佳节深感沦落天涯飘零无助时，故乡成为一方厚重的囊括着全部乡音乡情的肥沃土壤。从此，无论身处何时何地，无论春风得意抑或怅然沉闷，亦无论秋风大起抑或孤月悬空，郑光祖想起数千里之外的家乡时，就一腹凄凉，就泪流满面，耳畔就遥遥响起熟悉而悠远的曲调……

声到耳清　　香拂鼻馨

城隍庙方向传来笙箫锣鼓热闹非凡的混响。
"看戏去啰！"
一伙半大不少的孩童兴高采烈地奔走在襄陵城的大街小巷。
正在院落暖暖的秋阳下认真看书的小郑光祖听到了小伙伴们大呼小叫，他的心蠢蠢欲动。可是，向来对他严厉的父亲不吭声，他不敢有丝毫的非分之想。
突然，一块土坷垃凌空飞来，砸在郑光祖身上，打得生疼。
"啊！"郑光祖不禁叫了一声。

屋里传来父亲重重地咳嗽，但他并没有出来。

郑光祖心惊胆战地抬头望去，西墙的豁口上探出一颗圆乎乎的熟悉的小脑壳。

"郑德辉，庙里要开戏了，你不去看吗？"

郑光祖不敢答应，无奈地朝屋里呶呶嘴巴。

墙外传来一伙孩子们的笑声，拍着手地唱："郑德辉，胆小鬼，怕爹娘怕鞑贼，站起来娶个媳妇啊个呀哎炕角底跪！"

郑光祖怕爹娘在伙伴们中是出了名的，这首听上去像模像样合律押韵的奚落人的儿歌本还是出自他手，原是取笑同村的另一个伙伴的。这倒好，没过一年，反倒用在了他的身上。郑光祖听到小伙伴们用自己创作的歌谣反击他时，小脖颈竟然烫得火热，脸颊上更是直冒火，连头也不敢抬。

可急想看戏的强烈渴望让他幼小心灵里缓缓涌起一大股的不平之气甚至是隐隐的"生不逢家"之气。可是一想到父亲严肃的面孔，他不禁微微叹了口气，只能在脑海里一遍遍回想着舞台上眼花缭乱的色彩和曲折悠扬的唱腔，不自觉地喉腔里哼出抑扬顿挫的曲腔。

生活在戏曲之乡，想要天天欣赏到热热闹闹的大戏，却实在是一种奢望。

此外，流传至今的晋南民俗中，二月二龙抬头、寒食节、乞巧节等这些节日也自不必说。除此之外，还有当时唯有山西境内特有的两个节日：一个是添仓节，其具体日期是每年旧历正月二十五日。添仓，是指农家往仓房里囤子里增添粮食，意为在当年粮食丰产的基础上，再加收成、多多增产的一种良好愿望。添仓节这日，百姓家家户户要象征性地往粮仓里添加粮食，吃春饼、煎饼，并把饼投入到粮仓，名曰填仓、添仓。个别乡镇在添仓节这天做由谷面所制的"雨灯灯"，共捏十二个，小碗大小，每灯顶端捏一个灯盏，灯盏边缘分捏一个小豁口，各代表一年四季中的一个月。灯上笼蒸熟，开锅后先看灯盏里所积的汽水量，哪人量多则证明哪个月雨涝。其二则是走麦罢。晋南至今尚传"六月六，走麦罢"。每年旧历六月初六，土地里的小麦收罢，新婚姑娘姑爷都要拐上用新麦面做的几斤重的大月形角子馍与其他礼物，一起回娘家。其意为祝福岳父岳母家里丰收之季幸福安康。

节日之喜，非是普通农家的事，亦是全民性的大事。大节须大庆，各县镇乡村，均要搭台唱戏。

同所有日夜翘首盼望节日来临的孩童们一样，年幼的郑光祖和玩伴们莫不都是掰着指头数日子。从年头数到年终，从年终数到年头，心里对一年中那些屈指可数村镇里可以唱戏的节日烂熟于胸。

好不容易盼星星盼月亮迎来了节日，等到了唱戏的日子，郑光祖却只能枯坐在院落的秋阳下，读那些当时根本读不进去的圣贤书，他的心事实上早已飞到村东人头攒动的城隍庙中。更为让他苦恼不已的是，城隍庙与他家一个城东一个城西，距离实在太远，虽听得见乐器响，但最醉心的唱词却一个字也听不清！

热辣辣的阳光照得他睁不开眼睛，他倏然有种可能挣脱束缚的预感。果然，就在他沉浸在那种快乐的预感之中时，耳边突然听到父亲沉闷而不失威严的声音："想看戏？去吧！"

郑光祖一愣，以为仍在梦想中。当他看到父亲站在自己身后，这才蓦地体会到梦想陡然变成现实的那种畅快之感。

"看戏去喽！"郑光祖一跃而起，兴奋之情，自然溢于言表。当他撒开脚板刚跑过院门槛时，突然被父亲叫住了。

郑光祖一下子蒙了，他愣愣地站在原地：莫非父亲反悔了？他的心中满是焦虑和不安。

"看完戏，不能白白看了。回来要把戏文重点折子一字不落地给我抄下来！"

记戏文、背唱词，原就是郑光祖的嗜好。他常常沉浸在舞台上的唱腔中不能自拔，常常伴随着戏中人悲欢离合的命运起伏或心情舒畅或凄楚落泪。任何戏文，郑光祖不仅默记于心，更在夜深人静之时，偷偷地一句一句记载在他秘密珍藏的小册子上，反复吟咏，辨咂其味。那种味道，多年之后的某一天，郑光祖才恍然而悟，悲欢离合，那原是人生的滋味！

总之，那天是小郑光祖最为快活的一天，也是印象中极具威严的父亲最为慈和最为善解人意的一天。

更多的时候，少年郑光祖除了晚上油灯下在长辈的指教下念文识字外，幼弱的肩头还担负着一项比看戏更为重要的担子，那便是务农，解决温饱。

平阳府襄陵县地处汾水西岸，土地肥沃，田地广阔，历来风调雨顺。

年仅十岁左右的郑光祖与邻里的孩子们就跟在父母身后开始下田劳作。其时正是盛夏，太阳高悬于顶，云空热浪滚滚。瓦罐的敲击声在少年郑光祖听来是仅次于节日期间村落大戏开场锣鼓让他欢呼雀跃、兴奋不已的声响了。因为这种声音传递出两种信息：一种是不用看父母脸色，可以大大方方地跟着集体在树荫下伸展手臂躺在青青的草坡上休息，或者不休息，约一伙娃娃们跑到树荫半里之外的河道里钓鱼摸虾了。即便暴晒在日光之下，那种欢乐和充足亦会使得这些童性满满的娃娃们浑然无视脖颈的臭汗和毒辣的阳光，另一种则是更为有趣有味有意思。烈日当头之时，瓦罐声敲击而起时，意味着劳作一天的农人们最重要的时刻来临了，那便是吃饭。这是出地劳作老百姓千百年来延续下的一种劳逸结合的方式。为了省却来回路途的时间，百姓们早起出地时，就预备好了响午的饭食，多用黑坛瓦罐装盛，里面或为黍子面做成的硬面糕，或用莜面加油蒸成的"油疙蛋"，或用小米掺杂山药做成的酥粥，佐料绝大多数为几根去岁秋末冬初自家腌制的咸萝卜。最简单者则是几块头天晚上做饭时顺手扔进灶塘里的烧山药，早起灰烬里扒拉出来拍拍打打，绵沓沓的，咬一口至为爽口。

当然不乏殷实富足人家，小麦面做成的硬面馍绝对是让所有大人小孩垂涎三尺的美食。而让郑光祖感兴趣的倒非这些虽则制作简单却品种繁多的吃食，而是那些或粗或细或咸或淡或条或丝的腌菜！

那些滋味庞杂的故乡腌菜到底有多大的吸引力呢？多年之后，当郑光祖老态龙钟，住在重金购置的完全属于自己的庭院里时，钱财对他而言已是一串数字而已。一次大病，他躺卧在床，当关系最为熟悉的行院伶人们前来探望他，聚集在床边关切地问他想吃什么时，郑光祖不假思索地说了两个字：腌菜。说完，他恍恍摇头，泪流满面。他以为那场病将是他郑光祖的人生末日。人们则不解，这位当年只身南下杭州落魄至极险些流落街头现在已是整个江浙文坛创作领袖腰缠足有十万贯之巨的老头会莫名其妙地竟只有这点子"奢求"。

这真是个无法实现的"奢求"，郑光祖心里比谁都清楚，故乡的腌菜有可能这辈子都吃不上了。好在，那场病灾终于硬挺着熬过来了，郑光祖下床的第一件事，就是不惜代价托人从千里之外平阳府襄陵县买回两大坛腌菜。

路途遥遥，腌菜开盖，已是臭不可闻。但是郑光祖并不介意，手握竹筷，那种激动得颤抖使他整个大病初愈极其虚弱的身子仿佛都离了地，他大口吞吃，苍老的泪水如珍珠般滚落坛内，和着泪水他一连吃了四大块腌萝卜。味道再臭，那也是来自家乡的味。

腌菜入口，肚腹内再次咕咕地发出惊天动地般的骤响。郑光祖满脸是泪怅然跌坐于宽敞的藤椅中，目光呆滞地望着窗外密布于西湖之上的厚厚云层，颤巍巍的手下意识地将发臭的菜坛又小心翼翼地封好，并郑重地靠着窗沿一边一个齐齐整整地排好。

那时，在郑光祖眼里，腌菜坛就是故乡，就是平阳，就是逝去的爹亲娘亲。

郑光祖的思绪总是油然飘回幼年时的那片农活间隙吃饭吃菜的柳荫

下。这段数十年未变的图景之所以如此根深蒂固地留存在他的脑海中，一是有腌菜的味道，另一个是有世道人心的真况味。

两者滋味迥异，一个是咸，一个则是苦；由咸生出的是甜，由苦生出的则是少年时代的第一次怀疑、尴尬、忧虑直至愤怒！

第三章 善恶两况味

终身为善　不可点染
少年张狂　气轩昂扬
人心苍茫　荣辱气量

终身为善　不可点染

关于本文主人公郑光祖的少年时代，之所以率先极其庄重择选出他在某年夏日荷锄农田的劳作片段入手，必然有着亟待破解的深因。其因有三：一是人之少年，对身处之世完全懵懂，对什么都充满好奇渴慕吸纳，并对任何事始终怀着昂扬激情，好吃好动好玩，内心是块纯洁无瑕的白璧，是一辈子再难寻找到的净土。由此，通过这个年龄段的视角，一切呈现而出的仅是最原始最真挚最可信的人生况景。二是郑光祖其时，亦正是求学求知精力极为旺盛的黄金年代，由其父辈教导，自幼浏览书籍或听人道古，且多数为历史圣贤名人故事，获知途径和内容，除了书本之外就是来自于现实的传闻，由此所得的对人世的最初判定反而呈现出两个极为矛盾的认知。三是这种认知的最终定型和意义。在圣贤古籍之类的学习中，特别深受其时流传于河东关于三国时期关羽"大忠""大义"的故事，觉得人世万事均符合"仁义礼智信"道义大框，一切都是美好的，是充满和谐至味的清朗世界。总之，均归于善。而从另一个途径，即身边人们或公开或私下的讨论中，多数是来自漠北草原蒙古鞑子的残忍暴虐，他们是一群不讲道德毫无人性的虎狼之师，他们跃马南下，他们挥起刀枪，他们杀人如麻，无情地践踏汉人的美丽家园。这就在郑光祖幼小的心灵里形成了两个极端大爱和大恨的雏形。

而在此之前，郑光祖从来就没有意识到在大爱大恨两个界线明晰的人生态度之间，还有一个好像从未发生过，而在他日后颠沛流离、苦难挣扎的人生历程中实际上却是最广泛也最感同身受的层次，那便是人性的复杂。这个层次非但渗透于郑光祖的全部人生，也同样渗透于所有人的全部人生。也正是通过对这个层次的首次感触，使得郑光祖领略到人生人性中善与恶、真与伪、亲和与残忍、大公与自私、高尚与无耻的矛盾内涵。更让他在此后一段较长的时期内，大觉困惑不解乃至煎熬痛苦的这种猝不及防的隐痛非是来自他处，恰恰就源于身边的芸芸众生，源自于普通的人，普通的心。

夏天的日头毒辣，一起锄禾的乡人邻里之间的情感毫无疑问也是毒辣辣的，这从郑光祖一伙少年在午间休息用饭的过程中就可以看出。少则五六家多则十余家的乡人们围坐在遮天的绿荫中，他们享受着劳作过程中最为舒爽惬意的时刻。他们大大方方地拿出自家携带的午饭，不管餐食丰盛也好简单也罢，甚至寒酸亦毫不在意。十余个瓦罐满满当当地放在草坪中央，罐盖均已揭开，里面的饭食弥散出诱人的香味。郑光祖无须关注别人的脸色，实际上在他的印象中，这种聚伙吃饭已形成年年田间地头的惯例。在这种独特的会餐过程中，郑光祖明白，他和他的小伙伴们是拥有着某种特权的,想吃哪家的饭,想吃什么滋味的菜,他们都可以随心所欲地敞开肚皮吃。没人会厌烦他们的举止,没人笑话他们的教养,更无人指责他们的无礼,甚至反而会表现出比他们父母还关切的热情。直到人生暮年,郑光祖在拥有了巨额财富,可以享用天底下的任何美味时,留存在唇边最让他难以忘怀的还是昔年地头绿荫下的百家饭。除了集体性的聚餐,农人们之间相互帮衬,田间地头历来不乏你帮我耕地、我帮你锄田的动人场景。

　　吃饭与帮忙,这些集体性的投入彰显邻里和睦的场景,在郑光祖的眼里事实上早已见怪不怪,习以为常。生活在一个村落里,郑光祖觉得就像生活在一个大家庭里,人人待他们如同己出,不是亲人胜似亲人。直到在接下来的劳作中,少年郑光祖第一次对人性人情产生了强烈的怀疑,虽则这种因怀疑而延伸出的困惑和怒火小心翼翼地隐藏在心底,不敢有只言片语的流露,但却对他的浅显认知产生了颠覆性的改变。

　　吃饱喝足之后,毒辣辣的日光稍稍偏西,午后一望无际的田野上微微起了风,难得的清凉之意与早晨已无多大区别,正是挥锄干活的好时候。在树荫柔软的草坪下大睡一觉后的农人们纷纷起来,扛着锄头开始干活。

　　空旷无人的田地里再次热闹起来,有人甚至亮起嗓子唱起村落里节日期间唱过的一些传统剧目的唱词。大多数人们喜爱的剧目几乎年年上演,剧目里的唱词自然耳熟能详。郑光祖记忆犹新的是,两三年前,从大人们的闲谈中得知,好像从某个名为大都或真定的地方传过来一折好戏。这出戏据说是一个名为白朴白仁甫的老先生所写,名为《裴少俊墙头马上》。这出戏成了传统剧目,一唱三四年。每次村里临近节前,大家一致点这个戏。

　　"啊哟哎,告爹爹祖母听分诉,不是我家丑事,将今喻古。只一个卓王孙气量卷江湖,卓文君美貌无如。他一时窃听求凰曲,异日同乘驷马车,也是他前生福。怎将我墙头马上,偏输却沽酒当垆。今日个五花诰准应信,七香车谈笑取。愿天下姻眷皆完聚,荷着万万岁当今圣明主。从来女大不中留，马上墙头亦好述。只要姻缘天配合，何必区区结彩楼。"

听着这样入耳的唱腔，可以想见手中的农活必然干得利利落落。少年郑光祖虽年龄不大，但他的农活手艺并不输于年轻劳力。况且这种情形正好与他日常诵读古今圣贤诗词歌赋时，脑海里浮现出古人在歌声的海洋里埋头劳作时的宏大场面极其相似。那时，他认定世上所有妙不可言直触心扉的歌谣都是为天下劳作的民众而作。所有清悠婉转的唱腔能与人心融为一体的最佳之处并非在万人汇聚的戏院，而正在日头下空旷的田野之中。

日久天长，这些唱词郑光祖早已耳熟能详，虽然他自觉因嗓音欠缺不时跑调，只敢以一个人才能听到的声音默默哼唱，但是他惊愕地发觉，歌声中，劳作的苦累非但消失殆尽，而且手里的农活越干越有劲也越干越有模有样。诸如锄地，这种活计是置身金灿灿的秋收田野铁镰挥舞外他最愿做的营生。

荷锄而行，是一件多么让人快乐的农活啊！

田土松软，眼前数寸之高的禾苗青青，排列有序，且视野开阔，从脚下一直延伸到望不到边的远方。在锄田的过程中，随着锄头入地，松土间苗，甚至可以数着茁壮成长的青苗一路向前。无须抬头望天，较之于秋天半人多高的粗壮得汇成大黄一片、看不到半点界限的庄稼地，反倒丧失了清晰的前进乐趣。除此之外，郑光祖拥有着少年劳力特有的一旦投入就不知疲倦的激情和劲头。多数人，即便是膀大腰圆的壮劳力，或者经验丰足的老农人，他们锄田所下锄的垄数少者两垄，最多不过三四垄。郑光祖刚扛动锄头下地做活那年就是一垄，经过三四年的锻炼，他的农活技术越来越精湛，下锄垄数不断增加，由最初的入门垄数一跃而成为如今的三垄，且速度毫不比那些二十岁的青壮劳力慢。

"看呐，人家郑家小子德辉，小小年纪，干起活来倒是把好手！"

"是咧，德辉这娃子能受，日后必定是个好把式。谁家闺女有福气寻下这个女婿，还怕缺吃少穿吗？"

"咻！你们瞎咧咧懂个啥？郑家娃子好读书，脑瓜子灵活，唐诗宋词院本曲，你问哪一出，张口就来，哪像你，一辈子当庄户人！"

"哈哈，老郑家从小养的就是读书人，将来给鞑子朝廷做官，光宗耀祖。你们不知道，今年寒食节，老郑头上坟，祖坟上冒青烟的事，满襄陵谁不知道。"

众人夸赞农活技艺时，少年郑光祖内心里不禁一阵莫名的兴奋，汗涔涔的脸上隐隐发烫，手中的锄把愈发动作娴熟，舞得飞快。话题蓦地涉及蒙古朝廷官府为官，乃至郑家祖坟上冒青烟一事时，郑光祖分明觉察到众人话头话尾里非是赞好之意，而是隐隐包含着让人极不舒服的无数根铁针。

铁针凌空四面飞至。尖刃上，锋芒闪耀，浑身刺痛……

少年张狂　气宇昂扬

少年内心的小得意也好，隐隐的不舒畅也罢，郑光祖清楚，手中的锄头再沉重也是每天晚上回家后，叼着旱烟锅的爷爷和父亲在吞云吐雾中在磨刀石上细细打磨出来的；脚下的土地碎石子再多硬土块再难锄，秋日这片土地里收获的粮食也进了自家的场面。在晚霞满天的夕阳下，堆满场面的庄稼垛必定会在中秋前经曝晒、铺场、打场等一系列程序，黄澄澄的米麦都会装进自家的布袋，堆放在自家炕头的山墙下，而不是进了别人家的门。由此，无论耕锄下镰收秋，再苦再累，都是为了丰足郑家的饭盆。

手中锄头灵活地在杂草与青苗之间游弋，在阳光下泛着刺目光芒的锄尖上仿佛长着眼睛一样，同样绿莹莹的草与苗，锄尖总是快速而毫不迟疑地连根将草铲断，而青苗却毫发未伤——锄尖常常贴着纤弱的苗茎一闪而过，准确而速度奇快——非有对锄地绝对娴熟的技能和本领是不可能做到的。而稍有失误，不幸手一哆嗦，将青苗认作杂草，下手铲断，非但要招至父亲的责骂、他人的嘲笑,更为让人难过的是,因为自己的失误,辛辛苦苦在春天费力耕播到土里的种子白白浪费,在秋天的收成里,就可能会整整少一酒盅小米。纵然只是无足轻重的一小盅,这种说起来也许毫不起眼的小损失在郑光祖看来,即是耻辱。无论从牙牙学语时在昏暗的油灯下听祖母边纳鞋底边道古(讲故事)的时期,还是第一次翻开书册跟着父亲粗糙的手掌识字的时期,郑光祖就逐渐开始萌发了一种信念,长大后无论做什么事,要么不做,要么就该一心一意地把这件事以最端正的态度并尽最大的能力做好。此番道理,既是长辈在日常言行举止中教授给他的,同时也是自己综合各种人事交往慢慢悟出来的。外界教授也好,自己琢磨而悟也罢,在周边同龄少年中,郑光祖的聪慧天性、知书明理,明显优于他人的外在表现足以证明这一点。最大的受益者,当然是郑光祖自己。因为在平凡却并不单调的日子里,郑光祖清晰地感觉到周围乡邻或当面或背后议论时的异样目光。那些目光虽则含义复杂,未必是那个年岁的郑光祖所能全然明白全然了解,但确信无疑的是,这些目光在郑光祖的内心里掀起的波浪和震动程度丝毫不亚于日后面对来自人生的所有苦难时,他非但不予屈服,反而愈挫愈勇时所展现出的强大克制力和承受力。这种力量的积聚,根源就在少年时代身边一切含义隐晦、模棱两可、抑或不乏讥讽的目光。

郑光祖闷声不响,埋头垄间,不在意他人的评说,更不在意他人的动作,而是专注于自己手中的铁锄和眼前的农活。三垄田苗在脚下缓慢后退,不知不觉已是数个来回。当他再一次锄到地头时,愕然看到两边田土松散,禾苗坚挺,野草伏地已然枯黄——两亩地竟然在不知不觉中锄完了!

郑光祖挺直腰身,这才感觉到汗水已湿透衣背,浑身上下莫名的困乏酸痛。

"你们看看,郑家娃子多能干,两亩地都锄完了。苗间得有模样不说,土翻得又松软,苗子一根没伤。好把式!"

"这小子,书念得好字认得多,长了个好脑子,庄稼活也不落套,出息着呢。"

"对了，德辉娃子，你锄完了，老岳头的地还有二三十垄没锄。看看日头子快下山了，给老岳头搭把手。老岳头好厨匠，歇下来他给你炖猪下水。"

众人所指的老岳头已经六十多岁，他家的地与郑光祖隔邻。老岳头黑瘦的脸上嘿嘿嘿地笑，却朝郑光祖不住地点头，"到底是后生可畏呀，咱不行了，老了。"

郑光祖不假思索，扛着锄头跨过田埂，往手心里吐了两口唾沫，道："老岳爷，我帮你锄，您歇歇。"

老岳头伸手探后在背上重重敲击数番，叹了口气道："好！好！郑家娃子孝道着哩。慢慢锄，不着急，日头还早着呢。"

那时，少年郑光祖的心情比饱食了一顿大餐还要舒畅。在他看来，以己之能力，在公众面前帮助别人，并且能够得到他人的赞赏是人生最大的善，也是罕有的在世人眼中显示自己胸怀一颗至爱慈心的机会。这种强烈的表现欲的存在，所营造出来的别致氛围，无论对表现者本人还是对他人，传递而出的信息和感触是和谐的温暖的，是人性中原本独有的亲近力道。尤为关键的是，这种欲望的表达意愿出现在一位刚刚涉世的少年身上，非但可以完全理解，同时亦是格外的难能可贵。

周围响起不绝于耳的夸赞声和"啧啧啧"的评判声。这些出自当事人之外的声音愈发让郑光祖感到亢奋难捺，内心里他承认那时他非常在乎自己在别人眼里的样子，事实上包括在村落里的日常生活，他常常自觉不自觉地将自己小到言谈举止、大到行事方式与周边亲戚朋友，包括街坊邻里的评价作为正确与否的标准，并以这种标准不断地规范自己。在他看来，人生一切均有尺度，而这种尺度的存在与父母经常教导的"要做个好人"之意是完全契合不容怀疑的。事实证明，牢记这种规范，把握这种尺度，他在日常生活里说错话做错事的概率较之以往的信马由缰不计后果要少得多。日久天长，父母不仅是生命中的挚爱，身边无以数计的亲戚朋友也是他的师长，他们心地纯善，态度和蔼，目光里流露出的任何一丝光芒都蕴含着世上最珍贵的柔情蜜意。他们都热辣辣地希望让普天下所有的后生晚辈都做一个无私而纯洁的善人。郑光祖坚定无疑地相信，世界的质地是良善的，社会的质地是良善的，人心的质地是良善的。所有的美味都愿意让他们这些少年品尝，而毫无责备之意；所有好听的满是激励的好话都愿意说给他们听，且没有一句批评之语。他为自己降生在这个充满浓浓良善气息的人世感到庆幸。

原本疲惫不堪、坐在田埂上头一歪就能呼呼入睡的郑光祖陡然精力充沛，非但毫无倦意，而且两臂两腿充满了不可捉摸的力量，手中沉重的铁锄浑若无物。他清楚，作为一个个体的良善人，是该到了报答身边那些集体良善的时候了。

郑光祖一上手就揽了三垄，抹了把汗水埋头劳作起来。

"郑家娃子懂事哩，多好的后生。"

"是咧，这样的好后生咋能寻不下一个好媳妇。"

"郑家小子，十几岁了吧？大腿跟毛长全了没？"

周边田地里传来哈哈大笑声，那些笑声是良善的，他们的调侃也是良善的，无半点恶意。

郑光祖忽地浑身大震，从脸颊到脖颈处骤然滚烫。汗水在额前灰蒙蒙的光影中不时悄然滴落。他想起了那首锄禾的诗，嘴里只默念出两句就觉得索然无味；眼前出乎意料地闪现出高高的戏台，背景是模糊的，一会是襄陵五道庙口，一会又是临村那座雕梁画栋的新戏台，一会又如地处旷野。笙乐四起，长袖挥舞，一位貌如天仙的伶人玉唇轻启，头顶上方间或粉嫩嫩的杏花从天而降，将她笼罩其中，间或又是漫天晶莹飞雪，恰似人间仙境。当然，让少年郑光祖激动不已口干舌燥浑身发热的绝不是平淡无奇的杏花和飞雪，而是那个面目始终无法辨清的仙女。仙女边唱边舞，裙摆飞旋，身姿绰约，听不到声音，一切恍如梦中。那个美艳绝伦的身影一会儿出现在墙头之后，一会儿又款款依着楼栏一动不动望着苍穹半轮明月发痴，清秀的脸上有泪水不时滑落。郑光祖大觉揪心。郑光祖清楚，这出戏目他看了不止十遍，都是一个故事；郑光祖也清楚，每次唱这出剧目，这个角色是由不同的伶人扮演，但这并不影响他的心灵躁动和身体躁动。在他看来，她们唱的是相同的曲牌，扮演的是相同的角色，所道的白科，甚至舞台步履都是一模一样的。但是，她们在郑光祖的心里早已合二为一，就是自己梦境中想象里时时出现的天仙。

是的，郑光祖承认，这出剧就是从真定传到平阳府境，大演特演已成为各村镇节日里戏台上传统剧目的《墙头马上》。让少年郑光祖一想起来就兴奋不已就温热不已的仙女，就是李千金！

梦境和想象，这是老天爷赐给世人多么自由且暖意融融的心灵平台啊。

激越的声乐消失了，旋舞的脚步停下了，嘈杂的世界安宁了，梦境和想象中的"李千金"蓦然回首，凤目微启，浅笑盈盈，嫣然羞笑……

人心苍茫　荣辱气量

蓦地，郑光祖嘴里大涩，眼前土雾迷漫，凌空数块土坷垃夹着土黄的尘灰飞扬而至。

"德辉小子，想啥呢，还鬼迷溜眼一个人龇牙咧嘴地偷笑！"

"哟哟，这小子脑袋瓜子怕是开荤了，想起了谁家闺女？"

"看中哪家闺女了，我给你说去。明日就让你爹备下聘礼，保准一说一个准。"

又是一阵哄然大笑，荡漾在田间地头。

一位年轻妇人连连挥手，道："你们说话把着点分寸，看把德辉娃娃羞得连头也不敢抬。德辉啊，你记性好嗓子也好，给咱唱几折子戏，给大伙提提劲。"

郑光祖几乎不假思索满口答应，只要能够迅速转移开这个在他看来"下流"的话题，他巴不得天上掉下个遮掩物。让郑光祖没想到的是，那年轻妇人一开口所点的折子戏便是白仁甫的《墙头马上》。

郑光祖微微一愣，但即刻平静下来。只要别让人发觉他心目中偷藏的仙女"李千金"，让他唱什么都无所谓。更何况，他最擅长的就是《墙头马上》的唱段。

思路清晰，郑光祖手中铁锄照旧舞动，他轻咳一声。邻田妇人赤脚跳过地埂，将半瓦罐水递过去，满是关切地道："喝口水，润润嗓子。你唱得好，邻里听过你在院子里唱。你家二大爷背后都夸你呢。"

郑光祖一愣，印象中二大爷是除了父母之外对他无论学业还是日常指点最为严肃刻板的长者。二大爷常常不苟言笑面若冰霜，背后他也夸自己吗？郑光祖倏地觉得这个世上让他至为感激的就是二大爷。二大爷与自己家前后院，只有一墙之隔。想来他黄昏时在驴圈或铡草或添料时放声唱戏文时，二大爷听了个一清二楚。既然他都"夸"我唱得好，自己又喜欢唱，怕甚！

唱就唱自己最拿手的《墙头马上》一折里的《寄生草》。

郑光祖在十余岁时唱后世与他同列"元曲四大家"之一白朴的成名作《墙头马上》的场景实非杜撰。郑光祖生于出生于公元1264年，白朴出生于公元1226年，两人相差三十八岁。郑光祖从出生至二十岁左右始终就未离平阳府一步，蒙古大军进攻金朝都城南京（即开封）时是公元1234年。城破后，年仅八岁的白朴在南京"仓皇失母"，父亲随金主完颜守绪夜逃蔡州。幸有白朴之父白华世交元好问照料，白朴兄妹跟随元好问混杂在难民队伍中一路向北，直至两年之后在真定与其父团聚。从九岁至三十岁左右,白朴就一直居住在真定城,并参与到北剧创作的队伍中。白林在三十多岁时决定南下之前,其在真定城已创作了大量脍炙人口的散曲与杂剧。其一炮唱响北方的剧目《墙头马上》就创作于真定,并迅速传至周边府州,尤其在当时北剧最为繁荣的大都、平阳、东平一带更是一夜席卷。郑光祖十余岁时,白朴已是五十多岁。白朴在江南以金陵(今江苏南京)为中心四处游历创作。因而,无论从年龄资历还是杂剧创作本身而言,白朴都是郑光祖的前辈。

在少年郑光祖的心里,他最佩服的正是白朴。

"柳暗青烟密,花残红雨飞。这人和柳浑相类,花心吹得人心碎,柳眉不转蛾眉系。为甚西园陡恁景狼藉?正是东君不管人憔悴。榆散青线乱,梅攒翠豆肥。轻轻风趁蝴蝶队,霏霏雨过蜻蜓戏,融融沙暖鸳鸯睡。落红踏践马蹄尘,残花酝酿蜂儿蜜。"

郑光祖一口气连唱《寄生草》《幺篇》两调。耳边寂静无声,无须抬头,他知道那些可亲可敬的乡邻们必定已沉醉在他的歌声中,这让他大为快意。

一曲既了,他终于听到了叫好声,但却远远没有预想中的那样此起彼伏。他拄着锄头慢慢挺起腰身,他的动作极其缓慢,应该说他的表情还是相当的羞涩,他甚至轻轻咬住了唇角,并想好了得到乡邻夸赞时的应对之辞。

西边的残阳已坠落半边,染红天际的云霞如泼了层厚沉沉的血幕,罩满天光的霞光刺得他一时竟睁不开眼,他努力揉了揉眼睛,感到浑身酸疼得要命,脚下的最后三垄青苗距地头仿佛遥遥不可及。他的嘴唇干咧,他的嗓门冒火,他的五脏六腑翻江倒海般汹涌澎湃!

地头对面的草坡上,不知何时已锄完禾苗的一伙人坐在一起,有说有笑。他们有的捧着瓦罐仰脖咕咕大喝,有的解开衣衫大力挥动,有的干脆四仰八叉地躺在草坡上呼呼入睡,老岳头手里的草帽不住地在驱赶蚊蝇。

郑光祖愣愣地站在原地,用力地舔弄着干裂的嘴唇,脚步数次抬起又缓缓放下。

"郑家娃子，好苦力咧！"

"哟，看看日头子快落山了，看甚？咱们一伙人就等你了，一身好力气，咋也落套了？"

"莫要磨蹭，年纪轻轻的，又没娶媳妇呢，省下力气作甚。咱还等着回去饮驴呢！"

草坡上哄地大笑。

不知何故，少年郑光祖陡地感觉到一股从来不曾体验过的羞辱感，被大股热辣辣的血液卷裹着，直冲上脑门。他脸色涨得通红，手中的铁锄把攥得紧紧的，犹如握着一柄急待上阵冲锋的寒冰利刃。那时，少年郑光祖实在想不通，他所干的并非自家的活，而是在帮助年老体弱、面目和善的邻居老岳头。所有人都清楚此事，却为何这般幸灾乐祸般地取笑于他！是的，毫无疑问，少年郑光祖听得真真切切是赤裸裸的耻笑。而受助之人，那个六十多岁的老岳头仿佛一切与他无关。郑光祖的目光直直地盯向他，希望他会以其年老的资历站出来为自己说句话，安慰帮助他锄田的少年。

但是，郑光祖失望了，老岳头满头花发的脑袋自始至终都没向他这边扫一眼，堂堂正正的当局者竟成了局外人：老岳头露出灰黄得让人恶心且屈指可数的牙齿，枯瘦如虬枝的手掌夹着一根羊腿烟锅，旁若无人地就着身边一位壮汉递上来的火辫吞云吐雾。

那时，少年郑光祖尚欠缺洞穿人世人心的眼光和能力，他那种被侮辱的感觉是至为强烈的。直到数年之后，郑光祖在经历了越来越多的世态炎凉人情冷暖之后，蓦地大悟，那正是存在于人心中的龌龊、自私，乃至无耻！

仅是莫名的耻辱，少年郑光祖已是怒火万丈！

"去你娘的！"

少年郑光祖愤愤地骂了句粗话，将铁锄一扔，朝地上重重吐了口唾沫，掉头朝相反方向扬长而去！

第四章 祸福孰可料

时之不幸　士之大幸
酒罂饭囊　世人皆鬼
平阳才人　方今名公

时之不幸　士之大幸

时代不幸文人幸。所谓不幸之时代，即指蒙元之际。具体概括为金完颜守绪天兴二年（1233），蒙古大军攻陷金朝都城开封至元朝仁宗延祐元年（1314），前后长达八十一年间，延续达七百余年的科考制废除。读书人由科举入仕的通道被堵死，历来被天下士子誉为"书中自有颜如玉、书中自有黄金屋"的皇皇神话一朝破灭。与这个神话同步破灭的还有以奉读书为人间正道的文士的梦。梦碎之后，读书人骤然陷入惶惶然无所适从的境地，四顾一派漆黑，前途不可卜，命运不可卜。科举废除之原因，源于决战的胜利者蒙古大军来自北方草原游牧民族，历来以掳掠为主，不重视文治，且民族内部交流方式有声无文。南下灭亡金朝，乃至其后灭亡南宋，科举废除亦不难解释。

所谓文人之幸，即指无数曾经以十年寒窗一朝登上天子朝堂，尽平生才学一展齐家平国治天下之宏图抱负的读书人，骤然间经历入仕无门的大劫难，其本身除了读书治学均为手无缚鸡之力的人，首先摆在面前至为残酷之事就是生计问题。作为人，这伙数目庞大的群体，四体不勤，五谷不分，在经历了几致毁灭性的打击之后，他们豁然明白，面对不得不接受的残酷现实，他们审视自身，唯一可做交换以作糊口本领的，除了腹中那些在世人看来毫不足取得知识才学别无他物。但这些曾经令他们自豪的知识才学到底该以何种方式以及在什么环境中发挥作用，换取聊以果腹的日常用度呢？起初，这是让所有读书人都头疼都痛苦的问题。事实证明，后来形势的发展比起初想象得更为惨不忍睹，更为让人颜面无存。蒙金之战后的形势，江北全部沦丧，随着金朝最后一位皇帝完颜守绪败走归德后自杀身亡，宣告了金朝的彻底灭亡。置于战乱阴影之下战战兢兢、一夜间丧失人生走向的读书人，眼前骤然一亮。虽则这道光影历来存在，事实上延续已有数百年之久，但对自幼即怀有崇高梦想的读书人从来未将此道光亮当回事，即使看到亦是不屑一顾，且视其为难登大雅之堂的鄙俗之技。相信读者已经清楚所指这道光影为何物？不错，正是一直流传于市井百姓中的杂剧。

杂剧之名，最早见于唐代，与元杂剧有着本质之别。其时流行于世的杂剧与汉代百戏几无二致，泛指歌舞以外诸如杂技等。宋代时，杂剧逐渐成为新的表演形式的专称。此一形式之所以称为"杂"者，概指包含歌舞、音乐、调笑、杂技等。其分为三段：其一称为"艳段"，所演内容为普通百姓生活中的熟事，为剧之引；其二是表演故事、说唱或舞蹈；其三为散段，亦称杂扮、杂旺、技和，表演滑稽、调笑。三段各一，互不连贯。

万般无奈之下，读书人仰天长叹，不得不将目光投向市井，投向普通老百姓，其时不得已而为之的初衷就是糊口。这一步如何迈出绝非后人想象的那样容易且毫无顾忌，恰恰相反，历来自视清高为"雅人"的读书人突然回身踏进曾经耻于为伍的"俗世"之中，是需要不凡的勇气且需承受极大的压力，他们必定左顾右盼过，他们必定辗转反侧过，他们必定泪沾双襟过。不难想象，让他们迈过这道看似不高实质若有若无的门槛，站在读书人的位置和角度，他们必须在极短的时间内迅速做出决定，并完成两个身份的转换。任何犹疑不决，就意味着被饿死的命运。颜面和生命比起来，孰重孰轻，饱读诗书的文人比谁都清楚。

关键就在两个身份的置换。一个是读书人想要解决当务之急的吃饭问题，他们必须从自认为高高在上的"神坛"上走下来，一头扎到吵闹的市井当中；由以往同达官贵人"平等对话"的位置上退出，转而不得不直面下层百姓，这是第一道必须面临的环境"身份"置换。第二个是个人身份。这个较为复杂，也是至为让文人痛苦的抉择。读书人的自命不凡由来已久，但残酷的现实由不得他们不选：想要走进杂剧创作的队伍，就必须不惜"降尊屈贵"自甘"堕落"，并不得不混同于"普通老百姓"的大洪流中。因为他们同样清楚，只有熙熙攘攘的市井底层，才能找寻到创作的源泉，才能找寻到必需的滋养。换言之，糊口的饭碗已不在曾经金碧辉煌的殿堂，而在街巷里河渠边。那里有嘈杂，有腐浊之气，甚至还有尸臭，但同样飘浮着诱人的食物味道。

历来，选择都绝非一帆风顺。蒙元之时的文人们躲无可躲避无可避就遇到了关乎自古以来"声名重于生命"这道仅盛传于文人中间且是自我标榜为传统的艰难抉择。事实上，在老百姓眼里，自古至今百无一用者，就是书生。这种两下里认识的高度错位非但没有引起文人的警觉和重视，或者意识到了亦耻于关注。基于此因，当历史的浪涛骤然将文人们卷到大流的浅滩上，面临着因干涸可能置于死地的边缘时，才引出了文人们含泪不得不"自我沦丧"的苦苦挣扎,并且必须在世人面前做足应有的痛苦"表演"。一来掩盖他们的无助无奈,二来仍然以某种极度虚荣的方式向天下证明:即便栖身市井,实乃不得已而为之的暂时性过渡,是不得已而为之所做的身份撇清。事实证明这不过是一厢情愿,这种极其尴尬自作聪明的处置方式非但没有收获预期效果,反招致让他们更无地自容的恶果。首先从文人自身标定的站位来说,在天下文人看来,他们的出身,他们手中的圣贤书,他们从小就谋定的人生梦想促使他们认定,朝堂上所有的职位从来就是为他们所设,为政治国诸项宏大事体少了他们的聪明才智,君王将一筹莫展,国将难为其国。难为者,即可能天下大乱。由此,文人天真地一甩宽大袍袖,将文人与官职之间存在的若干级阶梯轻轻扫落,堂而皇之地进行了一个高傲的并列。其次,文人走进市井,自认为才学过人(杂剧的繁荣确实源于文士们的创作才华),虽与社会底层为伍,却仍然表现出泾渭分明的不凡气派。而在普通百姓看来,他们压根受不了文人通体的酸腐气,对他们自古以来就抱着敬而远之的态度。但是此次文人的做派却非但受到被他们视为"同道"政坛官场官员的讥嘲,更招致了普通老百姓们的不满,如此则引发了两种态度:一种是官场的不屑;一种是下层百姓们的幸灾乐祸。

天下文士的尊贵面具被猛然扯下,险些连整张面皮都被揭起。文人们强烈地感受到从未有过的尴尬。好在,最终消除这种悲哀处境,挽救他们于绝境之际的不是别人,正是文人自己。

文人的利器,就是古往今来经浩如烟海圣贤书册的浸淫且深深渗入骨血的知识才华。极富嘲讽意味的是,曾经使得他们险些堕入万劫不复深渊的才华,转而又成为他们看似柔若无骨实则坚刚无比的救命"稻草"。

其时,流行于市井百姓的杂剧因制作者才识所限,确难登大雅之堂。但是,文人们的加入,杂剧创作无论从质量还是社会效果上,骤然脱胎换骨,以一股极其迅猛不可挡的力量从市井勾栏瓦舍一跃而起,席卷了整个蒙元时代。曾经落魄不堪的文士借杂剧之力，非但解决了自身的生存之窘，且用他们无缚鸡之力的双手一砖一瓦砌垒起一座闪耀在整部华夏文明史册的皇皇艺术殿堂。

殿堂之上，文人们毫无愧色地站在正中的舞台上。

这个功，比他们曾经渴望光宗耀祖的功大得多，比他们曾经梦寐以求"货卖帝王家"的功大得多，比他们热辣辣地以才识积极投身齐家治国平天下的功大得多。

郑光祖，就是其中之一。

酒䍃饭囊　世人皆鬼

蒙元一代轻儒贬儒反造就出一大批让后人后世膜拜不已尊崇不已的文学巨匠，在这个过程中，天下文士尝尽了可能是中国有史以来最糟糕的待遇和最刻骨铭心的屈辱，但在精神和文化层面，他们向世人展示出文者内在的铮铮铁骨。也正是在那段不幸与万幸并存的年代，郑光祖的人生际遇又分明当属不幸之中的幸运儿。

蒙元之时，杂剧的兴起、发展、繁荣直至席卷天下，数量庞大的作者群当然是当仁不让的核心所在。

关于杂剧在蒙元一代创造出文坛上的奇花异果，从另一个角度而言，首要功臣倒并非杂剧作家，而应该首推钟嗣成。

钟嗣成，元代文学家、散曲家。字继先，号丑斋，大梁（今河南开封）人，寓居杭州，另一说钟为杭州人。史载：钟嗣成约出生于元世祖忽必烈至元十六年（1279），卒于元妥懽贴睦尔至正二十年（1360），其时距元朝退出中原不足八年。钟嗣成的可歌可表之功非在他的创作本身，而是他的一部与本身创作并无关联的、却可称为首部元杂剧通史的著作《录鬼簿》。

只需稍加注意，我们不难发现，钟嗣成与本篇传主郑光祖就生活在同一个时代；从年龄上看，郑光祖比钟嗣成大十五岁，实属同辈，两人相距不远，人生的大部分岁月都在杭州，相同的人生梦想必然有着无法割离的人生交集。当然，这是后话，暂且按下不表。

钟嗣成所著的《录鬼簿》是历史上公认的第一部为戏子立传的百科全书。《录鬼簿》全书约成于元至顺元年（1330），书中记录了自金代末年到元朝中期的杂剧、散曲艺人等八十余人。全书内容有这些人物的生平简录、作品目录，甚至带有钟嗣成本人思想痕迹的简评。

为何定名为《录鬼簿》？钟嗣成在其"序"中直言：

> 贤愚寿夭，死生祸福之理，固兼乎气数而言，圣贤未尝不论也。盖阴阳之屈伸，即人鬼之生死，人而知夫生死之道，顺受其正，又岂有岩墙桎梏之厄哉？虽然人之生斯世也，但以已死者为鬼，而不知未死者亦鬼也，酒瓮饭囊，或醉或梦，块然泥土者，则其人与已死之鬼何异？此固未暇论也。其或稍知义理，口发善言，而于学问之道，甘于暴弃，临终之后，漠然无闻，则又不若块然之鬼为愈也。予尝见未死之鬼，吊已死之鬼，未之思也，特一间耳。独不知天地开辟，亘古及今，自有不死之鬼在，何则？圣贤之君臣，忠孝之士子，小善大功，着在方册者，日月炳焕，山川流峙，及乎千万劫无穷已，是则虽鬼而不鬼者也。

名为鬼，实指戏子。

后经两次修订，《录鬼簿》全书扩充为上、下两卷，两卷共记述一百五十二位杂剧及散曲作家，大略以年代先后排列，录剧目四百余种。至此，经钟嗣成之手，几乎整个元代曲家赖以传世。《录鬼簿》的重大意义就在于：历史上若没有这本《录鬼簿》，后人对元杂剧的认知和研究就可能陷入令人难堪的僵局，恐怕现在还在一团迷雾中摸索前行。

同所有的少年一样，顽劣是其天性。那时，精力充沛的少年郑光祖研读诗书之余，最为放纵欢快的时光就是与同龄人在汾河畔戏水，在村落西山的崖壁上掏鸟，在村落东南那座规模宏大的城隍庙里玩捉迷藏。

城隍庙殿宇颇多，高低错落，沿中轴线一字排开。每一座殿宇台阶之上，在郑光祖的印象中，高大的门扇一年四季都处于锁闭状态，仅在部分节日开放。开放之时，原本清静寂寥的庙院里人山人海，香火缭绕，钟鼓之声悠悠扬扬，煞是好听。郑光祖喜欢听钟鼓之声，常常沉浸其中，但他并不喜欢繁乱的嘈杂鼎沸之声。

节日一过，城隍庙便成了少年欢乐的场所。

"捉迷藏喽！"

少年郑光祖大为自信，因为每次在捉迷藏的游戏中，他总是赢家。他一旦藏起来，五六个小伙伴撒开人马半天都找不到。

"郑德辉，你到底藏在哪里？"

郑光祖哪里肯将这个秘密告诉他人，一副打死也不说的架势。

"有本事你们也找地方啊，城隍庙这么大，岂能没你们的容身之地！"语气中，颇多不屑与自信。

一群小伙伴们大为气愤，在一次游戏中，五六个半大小子决定齐心合力将郑光祖从藏身之地当众揪出来，让他暴晒于日头底下示众！

游戏开始，郑光祖轻车熟路地直奔正殿，轻轻启开沉重的山门，手脚并用攀上佛案，躲进巨大佛像后的一处木制佛龛内。里面铺着一层绒绒的稻草，躺在里面竟比躺在自家土炕上还要舒适。郑光祖知道，小伙伴们就是寻一天也断然找不到他。因为他清楚，没人敢轻易进这座大殿，更没有人敢爬上佛案。村子里同龄少年中，没人比他的胆子更大。他目前所做的，就是舒舒服服睡上一觉。

朦朦胧胧中，有殿门轻启的声音。

"德辉不是藏到这里了吧？"

"里面黑咕隆咚的，啥也看不见，谁敢进这里。"

"听，啥声音？"

一阵窸窸窣窣的打闹声从殿内的角落里传来，伴随着一波高过一波的吱扭声。瞬间静寂，又瞬间响起，声音越来越杂，越来越重。

陡然，有人高喊一声："娘呀，有鬼啊！"

伙伴们哭叫着撒腿就跑，有人跌倒石阶下，哇哇大哭，连鞋也顾不上拾，尖嚎哭喊而去。

偌大的城隍庙一下子陷入寂静。一觉醒来的郑光祖陡然觉得脊背阴森森发凉，寒气凛然的大殿中，不时从这个角落里再次响起低沉的闷响声，犹如重物在墙壁里不住地频繁撞击。佛案前有数道刺目的光亮闪闪烁烁飘摇不定，间或有某种类似于从幽暗的地底下传出的嘿嘿嘿的笑声。

郑光祖再也坐不住了，他从佛龛后的稻草堆里一跃而起。身后突然伸出一只巨大的手掌，将他死死揪住。

"娘呀！"

郑光祖吓得头上身上冷汗直冒，这才发现，腰带不知何时竟被缠在佛龛木条上，他手脚并用扒弄了数次却不得脱。用力一扯，但听嘶得一声脆响，裤腰扯脱半截，露出半个屁股。

"大牛，三小！"

郑光祖大喊大叫，四周空无一人。他惊慌失措地一手捂着半个屁股，一手攀着大佛的粗壮胳膊绕过佛案边跃身跳下。黑漆漆的视野中，几对眼如黑豆一样的东西在身边乱窜。郑光祖吓得直奔殿门，一只鞋也脱得不知去向。原本在他手中轻轻巧巧就可开启的木门此时却沉重得犹如磨盘，拼尽全身力气才开启一道仅容半截身子通过的细缝。回身望去，借着门扇透进来的微弱天光，藏身之处的那尊佛像，眉目低垂，厚实的唇角此时竟然咧开，露出嘲讽的笑容！

"鬼，有鬼啊！"

郑光祖光着屁股一路狂奔，连头也不敢回。

鬼，就在那时成了郑光祖少年时代脑海里挥之不去的阴影。

多年之后，郑光祖无论如何也想不到，他的名字会以"鬼"的名义出现在钟嗣成的《录鬼簿》中。虽则此"鬼"为彼"鬼"，但冥冥之中，似乎就存着某种无法割离的人生缘源与经历缘源。

从此以后，郑光祖闻"鬼"色变，他的脚步再也没有踏进家乡的城隍庙半步，事实上，也再未踏上家乡襄陵的土地半步，直到辞世。

鬼也，文士也；鬼也，声名也。

幸与不幸，时势也，大局也，命运也。

而对本文传主郑光祖而言，他则是蒙元一代文人中为数不多的"幸者之幸"！

平阳才人　方今名公

本文传主郑光祖谓其为蒙元一代文人中"幸之幸者"实有缘由，其主要表现在以下三个方面。

第一个方面，首先从《录鬼簿》做某种剖析。钟嗣成作书时，以他自身所处的时代为出发点，将书中所收元曲家分为前期、中期、后期三个时代。缺憾之处在于，他未能准确确定其界限。在近代著名学者王国维所著《宋元戏曲史》，其专章论述《元剧之时地》中，以"由杂剧家之时代爵里，以推元剧创造之时代，及其发达之原因"，同时依据《录鬼簿》所载，将元杂剧进一步明确为三个时期："一是蒙古时代，此有太宗取中原以后，至至元一统之初。《录鬼簿》上所录之作者五十七人，大都在一期中……

其人皆北人也。第一期作者为最盛,其著作所存者亦多,元剧之杰作,大抵出于此期中。二是一统时代:则自至元后至至顺间,《录鬼簿》所谓'已亡名公才人,与余相知或不相知者'是也。其人则南方为多,否则北人而侨寓南方者是也。至第二期,则除官天挺、郑光祖、乔吉三家外,殆无足观,而其剧存者亦罕。三是至正时代:《录鬼簿》所谓'方今才人'是也。第三期则存者更罕,仅有秦简夫、萧德祥、朱凯、王晔五剧,其去蒙古时代之剧远矣。"须知,王国维关于元杂剧的三期说,已得到学术间的广泛认同。至此,结合本文传主郑光祖所处的时代坐标,我们不难发现,郑光祖的名字被钟嗣成《录鬼簿》列入"今已亡名公才人,余相知者,为之作也";同时,王国维将郑光祖列为"第二期一统时代"。由此除了向后世后人传达出郑光祖属钟嗣成"余相知者"的信息外,还透露出郑光祖所处的时段。这个时段的重要性恰恰构成了郑光祖为蒙元一代文人命运中"幸之幸者"的宏大基座。郑光祖出生时,金朝已亡,江北地域,特别是黄河以北已全部被蒙古大军占领,战火基本熄灭。换言之,郑光祖有生之年,较之于前辈诸公,他未经历战乱之苦,生活在一个相对和平安定的时期。与战乱劫难一同错过的还有前辈名人的"转型"劫难,对于蒙金战役、蒙古一统天下之前,天下文士所面临的困窘及劫难前面已经述及。郑光祖出生时,这种"转型"历经阵痛基本已融入社会,并形成一股相当稳定的大潮流。郑光祖生活的时代,从大形势而言是安全的稳定的,从文士的角度来讲,他们经过挣扎、奋争、彷徨之后,已逐渐适应时局,转而融入市井开始了文艺创作。事实上,郑光祖出生时,杂剧的创作已呈现出万紫千红的局面。统观其时形势,对郑光祖的成长成熟成才极其有利,这是郑光祖的"一大幸"。

第二个方面,独述郑光祖所处的小环境。我们不妨先从元杂剧的兴盛原因做一个浅探。中国戏曲专家田同旭先生在其《元杂剧通论》中将元杂剧兴盛繁荣,特别归于草原文化的影响、元代文人的地位、宗教的社会影响、正统文学的衰微及汉族世侯的贡献等诸多原因。结合郑光祖的个体实际，其中汉族世侯的贡献则应归为其首。在《录鬼簿》卷上所著的五十余位杂剧作家中，不难看出，其爵里大致有五处，分别为大都作家群、平阳作家群、真家作家群、东平作家群、中州作家群，另外其他若干。无论从作家规模还是作品影响来看，其分布地则主要集中在大都、平阳、真定、东平、中州等地。其中，平阳原本即有戏曲摇篮之称。平阳，居三晋之南，面临汾河，自古便是人文荟萃、名家辈出之地。在蒙元一代，郑光祖即为平阳杂剧家之代表人物。而出生在平阳，少年时代基本在平阳度过的郑光祖之所以取得如此让人瞩目的艺术成就，与一位汉族世侯的贡献密不可分。这位汉族世侯名叫李守贤。李守贤出生于金世宗完颜雍大定二十九年（1189），卒于金哀宗完颜守绪天兴三年（1234），字才叔，元朝大宁义州人，昭通大将军，其墓在河东（今山西省闻喜县东镇西村）。元史载，金大定初，守贤暨兄庭植、弟守正、守忠，从兄伯通、伯温归款于太师、国王木华黎，入朝太祖行在所。守贤授锦州临海军节度观察使。朝廷以全晋为要害之地，人心危疑未定，非守贤镇之不可，乃自锦州迁河东南路兵马都总管。既至，河东人皆曰："吾等可恃以生矣。"庚寅（1230），太宗南伐，道平阳，见田野不治，以问守贤，对曰："民贫窘，乏耕具致然。"诏给牛万头，乃徙关中生口垦地河东。辛卯，平阳当移粟万石输云中，守贤奏以"百姓疲敝，不任挽载"，帝嘉纳之。甲午冬十月卒，年四十六。李守贤前后知任平阳府达二十余年，全力以维护地方稳定为己任，在任内大力敬农事，兴修水利，据三晋河东之表里天险，在周边战事连绵不绝、生民惨遭涂炭之危难之时，境内安宁，百姓安居乐业，几未受战事袭扰。太行以东、河南之地饱受战乱之苦的老百姓纷纷拥入。与战乱阴云笼罩之地形成极为鲜明对比的是，平阳府人口不减反增。从来，安定之局是整个社会各行各业得以发展的先决条件。物质生活方面的极大充裕，对人们的精神需求启开又一道大门，杂剧戏曲的创作得以大范围蓬勃兴盛。其时，与李守贤权知平阳府免受战火侵袭的还有真定、大都及东平等地。真定有汉臣史天泽,保定府有汉臣张柔,东平府有汉臣严实等驻守。总而言之,从蒙金之战到蒙宋之战,在战争延续的数十年前,河北(黄河以北)一带是最早由蒙古大军攻占之地。随着战事规模越来越大,波及范围越来越广,河北反而得以保全。蒙古大军南下,起始目标即为立足中原战局,集中全部力量灭亡江南一隅的宋朝残余,进而统一天下。河北之地既是攻宋的前沿阵地,更是囤积军伍粮辎的大后方。蒙古南下途中,就采纳了耶律楚材等一批治国良臣的意见和建议,从政治大局出发,一改以往征战大漠时沿途烧杀掠夺的战略战术,有目的地招降了一批原金代汉人世候,公开授他们以大权重任,将河北之地统归汉人治理。一来,蒙古王朝可腾出手脚全力做出南下准备;二来,河北的整体安定,为蒙古大军提供源源不断的兵源和粮草。安宁稳定的局势,正好为杂剧的兴起提供了一道坚实屏障。

  第三个方面,杂剧本身的发展,对郑光祖的成长成才亦是一"大幸"。王国维《宋元戏曲考》第四章首述:"宋代滑稽戏及小说杂技,后世戏剧之源。然后代之戏剧,必合言语、动作、歌唱,以演一故事,而后戏剧之意义始全,故真戏剧必与戏曲相表里。"宋金之时,杂剧创作业已繁荣。两宋戏剧,均谓之杂剧,至金朝始有院本之名。可惜的是至今宋金之前杂剧院本,今无一存。但综合自元、明、清直至近现代各类野名考目中所遗剧名称谓,可知宋金时期的繁荣程度远远超出后人的想象。同为杂剧之名,据王国维考证,宋杂剧以及金院本,"多被以歌曲,当时歌者与演者,果一人否,亦所当虑也"。虽则仍然留待做进一步考证的余地,不过从宋人遗存各类笔记及野史所客观记录其时舞台艺术表演形式,多为歌演于一体。王国维所言中国戏曲史源于宋代,亦无差。而元杂剧之意义在于,它进一步在"表演、材质"上"二者兼备","而后我中国之真戏曲出焉。"换言之,正是元曲(杂剧)的兴起及繁荣,在很大程度上开启了戏曲的新篇章。真正意义上的戏曲，其分水岭和里程碑正在元杂剧。依着这条主线，我们再将目光返到本章的主题，即杂剧创作。郑光祖可谓生逢其时，宋元杂剧的创作氛围早已成为当时风靡官场和民间的娱乐项目，其存在方式一则为民间，因创作者文采所限，为博观众，内容鄙陋，甚至接近艳质淫邪，不足为观。二则出自教坊。教坊者，官府所办。其内容多属殿堂高雅之音，表现形式辞藻富丽堂皇，空洞无物。由此可见，"阳春白雪"与"下里巴人"及流行阶层可见一斑，二者势能融为一体，直到元人杂剧的出现。历史上但凡一项艺术可盛传后世，其根源就在于创造这项艺术形式的作者，包括其本身既有的文学水准、视界层次、艺术修养及道德品格。前述我们已知，元杂剧的作者群至为特殊，他们本身即是一群怀拥济世之志、胸藏文学之才，非市井普通百姓与专擅权术之争的腐官可比。正是科举之废，这群报国济世无门、光耀门庭无望的文人们，迫于生计，骤然形成一道浩浩荡荡的巨流，走出家门，汇入熙熙攘攘的市井，寻求人生价值的另一种突破的可能性。这一来，面貌一新、格调"俗而不俗、雅而不雅"的全新杂剧堂堂皇皇展现在世上面前。郑光祖出生之时，北方杂剧创作已在平阳、真定、大都、东平等地蔚然而成风气。钟嗣成《录鬼簿》将郑光祖列为第二期作者，足证此点。其中尤以真定为盛，白朴、郑廷玉、李文蔚、王仲文、尚仲贤、石君宝等人已在杂剧界享有盛名，作品流播周边府州县镇，乃至乡村舞台上已轮番上演。在"元曲四大家"之中，据以生卒年限做考，白朴白仁甫当为第一。世人公认杂剧创作成就最大的关汉卿虽生卒年不详，但据历代学术专家考证，远在白朴之后，当属晚辈。而创作出不朽名剧《西厢记》的王实甫，与郑光祖为同代人，仅长郑光祖四岁。其余诸名家多在《录鬼簿》"前辈已死名公才人"之列，可知郑光祖属后辈已是无疑。再从平阳府本地杂剧名家群做一浅析并做横向对比，郑光祖出生十二年后，杂剧名家石君宝以八十五岁高龄辞世，属其前辈。于伯渊，《录鬼簿》录作"平阳令"，却无生卒年，据考证其在元世祖中统年间去世，可知亦为郑光祖前辈。狄君厚约于郑光祖同时。孔文卿，《录鬼簿》将其列为第一期"前辈已死名公才人有所编传奇行于世者"，可知亦为郑光祖前人。等等，不一而足。另有大名鼎鼎杂剧名家太原人乔吉乔梦符，其生于约元世组至元十七年（1280），比郑光祖小十六岁，应属同辈。

综上所述，郑光祖出生之时，无论从时间还是地域而言，第一批杂剧名家已然辈出，作品已广为传播，强烈而浓郁的杂剧创作氛围早已形成，既从思想上培育滋润着他的艺术土壤，又在心理上陶冶着他立世存身为戏曲献身的情操，更从道德修养人格淬炼上指点着人生走向。

如此良好的艺术氛围，如此优越的成长环境，恰成郑光祖的成才的首要之幸。数十年后，从平阳府汾河畔走出一位耀眼天下、光泽后世的"元曲四大家"之一，自在情理之中。

第五章 人生本如戏

真伪虚实　混沌尘世
贫贱富贵　一夕黄粱
龙澍唱戏　黄崖吟诗

真伪虚实　混沌尘世

少年时代的郑光祖最盼望的就是过节。毋庸置疑，事实上同大多数对生活对未来人生充满无尽憧憬的同龄人一样，在激动人心的节日期间，他们非但能理所当然理直气壮地将一应负于稚嫩肩头之上的劳作重任公然远远甩掉，吃上平日里无法享用的好餐食，尤为重要的是，他们能心满意足地连续数日看上几折子大戏。当然，唱戏的节日并非传统意义上的固定模式，细述起来颇为有趣也极显时人某种狡黠及聪明——在少年郑光祖看来，表面上庄重而严肃的成年人，他们内心想要看戏想要品尝美食想要放松享乐的心情丝毫不比少年人安分，甚至比他们还要焦灼难耐。

郑光祖发现，在他年幼懵懂、对人世一切满怀畏惧和信任之时，眼前周遭来来往往为生计劳波的成人们，他们所说的每一句话所做的每一件事毫无疑问都是极其正确的，其中包容着取之不竭学之难尽的智慧信息，值得他将其视为一生的仿效标准从而努力规范自身。郑光祖曾坚定不移地相信，只有这样，随着岁月流逝，他的成长过程才不会走弯路，才断然不会出错——而这样的感触如若放在五年前或更早，而且仍然具有极大的震慑力和感染力——说起来，也不知是觉得好笑抑或某种让人担忧的痛楚，当郑光祖的唇角仿佛一夜间长出稀稀疏疏却至为坚硬的胡须、喉角微微隆起、嗓音日渐粗犷时，尤其是当他顶着日头挥舞铁锄，心甘情愿地为他人做出他认为既高尚又自豪的付出，非但没有得到所有目击证人的肯定和尊重，反而收获了锋芒尖锐的嘲讽。那种嘲讽是猝不及防的也是闻所未闻的，而这种犹如铁刺般的嘲讽并非来自某种压根不存在的敌对阵营，而恰恰是来自他日常里最为挚爱、尊敬、畏惧，乃至倾力仿效的人生楷模，这不能不让他震惊，不能不让他生发强烈的怀疑。

当所有的震惊和怀疑以超乎想象的如泰山压顶般的力量骤然降临时，郑光祖的眼前倏忽出现一阵短暂的晕眩，一派无所适从的黑漆。好在这种黑漆并没有持续多长时间，如苍穹雨后的云层渐薄渐稀，立时又一种异常光亮的世界呈现在他的视野中。如此出人意料的宽阔视野亦是他始料未及的。他愕然发觉他至为熟悉的目光仿佛具有了某种让他惊呼不已的穿透力，异常清晰，异常犀利，异常尖锐！成人的世界瞬间变得杂乱不已纷扰不已复杂不已，就如同在以往眼光在到达成人衣饰外围就丧失了哪怕前行半寸之力，而现下则不然，他的眼睛能够看清成人形式各异、色彩各异服饰之内的肉身躯体，能够隐约读懂浮现在他们面皮之后的冷漠、嘲弄、不屑、怨恨，总之与表露出的人人可见的笑容性质完全相反的内在情怀。这种言行不一、反复无常，乃至龌龊不堪，总之难与人道的心理，如同罩着一层一捅即破的麻纸，竭尽全力做着徒劳的掩饰，这既让郑光祖体味到一种刻骨铭心的寒意——而当这种寒意自下而上贯穿他的整个身心时，并且未对他造成任何伤害时，他在心里不由长长舒了一大口气。

成人世界原来远非曾经渴慕般的至真至诚，而是到处充满了虚伪做作可笑可叹的腐臭气息。

虚伪做作、可笑可叹，表现在成人世界中自认为聪明之处，就在他们对享受程序的策划上。比如，唱戏。传统节日是少而又少，虽则亦有正大光明的理由搭台唱戏，但于他们内心对看戏的真实需求实在相差甚远。人人恨不能每天都搬个自家的长板凳呼亲唤友坐在戏院里，一任风吹雨淋日头暴晒都毫无怨言。如何尽可能地实现心里对享受的奢望，精明的成人们心照不宣地耍了一个花招——借春播秋收，借牲畜生育，借蔬果上集，借时候节令，借风土人情，借传闻轶事，总之，一切可归于名目的日子他们居然都能命名为必须予某种方式庆贺的节日。节日，当然需要庆贺，否则何以称为节日。既然该当庆贺，就要态度端正，就要形式喜庆，就要规模隆重，就要尽显大方气度，就该翻箱倒柜将平时舍不得吃舍不得喝的食物以精彩纷呈的姿态，统统拿出来，用干干净净的碟碟盘盘盛起来，撑开肚皮大吃大喝。吃饱喝足了干什么？看戏！这个不足虑也，先人们比我们想得很周全，遍布各个时令的节日早就在皇历上摆得满满当当，今日这个村镇过三月三，明日那个村镇就过三月十六，日子两下稍稍错开，绝不重叠。如此摆布，四围亲戚乡邻谁也落不下吃美食看大戏的大好良机。今日你村过节，一招呼一大群，抹抹嘴，约好下个节去他村。若以为老百姓的日子就是那种脸朝黄土背朝天的受苦受难，那你就大错特错了。

少年郑光祖确凿无疑地相信，自从冥冥中目光具备了那种莫名其妙的穿透力之后，所谓的节日就有了某种全新的意义。那就是，节日就是人们为满足自己欲望而精心制作的一块遮羞布！

这块遮羞布妙就妙在，他们可以躲在其下，男人们放心大胆地喝酒吃肉，女人们则可随心所欲地装扮，男人与女人们共同在戏院里欣赏大戏

——而无须在乎来自世俗的任何指责。事实上，来源于世俗的指责和非议原就是人们的情绪发泄形成的某种隐形规范。

如此一来，就引发了人类历史上规模更大的笑谈：人活于世，一切言行举止，从来都是处于自相矛盾的焦虑和令老天爷都忍俊不禁的发笑状态中——他们一手持予一手持盾，自我塑造，自我毁灭，乐此不疲，代代相传。

少年郑光祖走在襄陵县的大街小巷中，眼前人流如潮。街沿土墙后传来的吵嚷声极其刺耳，但他分明从中感觉到引发吵嚷声的缘由与高亢的吼喊而出的事情脉络大相径庭，真相与吵嚷无关，全部都隐藏在声音之下的不为人知或难为人知的角落。装饰豪华考究或粗鄙简陋的饭铺中，长条方桌上，黑沉沉的酒坛和色香俱佳的饭菜让人垂涎三尺，围坐桌边的男人女人们推杯论盏，神色豪迈，人人嘴角淌着刺目的油腻腻的线条，他们高喉咙大嗓门放肆且无所顾忌地畅谈着，天文地理、庙堂民生、人情世故，如数家珍，无所不晓，无所不能；即便是九天揽月、东海擒蛟、月宫折桂，亦如股掌之泥球。城北跨河的小石桥上，沐浴在夕阳之下的石栏上，好似坐着位孤零零的身影。从皱皱折折的皮肤上不难看出，那是位历经沧桑的老妇人。满面仁慈之色的老妇人的笑容是可敬可亲的，饱经岁月浸染的庄重神色是安详坦然的。但是就在郑光祖满怀着敬慕之心走近老妇人，在离她不过三五步的时候，他愕然看到老妇人的脸色倏忽变得莫名的阴沉和冷漠，与先前的慈和亲近截然相反。更让他不知所措之际，老人虽略显木讷呆滞的目光竟然变得游离起来，仿佛不想或不便与他对视——她掉转了头，转望向桥下散发着刺鼻恶臭味道河面上浮游的鸭群。

少年郑光祖蓦地愣在当地，他恍然大悟，从游离的目光中，他读出了某种别样的况味——老妇人在做着不便与人外道的隐秘回避，隐秘或者就来自于年轻时因冲动犯下的某个错误，而由这种错误引发的则是一错再错，错得人生轨迹发生了巨变。而正是这种巨变，让她羞愧、痛苦、悔恨不迭，却又守着严重偏离轨道的生活，仍然强装笑颜。但这种看上去慈祥的笑容仅限三步之外，一旦越过三步界限，将会是灾难性的——她无颜以对！

土墙后的吵嚷声仍在继续，饭铺中的高谈阔论仍在继续，石桥上的老妇人仍在凝视着那群自由自在游弋的鸭群。

一切如近在咫尺，一切如远隔天涯，一切又若隐若现。在那个夕阳斜坠、晚霞彤红的黄昏时分，少年郑光祖恍然而悟，人世人情人心与自己这十多年来精心雕塑的那片纯洁空间有着某种无言以对的天壤之别！

少年郑光祖陡然想看戏，看场热热闹闹的大戏！他猛然用力甩头，脖颈疼痛，脑子里顿时空空如也。

"去他娘的，看戏去！"

贫贱富贵　一夕黄粱

襄陵县似乎已有很长时间没有轰轰烈烈唱一场大戏了，虽则上一个在中心街城隍庙搭台唱戏的节日掐指算来刚刚过去不足两月。但在襄陵老百姓看来，那场戏规模不大影响不大，戏台也是用粗檩条临时搭建而起的，这让他们在闻讯借团聚的名义来过节赏戏的亲朋好友们面前很没面子。老百姓们至今愤愤难平，也不知是县府衙门哪个愣头青带队写的戏，各家各户以写戏的名义收上去的钱何止万数——万数的钱写回的戏既非当前流行的名家大剧，而是舌头根子不知嚼烂多少回的只会在舞台上插科打诨、耍贫弄虚，市井间都近乎绝迹的烂戏。戏非名戏，请回的行院班子也不知是从哪个圪捞里拉出来的草台班子。说草台班子怕也是长了他们的脸，走场扮相的优伶竟一个半旋舞儿一头从台上栽到台下人群里！天可怜见，如此能耐居然上得了台面。无须多说，从老百姓腰包里搜刮来的万数钱必然被那个写戏的混账王八羔子贪污了!

少年郑光祖亦是怒火万丈,好好一台戏,没听到半句让他动情的戏文,更没看到让他记忆深刻的表演戏角——完全就像群小丑。整整四天的大戏,唱得无滋无味,唱得无声无色,唱得天怒人怨。他完全赞同老百姓对官府负责写戏的老油条贪污钱财之说。因为他不止一次和他的小伙伴们在襄陵县城南瓦外大街规模最大远近最为闻名的酒楼里,看到写戏的那个色目人小子喝得满脸通红,唱着小曲儿被一伙人拥着出来。那个色目人大字不识小半箩,竟然混进了县府,凭他一年不过三两银子的俸钱,不贪不占他吃求喝求!

原本对襄陵城节日庙会期间抱着极高期望的郑光祖被一场拙劣的表演弄得大为丧气,他有一种被嘲弄被欺骗的感觉。好端端的一个节日就这样白白浪费了,既没有品味到梦寐以求的白朴的大作名剧,也没有欣赏到诸如闻名北境花李郎行院班子的精彩演出。他清清楚楚地记得,就在五道庙街沿口临时用粗木搭起的戏台上,一个不知从何而来的草台班子,扮相滑稽、衣饰破旧、动作僵硬的伶角们小丑般一味插科打诨,拿腔捏调地卖弄色相不说,居然当着全城父老的面,毫无廉耻地讲些不堪入耳的淫语艳词。台下不时哄然大笑,优伶们大为得意,表演愈加卖力,直到人群中烂鞋片土坷垃一齐扬上,才闹哄哄收场作罢。

总而言之,那场戏唱得让郑光祖大失所望。

好在,襄陵城大街小巷纷纷责骂之时,也不知从哪里传来一则振奋人心的好消息。据传一个月后,闻名朝野的大书画家赵孟頫即将来襄陵县西五十里浪泉堡黄崖村边的龙澍峪游览。

那是个风和日丽艳阳高照的日子。一大早,襄陵县城两纵三横的主街上扎满了牌楼。郑光祖清楚,除了重大节日外,如此隆重的场面唯有省府乃至朝廷官员莅临时才会出现。还有个至为美妙的名称:巡视。

"听说没,府里有位大官员要来咱们襄陵了!"

"咦，你懂个甚！哪里是府里的，他有这资格吗？是朝廷来的大官！"

"啊，朝廷的！"

众人被惊得目瞪口呆。在老襄陵人的印象中，莫说来自此生都遥不可及的朝廷，就是府里的大官也未必能有缘见上两三面。在他们眼里，襄陵是个穷山恶水之地，如此高官驾临，其震惊程度事实上仅次于皇帝亲临！

震惊之余，他们莫不又满怀期待。

一位到底走南闯北见过世面德高望重且在地方上任过几任官的老学究模样的先生不屑一顾地抚抚饱经沧桑的胡须，嘿嘿笑道："你们懂个甚！这位朝廷来的官老夫认识，当年还在一个席面上吃过几次酒，海量啊。老夫甚是佩服。这人你们知道吗？不知道吧？他叫赵孟頫，是江南吴兴人（今浙江湖州），本乃宋太祖赵匡胤十一世孙、秦王赵德芳之嫡派子孙。此人博学多才，能诗善文，懂经济工书法，精绘艺，擅金石，通律吕，解鉴赏。其书法与绘画成就四十岁时就名震天下！"

一位远得不知边沿的吴兴人为何要到平阳府弹丸之地的襄陵来游览，其时郑光祖并不得解。而赵孟頫独独指定之地即是龙澍峪，不由让郑光祖心下一震。龙澍峪有五十多里远，黄崖村有郑光祖家族一位远方亲戚，龙澍峪就位于黄崖村后一步之遥。那时郑光祖虽年幼，记忆中却至为清楚地记得龙澍峪属姑射山地域，地处汾河谷地，峪内松柏环山，翠浮云绿，峡幽谷深，山俊石奇，儒释道三教并存。山涧庙宇星罗，什么龙斗双阙、天桥古蹊、摩崖石刻，不一而足。至为迷人者，则是远房亲戚在昏暗的油灯下所讲的关于龙澍峪的传说：龙澍峪远古时名为龙斗峪，传说东海龙王派水龙与火龙到人间行云步雨，调节旱涝。若旱，水龙就施雨；若涝，火龙就喷火。二龙来到襄陵县黄崖村西，遥见此山景色祥瑞且风调雨顺，不存在旱涝之说，便在山谷中睡起了大觉。时辰久了就不免伸腰蜷曲相互磕碰起来，随之发脾气两相打斗。此斗惊动了西天佛祖，佛祖便派龙澍菩萨降伏二龙，此即为龙斗峪之由来。后，龙澍峪中的水龙洞和火龙洞据传就是二龙蛰伏之巢穴。

名震朝野的大书画家赵孟頫放着遍布天下的名山大川不去，为何要来名不见经传的襄陵县龙澍峪呢？不远千里鞍马劳顿难道莫非想一睹传说中的二龙巢穴吗？郑光祖想想都觉得可笑。当年在黄崖村走亲戚时，他就对传说中的二龙巢穴充满了好奇之心，并相约了村里的几个小伙伴，跃跃欲试准备上山寻巢。此番极富冒险的举止自然遭到了远房亲戚的极力反对，一则山路崎岖，二则只是传说，即使村里老人都无缘得见，一伙半大小子岂非痴人说梦。探险之旅自然泡汤，却在郑光祖心里留下了足足的遗憾。随着赵孟頫即将踏进襄陵县的时间日趋临近，郑光祖才隐隐听说，大书法家赵孟頫的到来实则完全是受牛光祖和卢希古的盛情而邀。

这两人的名字郑光祖之所以记得如此清楚，非是两人均为当时平阳籍在刚刚建立的大元朝朝廷任职高官之因，而是有一位竟和自己是同名：牛光祖。

当然，这则讯息也来源于那位德高望重的老学究。

那天，原本从官位上退下来失落无比的老学究好不容易受到乡人尊重，陡然感觉仿若一下子又回归到当年耀武扬威之时，激情满怀："牛光祖，你们没听说过？他原是咱襄陵县东柴村人，是朝廷刑部主事；卢希古，也是咱襄陵县乂村人，是朝廷国子监助教。这两人可是咱们襄陵县的荣耀。他们两人对赵孟頫的书法作品至为钦佩，便借还乡省亲诚邀赵孟頫游览故地家园。"

此则传闻，先不说其真伪。让郑光祖大为期待者，既非赵孟頫的光临，亦非襄陵名士的还乡省亲。实言讲，郑光祖从小听多了当年蒙古大军南下，铁蹄所到之处对汉人烧杀掳掠的野蛮行径。蒙古人在他眼里俨然是杀人不见血的"魔王鞑子"，他们个个面目狰狞，人人手持尖刀利刃，上面沾满无数无辜者的鲜血，血债累累。在郑光祖的心里，蒙古蛮夷之族狂暴粗野，连续灭金灭宋，将好端端的和平世道搅得残垣断壁饿殍遍野，只有狱魔出笼才有此大恶之行！蒙古蛮夷之族历来是汉家不共戴天誓不两立的仇人。恨乌及屋，郑光祖自然对那些卑躬屈膝视蒙古人为衣食父母的汉臣毫无好感。总而言之，此事在最初并没有引起郑光祖多大兴趣。

引起郑光祖兴趣的，则是与赵孟頫受邀前来密切相关的另一件事。大书画家赵孟頫光临襄陵，县府上下忙成一团。此事惊动官方，可见其隆重之状非同一斑。当然，在郑光祖看来，此事件之所以隆重至此，大可从另一个角度做一番剖解：一则赵孟頫确为名人，头顶光环映照天下，今光临襄陵，岂非古今难逢之莫大荣耀乎！二则官府之所以心甘情愿地举地方之力办好这趟迎接差事，关键不在于酒，他们不过想趁机努力巴结同时在朝为官的襄陵同乡牛光祖和卢希古。

迎接规模究竟会隆重到何种程度，史无细载，郑光祖也并不在乎。但确凿无疑的是，襄陵县府已明明白白贴出公示，为迎接赵孟頫与两位同乡朝官的到来，将于某月某日在龙澍峪脚下黄崖洞村接连上演六天大戏。至于唱得什么戏，虽未告知，但从坊间各类此起彼伏不绝于耳的传闻中，郑光祖听说有可能是剧作名家白仁甫老先生的《唐明皇秋夜梧桐雨》和《祝英台死嫁梁山伯》，间或是名家李文蔚的《同乐院燕青搏鱼》和《张子房圯桥进履》，继而又传可能还有戴善甫的《陶学士醉写风光好》和《柳耆卿诗酒江楼》，还有名家史九散仙的《破莺燕蜂蝶庄周梦》等等。至于戏班子，竟然传闻还是重金聘请名扬真定大都的天然秀、花李郎、红字李之名家班院。所传戏目及作家，个个都是其时大名鼎鼎首屈一指的名家名作。尤其是史九散仙，那可是朝廷重臣真定万户侯史天泽史大人之子，是政界曲界名头响当当的大人物。更为振奋人心的是，这些名家名剧随赵孟頫一同进驻襄陵县境，如此规模如此排场如此盛况，这得花多少白花花的银子啊。襄陵县官府大手一挥，此乃襄陵大事也，自由官家一力承担，无须百姓出一文钱！

全城欢声雷动。毋庸置疑，老百姓们的欢声这次是出于完完全全地发自内心。

郑光祖自然心潮澎湃,无论传闻真假,即便是这些名剧名家名班子各来其一,已足以让他万分感慨。须知,这些名家名剧可都是他极为喜爱崇拜的大家大剧!

白仁甫、李文蔚、戴善甫、史九散仙,郑光祖在夜深人静之时,沐着清亮皎洁的月色,一遍遍掰着手指念叨着这些耳熟能详的大名。

夜里,他不止一次笑出了声。

龙澍唱戏　黄崖吟诗

元初大书画家赵孟頫是否来过平阳府襄陵县,历来存在诸多疑问与争论。坚信赵孟頫到过襄陵县者,其最具说服力的证据为赵孟頫不仅来过襄陵县,而且在当地官员乡绅的陪同下兴致勃勃地游览了风景圣地龙澍峪,而且在龙澍峪的天桥上留有墨宝。有诗为证:天门高处两仙桥,缥渺白云手可招。坐隐渐薰毛骨爽,翩翩鹤下羽翛翛。

三百余年之后,明崇祯十六年(1643),当朝大学士王维屏在《游龙澍峪记》中曾遍述山中美景,其中有所谓"迎薰亭",持肯定意见者即认为王维屏游记中此三字即是从当年赵孟頫诗中取其意而所成。持疑问乃至反对意见者认为,赵孟頫根本就没有到过平阳府襄陵镇,更别说龙澍峪了。历史上的赵孟頫虽为书画名家,并与唐时欧阳询、颜真卿、柳公权三人并称"楷书四大家"。但除此之外,赵孟頫尚有另一个诗人身份。后人在遍寻赵孟頫所遗诗集《松雪斋文集》中,唯独此诗未见任何踪迹。此即为赵孟頫未到襄陵,并成为后人杜撰此事的有力证据。一时,两派陷入纷争,前后达数百年之久。但是有细心者从另一个角度直接切入,再获有力旁证。一则此诗在古襄陵一带至今广为流传;二则就牵涉到元初襄陵籍官员牛光祖和卢希古了。牛、卢二人聘请赵孟頫回乡为祖墓书写碑文之事，直接相见于两块碑文。一块就是牛氏祖坟之碑，碑文至今尚存，可在清朝末年胡聘之所编《山右石刻丛编》中全文览阅。第二块则是卢氏祖坟碑文，清初雍正版《山西通志》陵墓券中虽残缺不全，但仍有踪迹可寻。牛光祖、卢希光二人属平阳府襄陵籍无疑，其二人故里距龙澍峪咫尺之遥。赵孟頫既到两人故里，龙澍峪自在情理之中。由此可见，所作之诗自然无误。

当然，赵孟頫是否到过龙澍峪，是否到过那座天桥以及在何种情况下诗兴大发，留下墨宝，后人只是旁征博引略做猜测而已。但后人独独忘记了一个很重要的目击证人，那就是郑光祖。

郑光祖一定亲眼见过襄陵县的那场规模宏大的盛事盛景，即便是赵孟頫诗兴大起之时，他的眉毛如何舒展，他的嘴角如何微咧，他的笑容如何平和，他展袖握笔的姿势如何优雅洒脱，郑光祖必定看得清清楚楚。唯一的缺憾是，郑光祖与如被众星拱月般围聚在人群核心的赵孟頫有一定距离，而这个距离竟然是由襄陵县府面目不善的官役们手挽手阻拦而造成的，这非但让亲临现场的郑光祖没能见识到赵孟頫潇洒笔锋，而且由于现场围观的百姓太多、声音太杂、秩序太乱，他同样没有看到赵孟頫一番龙飞蛇舞之后，究竟在牛光祖、卢希古两人一左一右毕恭毕敬的环伺下写就何种诗作，郑光祖亦没有看到。但是，此后那首诗就不胫而走，一夜之间几乎传遍襄陵县乃至平阳府。

闹腾腾的大排场终于落下帷幕，夜色垂暮，让郑光祖盼望至久的大戏终于在龙澍峪下的黄崖村开演了。

首部戏虽非传闻中白朴的《唐明皇秋雨梧桐雨》，却是他的另一部新剧《董秀英花月东墙记》，此剧共分五折。全剧大意为书生马文辅与董秀英相爱而私自结合、最终花好月圆之事。书生马文辅与董秀英原为双方父母自幼定亲，马文辅父母双亡后家道中落前往松江府问亲，恰与东墙内赏花的董秀英一见钟情，两人遂相思成病。岂料董母坚决反对两人婚事，决不招白衣女婿，立逼马文辅赴京应试。后，马文辅一举考中状元，夫荣妻贵，最终团圆。此种才子佳人、花好月圆的故事虽则老套，但郑光祖却无丝毫鄙弃之意。究其因，正在于看故事是由谁来讲，以何种手法来述，这一点至为重要。

从古至今，盘古开辟天地以来，尘世生生死死川流不息者何止数十亿记，莫论权贵显要，莫论富绅贫贱，莫论庙堂乡野，一代代莫不是前赴后继夜以继日地重复先人之事，重蹈先人之路罢了。生死恩怨、情仇离恨、忧喜悲伤，自古都脱不开得失、荣辱、贫贱、离合这些多少人嚼厌了说烦了的陈词滥调。唯一新奇之处就在于，话题依旧事件依旧，甚至分分合合的轨迹依旧，但经历者代代都是新面孔。恰恰是这些新面孔，将那些陈词滥调非但演绎出了新滋味，更经学识渊博、才华横溢杂剧大家们的妙手巧著，端得是足以让人沉溺其中不可自拔也。

郑光祖就深深迷醉于功力非凡剧中刹那撩得人心潮起伏的辞调之中。

台上，董秀英母亲义正词严，公然悔婚；台下，观戏的百姓们立时大骂不止。

眼前突地一阵尘土飞扬，郑光祖愕然看到身边一位年纪与自己差不多的少年手中一把土奋力朝台上掷去。边掷边骂：

"好狠心的老妖婆，要活活拆散一对痴情鸳鸯吗？"

黄土一起，人群中早已怒不可遏地纷纷开扬，有些挤在人群中原不为看戏只为混热闹的赖皮小子们趁机起哄。

"大胆！"坐在前排正中的官府人员立时怒喝，"来人，将后面扬土闹事的混账抓起来！"

哄笑声，叫好声，口哨声四起，众人一齐朝后张望。

那扬土的少年立时愣了，浑然忘记了此场戏非襄陵城的草台班子，来自京师的书画大家及大都朝廷官员都在戏院之内。

郑光祖原也对董秀英母亲气愤难忍，手中紧攥土块，正想掷出，一泄胸中怒火。眼见事起仓促，官家府役听命从两边包抄过来拿人，亦是吓得不轻。

身后有老者低低喝道："小子，还不速走，等着吃棒子吗？"

一句话提醒了郑光祖，他自恃来过黄崖村，山路谷涧熟悉，一把拉住呆立当地不知所措的少年："兄弟，跟我来！"

两人钻人缝跨板凳，戏院内立时骂骂咧咧吵成一片。有好事者不知从何处一块土坷垃，扬手打掉了墙边高杆上的一盏马灯。

郑光祖趁乱跃上短墙，顺墙后的土崖一路向坡下狂奔，喘息之间已跑出二三里。那少年倒也手脚麻利，一步不曾落后。

山风渐起，两人气喘吁吁地坐在与戏院一涧之隔的山梁上。

那少年突地笑起来，"兄弟实愚，浑然忘了戏也。白仁甫老先生此剧我是从平阳追到了黄崖村，看了不止五六次，每看一次就想上台揍那个老妖婆，几拳头下去方才解恨。"顿了顿，"哥哥莫非也爱看白老先生的戏？"

郑光祖奇道："兄弟如何得知？"

少年眼光狡黠地笑道："休要瞒我，我扔土时见你手里就握着块土坷垃呢。我不扔，你肯定一坷垃就上去了！"

郑光祖一笑，算作默认，心里却颇觉失望。好端端一出戏，竟是仅此一闹腾，无法再看，越想越是懊丧。

少年大约看出了他的失望之色，站起身大声道："听不成戏，可咱肚里装着白先生的好诗句呢，比之戏文奇味绝矣！"

"有何奇味？"郑光祖顿时来了精神："唱来听听！"

少年故弄玄虚，挤眉弄眼道："没听过白先生的天净沙吗？听我唱来。"说着，提提险些脱落的裤子，手背用力在唇上一擦，清了清嗓子，迎着夜风吟唱起来，"春山暖日和风，阑干楼阁帘栊，杨柳秋千院中。啼莺舞燕，小桥流水飞红。云收雨过波添，楼高水冷瓜甜，绿树阴垂画檐。

纱厨藤簟，玉人罗扇轻缣。孤村落日残霞，轻烟老树寒鸦，一点飞鸿影下。青山绿水，白草红叶黄花。一声画角谯门，半庭新月黄昏，雪里山前水滨。竹篱茅舍，淡烟衰草孤村。"

此曲原为白仁甫所作调寄《天净沙》之春夏秋冬篇，郑光祖最喜爱的就是秋篇。现下仿佛处尘世之外，山野荒凄，涧风呼啸，其意境何其凝重苍凉，竟是一种猝不及防的悲壮意味骤然涌上。

那位少年与郑光祖同为平阳府襄陵人，姓孔，名文卿。

那天夜晚，郑光祖与孔文卿两人蹲坐在龙澍峪黄崖村落的山坡上，围绕白仁甫，围绕石君宝，围绕元好问等散曲杂剧名家，整整畅谈了一夜！

郑光祖没想到，当他不得不背起行囊背井离乡开始人生的逃亡之旅多年之后，他们两人竟会在遥远的江南异地相遇。

殊途同归之地，正是杭州城；再次重逢之处，正是段家桥！

第六章 南北有曲调

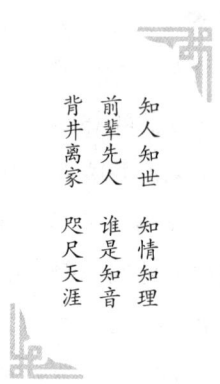

知人知世　知情知理
前辈先人　谁是知音
背井离家　咫尺天涯

知人知世　知情知理

多年之后的某个夜晚，当郑光祖直面一轮孤灯清月时，他意识到需要怀着一种沉静乃至凄楚之心，感觉不到曾经一度刻意回避和畏惧的孤独落寞时，方有一种恍然大悟茅塞顿开之感。

那时，郑光祖已近不惑。对于任何一个走到人生不惑的个体生命而言，这道极其明显界点足以让他瞬间学会盘点和回顾，对生命历程有意无意地开始某种小心翼翼的梳理。梳理的过程和方式完全是出乎本人意料甚至是让人忧伤的，是那种无可名状的沉重思维渗透至躯体的任何一个脉络之中时，就会发现，能够合乎如此回忆方式的态度唯有忧伤可以匹配。忧伤，既是对短暂的生命本身而言，亦是对生活经历而言。人生，原就是一趟有去无回的旅程，就是个谁都不可逃脱的悲剧。

在明知悲剧的进程中不断制造悲剧，不断重复悲剧，不断经历悲剧，从生到死，将一直与伤痛同行，与悲苦同行，与绝望同行。

空耗生命，虚度光阴，枉度一生。天下一切得失、廉耻、荣辱、利害，仇恨癫狂、权力争夺、死别生离，乃至连绵忧患者，莫不囊括于此。

天下熙熙，皆为利来；天下攘攘，皆为利往。利者，原解读为内修之利与外在之利。所谓内修者，其核心即是个体生命本身，一切均围绕符合生命本身成长而有益且有序为核心，壮大强健个体本身，夯实自身修养品性，做到宠辱不惊，淡然而处，时刻保持一种至为清醒而冷静的头脑，懂得为什么而活为什么而死这个浅显之道。所谓外在之利者，其核心与个体生命本身恰恰相反，其范围广阔得非但让人可怕甚至可笑，具体到内在视角这个框子里，即是本末倒置，注重外界任何细微的影响、周围形形色色的态度、苟延残喘在世人的口水中，从生到死，终其一生并无消停之时。一言以蔽之，一辈子都为他人而活、活为他人而看，为身外之物不惜他伤自伤，血痕累累。

善于自知者，方知人、知世、知情、知理；反之，即为大愚。

值得欣慰的是，青年郑光祖在不到二十岁的时候就醒悟到这个人人皆知却非人人皆可付诸人生实践的至真大理，这比理论上的经历界限、年龄界限、学识界限整整提前了将近二十年。人生之世，最为丰足殷实、堪为不悔之道就在于善学善谋善忆，而且是甘于且习惯于以一颗凄楚的心去学去谋去忆。心浸于悲，俗世万世未为悲也；行始于悲，生命坷坎未为悲也。

当郑光祖在懵懵的状态中陡然体察到人心之私乃万恶之源时，那种惊心动魄的震撼使他一度对整个尘世乃至自己都产生过怀疑，但随着心境缓缓平复，他豁然而悟，生存之于世，这一切原就是真真实实的存在不可更改的，可更改者唯有自身。由此，他逐步摸索着适应之法。当耳闻目睹那些曾让他感觉极其温热又极其渴慕的表面上的客套与谦让之态，实质上淹没了大量让人胆战心惊的粗暴、阴险以及尸横遍野、血流成河的残酷真相时，郑光祖骤然明白，所有的争斗，正是俗世之本质。而本质的起源，则在于人人心中奢求的权和利。当胡须坚挺、目光深邃、心胸逐日开阔的少年郑光祖走在襄陵县境内的村镇里弄时，他觉得开阔的胸襟非但已不存在昔日因不解而产生的任何拥堵与难过，恰恰相反，他为日趋所面对的繁扰人事总是在眼前出现的一闪灵光而愈发自信愈发舒爽。诸如对面而来的笑容，他异常清楚那种模式刻板的笑容非是于他而言，而是面对整个人世，与他无关。换言之，是种让人不寒而栗的模具，一旦或有意或无意触掉时，一切都将发生翻天覆地的颠倒。真正的诚与善，非在人际，而是爬在墙头上，两爪搭前，脑袋向外窥探的黄毛大狗；真正的知与足，非在你所看到的安宁和睦，而在从石阶上一跃而下，晃头晃脑，到处觅食的鸡；真正的思与乐，亦非在欢声笑语的餐桌上，而在沐着暖暖秋阳，眼睛时睁时闭，懒洋洋地蹲卧在窗台边的猫。

尘世利害无处不在，大到地位金钱，小至针头线脑，一切应有距可量可控，倘稍稍越过此距，父子反目，兄弟成仇，乃至兵戈相见，数不胜数也。

明晰利害，知晓争斗，郑光祖异常清楚躲避之法。这不是自私，乃是大智。这躲避之妥善法，就来自于勤于梳理甘于沉思且醉于回忆。

唯有那时，郑光祖的心态从未有过的清静，亦从未有过的莫名凄楚。但他同时强烈地感触到，清静赐予他的是理智，凄楚赐予他的是不愿为人道的惬意快活。

拥有理智和惬意快活，郑光祖陡觉一身傲骨上下关节与关节的连接处，铮铮作响。

将与生命本身无关痛痒的诸般杂事杂理杂项被全部剔除，势必有合乎自然、有利于轻松成长的目标予以迅速代替。毋庸置疑，少年郑光祖无数次坐在万头攒动的戏院中，屏紧呼吸聆听戏台上优伶们婉转流淌的唱腔时，他浑怕错过一句。

在郑光祖看来，优伶的歌声是抑扬动挫的，是清盈悦耳的，比歌声更让他心颤不已的是每一折中即便是顺口念出来都丰满流畅、极富魅力的宫调辞章。尤其是与孔文卿站在黄崖村边高高的陡坡上，或纵情谈论，或高声诵唱着前辈剧作名家的曲子，幽冷的夜风中，他陡然止不住泪流满面。

郑光祖越来越明确，在他的生命意识中缺什么，需要什么，爱什么，憧憬什么。事实上，他的精神世界中早已酝酿至久却始终没有寻找到合适的机会倾吐的人生愿景，此刻，他面对夜幕中苍茫的群山终于呼喊出来了：郑某这一辈子，要创作出最美妙的词剧。

古往今来，任何有志之人，梦想，经酝酿成型，直到终于以难以阻挡的力量纵声而出之时，他的眼界会豁然敞亮无比，他的心志会坚定无比，他的脚步会扎实无比。尤为关键的是，他的人生简单无比！

前辈先人　谁是知音

平阳府，之所以为被后世后人誉为古代戏曲摇篮，自然与唱响数量庞大的优秀作品密不可分，同样与笔耕不辍伏案创作的作家群密不可分，更与作家们博大的学识情怀与贴近民间善于发现善于汲取善于精琢的责任感密不可分。

"上到九十九，下到刚会走；人人爱唱戏，个个有一手。"听戏、唱戏、评戏，说的就是平阳府百姓对戏的痴迷。

逢年过节，襄陵县方圆十里八村，从早到晚，锣鼓笙箫，此起彼伏，好不热闹。无戏可看的日子里，老百姓们就成了"角"，街头巷尾，戏声不绝。尤其是文人们聚居的地方，不仅时时有戏可唱，更有评戏可听。

位于襄陵县城东南方向，临近汾河岸畔有座文庙，庙里有一座始建于五代时期的八角六檐砖塔，当地人称"笔锋塔"。每当太阳初升之时，高高耸立的"笔锋塔"尖尖的塔尖影子刚好投在滚滚南逝的汾河水面上，寓有"笔锋蘸汾水、文风传万代"之意。

文庙年久失修，略显破败。庙后临近河岸有处闻名县城的酒楼，是全县文士墨客时常集会谈古论今、评点时事、纵横天下之地，在整个平阳府名震一时。

无戏的日子，少年郑光祖常常光临此地。多年之后，郑光祖回想起来，他蓦然发觉，对他日后投身杂剧创作影响至深的地方，一个是戏院，第二个就是这座酒楼。

县里有位德高望重的老先生，姓张，人称张老先生。据传这位老先生少年时期即有"神童"之称，考了一生，却只中了个秀才。别人论及此事，老先生一脸鄙夷之色。

"老夫生不逢时也，乡试考官是个只认钱不认才的瞎眼狗，你们不知道吧！"

众人尽皆大笑，此语遂成整个府县境内失意文人的口头禅。但郑光祖并不这样认为，因为他觉得老先生一肚子文才，确实无人可及，他最喜欢的就是听他捣古讲习。

酒楼二楼数间雅间打通，座中人都已安静落座，大家各怀心思，眼睛定定地盯着酒楼下后山墙与文庙相通的那道小门。大伙都清楚，老先生的与众不同之处，除了满腹经纶外，他进来的门道亦是区别于他人。别人都是从正门进，唯独他要不惜绕一个大圈，先进文庙，然后从文庙后的豁口再上酒楼。

老先生一来，寓示着襄陵县文士辩论会的真正开始。

"咳，咳，啊呸！"老先生当仁不让地坐在正中，眼皮微撩，微微一扫，毫不掩饰嘲弄之色。

郑光祖极善察言观色，赶快端了杯热茶，恭恭敬敬地奉上，小声问道："张爷，您今日身体不舒爽吗？多喝水。"

座中人低声哧哧哧地偷笑，却没人敢出声。少年郑光祖哪里知道，这是老先生展露才识的开场仪式。无仪式，不立威，岂有信？

若是换了别人，老先生必定一番呵斥，对郑光祖则满是疼怜之意。

"老郑家有德辉这伶俐小子，老夫一腹文识才学有后矣。"老先生一派和蔼之色，像是对郑光祖说，实是对举座众人而言，声音洪亮，"自古咱平阳府素有人杰地灵之说，真正的灵气在哪？就在咱襄陵县。天下文识出于何处何人，皋陶也；皋陶者，咎繇也。这皋陶先生原是少昊氏首领，生于尧帝之时，卒于夏禹之前，据说活到一百六十余岁。皋陶历经尧舜禹三世，呕心沥血辅佐三世明君，功高德厚。"

有位后生插嘴道："您去年在平阳府学堂讲学，不是说皋陶是洪洞人吗，咋地又成了咱襄陵人了。莫非这皋陶先生长了翅膀不成，他娘想在哪生就在哪生？"

一座人大笑，纷纷看着老先生，看他如何破解此说。

郑光祖记得老先生也有过数次不同论说，不禁为他担心。

老先生居然毫无愧然之色，轻抚胡须，呵呵地笑，指着那后生道："小子看来颇有学习之心，没想到为听老夫的课，居然还平阳府跑了一趟——你懂甚，靠山吃山靠水吃水，没听过吗？可记得那次平阳府主持学课的山长是哪里人？洪洞人嘛！不给人家戴顶高帽子，哪里能有上好的美酒可喝，能有脆香的卤肉可吃！"顿了顿，张老先生又道，"老夫平生为学，最是讨厌被人无故打断，这就是非礼。古人云，凡事非礼不尊。老夫说到哪了？"

郑光祖忙道："张爷，您说到皋陶老先生。"

"还是德辉小子聪明，老夫所言一字一句不落，接着说皋陶先生。"张老先生颇为得意，"咱平阳名人皋陶先生原就是上古四圣之一，精于法德之说，已为后世后人，便是朝廷庙堂之上，已是古往今来撼不动的标杆。

皋陶之后，当属战国荀子，连大名鼎鼎的秦相李斯和韩非子都甘拜门下。荀子实非平阳府名人，这地域小了，当是天下名士。昔年荀子先生走遍天下，曾任齐国游学，在稷下学宫同各个学派的学者进行学术交流，并展开讨论，所向披靡也。两次担任学宫祭酒。祭酒者，何也？那可是行礼时的首席之尊！后来又到过秦国、赵国，晚年在楚国任兰陵令，一生著作无数，直至逝世前仍笔耕不辍。"

郑光祖听得入了迷，借张老先生喝水的工夫，道："张爷，听说春秋晋文公、战国李牧、汉时霍光、卫青、霍去病都是咱平阳府名人？"

张老先生眼睛一亮，"小子读的书不少啊！竖子可教也！不过，那些都是粗莽武夫，不值一提。自古创业兴邦者，离不开文治德治！"

郑光祖颇为好奇地又问，"张爷，那咱平阳府文化名人还有哪个？这些年，曲调天下畅行，难道咱们平阳府就没有名士名家吗？"

"当然有！"张老先生想了想道："远的不说，咱说近的。昔年平阳府令于伯渊于先生诸位可知？"

又一位后生笑道："好像听过此人，据传写得一手好艳曲。"

张老先生正色道："何为艳曲俗曲？文章辩以才学，岂分艳俗！无知者无畏也。这于伯渊端得有手好笔锋，我且给你们吟上一段如何？"

众人一齐叫好。

张老先生沉吟片刻，摇头晃脑道："脸霞红，眼波横。见人羞推整双头凤。柳情花意媚东风。钿窝儿里粘晓翠，腮斗儿上晕春红。包藏着风月约，出落着雨云踪。绣床铺绿剪绒，花房深红守宫。豆蔻蕊俏头嫩，绛纱香臂上封。恨匆匆，寻些儿闲空，美甘甘两意通，喜孜孜一笑中。"末了，道，"如何？"

如此艳俗之辞，郑光祖亦听过不少。那时，他虽不解其味，引起浓厚兴趣的则是工整辞章，听上去颇有韵律，但已是听得面红耳赤。

偏张老先生毫不在意，又道："还有刚刚仙逝的张鸣善张老先生，老夫曾与张先生有过数面之缘，私下有些交情。老夫当年曾有习作若干，就得到张先生的当面赞誉。"

立时有人抓住话把子，"张先生，您得张鸣善老先生当面赞誉之作，可否当场给咱吟诵几曲？"

张老先生大度地挥挥手道："今日咱论古不说今。老夫虽有些曲调，较之张鸣善先生尚有一定差距，不足提也。你们听过《普天乐·咏世》'洛阳花'没？此曲正是张鸣善老先生的名作。"

但凡听到是平阳名人，郑光祖自是精神振奋。

张老先生轻了轻嗓子，道："且听我吟来。咱就唱一曲《遇美》罢。海棠娇，梨花嫩。春妆成美脸，玉捻就精神。柳眉翡翠弯，香脸腻胭脂晕。款步香尘又鸳印，立东风一朵巫云。奄的转身，吸的便哂，森的销魂。雨才收，花初谢。茶温凤髓，香冷鸡舌。半帘杨柳风，一枕梨花月。几度凝眸登台榭，望长安不见些些。知他是醒也醉也，贫也富也，有也无也。"

吟来吟去，仍旧是些风月辞藻。郑光祖颇有些失望，不自觉打了个长长的哈欠。

张老先生看在眼里，大为不解。

"德辉，咋地听得迷糊了？"

郑光祖支支吾吾，目光躲躲闪闪不敢直视张老先生。但是，张老先生看出，他分明有话要说，却又仿佛碍于某种不便启齿的原因不便说不敢说。

那张老先生倒也大度，脸色紧板，故作呵斥道："小小年纪，这般拖泥带水，好不爽咧，好歹也是堂堂七尺男子汉，为人处世岂能如此？有什么话，径直了说，有老夫做主，没人敢怪你！"

受到鼓励，郑光祖这才乍着胆子，鼓足勇气道："张爷，德辉不喜欢这些曲子！"

举座皆惊，张老先生更是惊得合不拢嘴，"德辉啊，我刚才所吟之曲作可全都是咱平阳地域前人先辈大家的作品。既不喜欢，你倒说出个原因来。"

郑光祖越说越是有了底气，道："张爷适才所吟之曲，在德辉听来全然不过是些风花雪月、闺里幽怨之作，脱不开的胭脂女儿气，格调未免太小。"

"噢？"张老先生不禁微笑颔首，"说下去！"

一座人的目光齐刷刷投向郑光祖，喝茶的动作停下了，谈笑的声音静默了，就连满头大汗忙前忙后的店伙计也停下了脚步。

"张爷，"郑光祖无所畏惧道，"爹曾教导我，说古往今来圣贤教诲，凡传之千古德行文章，德配享誉万世者，当以体恤民生关乎时代百姓之现状者为尊。总是彷徉在两尺天地之内，纵技法再巧，文辞再好，也不过是些无病呻吟的颓废文章，有何益也！"

一言既了，张老先生陡然击掌大叹，"好一个无病呻吟，德辉一席话，实将天下多少无病故作呻吟者悉数掌了大大的脸去！这一掌，何其响亮也，何其痛快也！"

顿了顿，张老先生将郑光祖拉至身前，环顾座中，缓缓道："德辉一席话，老夫受教也。民生者，民风也人心也人性也。这才是真学问、大学问！"

座中诸人纷纷鼓掌。

张老先生更是兴奋得犹如返老还童，端起大杯酒一饮而尽，哈哈大笑道："德辉，今日老夫撂一句话在此。若干年后，咱襄陵县，不，是整个平阳府史简上必有一位响当当的名家。谁也？郑光祖郑德辉也！"

背井离家　咫尺天涯

郑光祖名震天下，在钟嗣成的《录鬼簿》中可见一斑。

钟嗣成笔下，即便是声名在郑光祖之上者，诸如白朴、王实甫、关汉卿之辈者，其踪迹均显得极为吝啬笔墨。唯独对郑光祖，竟然留下了他的小传，这不能不令人称奇：

（郑光祖）光祖，字德辉，平阳襄陵人，以儒补杭州路吏。为人方直，不妄与人交，故诸公多鄙之；久则见其情厚，而他人莫之及也。病卒，火葬于西湖灵芝寺，诸吊送各有诗文。公之所作，不待备述，名香天下，声振闺阁，伶伦辈称郑老先生，皆知其为德辉也。惜乎所作，贪于俳谐，未免多于斧凿，此又别论焉。

郑光祖在青年时代离开家乡，独自南下。随他一同南下的，还有在北方兴隆一时的北曲创作。可以说，是郑光祖将北曲引入江南，并使其在数年之后使其盛行江南。作为北剧的传播者兼创作者，郑光祖是屈指可数的功臣之一。

从襄陵到杭州，中间遥遥数千里，间隔着数不尽的江河湖海崇山高岭。历来以叶落须归根、恋乡情结至为浓厚著称的晋人为何会在正当青春年华之时背起行囊远走他乡，且老死不回头，最终将异乡杭州作为自己的归宿之地，其间必定有着局外人、甚至包括亲戚朋友都未必知晓的内情。虽则这种堪与人道或不堪与人言的内情随着灵隐寺前的冲天大火一同燃起，焚烧得干干净净。哀伤也好，凄苦也罢，郑光祖长叹一声，毫无留恋地将所有生命信息、肉身和魂魄带入空灵世界。郑光祖双目紧闭，他是断然不会透露只言片语了，后世后人想要了解，只能通过他短暂的一生中身边的人和事来加以佐证。

早在北剧南下的大潮流形成十多年之前，在真定杂剧界早负盛名的白朴在三十六岁时独自闯荡江南，游历了诸多名山大川，自然名曲佳作必不可少。而形成这股大流之势，其核心原因并非只是领略江南秀色，而是北剧繁盛之时，他们看中了江南这片原是一块待开垦的处女地！

他们意识到，在那块广阔而"荒凉"的土地上，大有可为、大有作为！

作为此股北剧南下潮流的先行者之一，郑光祖在起步之初，他当然不会想到，当他只身走进江南若干年后，手中那根泛着墨香，浸染着汹涌才思的笔头会在他脚下描绘出人生最为畅快淋漓的瑰丽画卷。

无论生前还是身后，郑光祖无憾。

明代徐渭所作《南词叙录》中载："元初，北方杂剧流入南徼，一时靡然向风，宋词遂绝，而南戏亦衰。顺帝朝，忽又亲南而疏北，作者猬兴，语多鄙下，不若北之有名人题咏也。"

事实上，北剧南下之前的江南并非北境金朝或蒙古统治下老百姓所想的那样"荒凉"。自然美景，山水旖旎，那是不消说的。在社会生活这个层面，江南一带土地肥沃，商业繁荣，民众富庶，远非北地百姓可比。即便在北境民众想当然地认为至为"荒凉"的文化娱乐方面，若非连年战乱，也是北地难以匹敌的。这就需要细加笔墨，介绍一下江南在戏曲创作方面的发展史。

中国戏曲的真正成型是以宋代南曲戏文与蒙元时代北曲杂剧为代表从而进入文化历史的大视野。而在此之前的戏曲发展历程，事实上一直处在历史的迷茫薄雾中，难以辨识。整体而言，后人后世所言的北剧与南戏，实为两个剧种，分别以南曲与北曲为基础，分枝而成，并经不断创新，从而构成南北两大戏曲文化，再相互交融、碰撞，最终形成历史上的宋元剧种。

南戏，有多种异名，南方称之为戏文，后世又有温州杂剧、永嘉杂剧、鹘伶声嗽、南曲戏文等名称，至明清时亦称为传奇。据现有的史料所载，南剧的形成在北宋末至元末明初，前后历经二百余年。

南戏产生的时间，实早于北曲杂剧，素有中国百戏之祖之说。据明代祝允明所著《猥谈》载："南戏出于宣和之后，南渡（1127）之际，谓之温州杂剧。预见旧牒，其时有赵闳夫榜禁，颇述名目，如《赵贞女蔡二郎》等，亦不甚多。"作者赵闳夫为宋光宗赵惇的同宗室兄弟，由他公然发榜全面禁止南戏演出，从另一个角度恰恰说明其时南戏的影响层次和范围极大。

同样是在徐渭的《南词叙录》中,"或云:宣和间(南戏)已滥觞,其盛行则自南渡……"

由此可见,南戏在宋宣和之后即由江浙一带的温州艺人所创,到宋光宗朝时期已流传到都城临安(今杭州),盛行于浙闽一带。宋咸淳四年(1268),更有大学生黄可道所著《王焕》戏文,盛行于都下。至南宋末年,南戏实已扩展至今江西南丰等处。元朝刘埙曾在《水云村稿》卷四《词人吴用章传》载:"至咸淳(1265—1275),永嘉戏曲出,泼少年化之,而后淫哇盛,正音歇。"可知当时戏文颇受民众欢迎,但正统文人士大夫阶层却把它排斥在"正音"之外。

南戏之始行,还与宋时城市繁荣、经济发展、市井阶层兴起、勾栏瓦舍遍布有着极大关系,广阔的创作表演环境,为众多民间伎艺的昌盛发展提供了极为有利的环境。

南戏源于宋杂剧角色体系的完备,在叙事性说唱文字高度成熟的基础上,由民间艺人"以宋人词而益以里巷歌谣"构成曲牌连缀体制,用代言体的形式叙述长篇故事,从而创造出的一种新兴艺术形式。南戏综合了宋代众多伎艺,如宋杂剧、影戏、傀儡戏、歌舞大曲,以及唱赚、缠令等在表演上的优点,与诸宫调的关系至为密切。初期南戏的曲调配合,虽有一定惯例,但尚未形成严密的宫调组织,可根据剧情需要做较为自由的选择。南曲音乐风格轻柔婉转,适合于演唱情意缠绵的故事,与北曲(剧)的高亢苍劲,宜于表现威武豪放的气概大不相同。在器乐伴奏方面,北杂剧以弦乐为主,南戏则以管乐为主,以鼓、板为节。在演出模式上,初期北剧只一人主唱,南戏则场上任何角色都可以唱,且有独唱、对唱、接唱、同唱,除此之外还有后台用以渲染气氛的帮腔合唱。

南戏戏文,至今可考的除了《赵贞女蔡二郎》外,还有《王魁》《乐昌分镜》《陈巡检梅岭失妻》《王焕》《张协状元》等。据考证,这些戏文大都出自书会才人之手，而"士大夫罕有留意者"。蒙金、蒙宋之战后，一些文人甚至将南戏的"靡靡之气"视为不祥的亡国之音。其时，在北方蒙古人统治时期，白朴、关汉卿、王实甫等具有高超文学水准的杂剧作家投身创作后，北曲（剧）一时杰作纷呈。而在同时，南方戏剧圈中，南戏仍处于极为稚拙的阶段，兼之战乱，始终徘徊不前，未有发展。

世间万事万物皆有定数，此说当非虚言。在以郑光祖为首的北剧作家群南下之前，原本流传范围极狭、只限于普通下层市井，屏除于"正音"之外的南戏，其尴尬处境可想而知。此时，南戏的振兴之梦、光大之梦急需冥冥中救世主的出现。

在某种程度上而言，南戏的艰难蹒跚、风云战事、民不聊生，势必处于更为糟糕的处境，谓之"未开垦的处女地"理论上而言亦不为过。

长江依旧东流，南北两岸，碧草丰茂，鸡犬之声相闻。从战乱的残垣断壁上挣扎起来，衣衫褴褛、发巾散乱、面黄肌瘦的南人手里握着清理惨遭破坏旧家园的铁器，在废墟上苦建可以栖身可以遮风避雨的家园时，饥寒交加的人们，耳畔蓦地传来悠扬的弦乐声，继而是咿咿呀呀、板正腔圆的吟歌声。

隔一片茫茫大江，南人们喃喃自语：多么似曾相识的歌舞声啊，何时才能在家乡的土地上听到呢？

千里之外的汾河畔，郑光祖遥望着苍茫的河谷山涧，他俊秀而满溢庄重之色的目光中，那时默默盯住的是真定是大都，而不是江南。

在真定和大都，传来令他心驰神往极其悲壮慷慨的歌声，越思量，越吟唱，越向往。

第七章 世事原无常

山水遁隐　情窦初开
离我家园　圆我戏缘
涉世涉险　卜生卜死

山水遁隐　情窦初开

　　显然，望眼欲穿的龙澍峪黄崖村看戏之行最终被一场突如其来的变故搅得面目全非，好端端的戏没看成，险些闯下祸端，郑光祖的心情是无奈的是怅然的更是极度沮丧的；好在这一切不快由于孔文卿的出现，所有的失落瞬间得以弥补。关键原因就在于郑光祖发现就在他的身边，与他年龄相仿的孔文卿的志趣爱好乃至精神追求与他惊人得一致。那一晚在黄崖村外的山坡上，虽则身居旷野，虽则山风呼啸，虽则夜风阴凉，但浑身喷涌着青春血液的少年丝毫无惧，他们面对苍茫的山涧纵情高唱，散曲一首接一首，杂剧一折接一折。唱到动情处，郑光祖觉得眼眶内因为某种说不出的强烈感触而有湿湿的滑滑的东西不断滚动。干裂的嘴唇不住颤动,数次他不得不用力紧咬,但都无济于事。他浑身上下,从脚底从裸露在外的皮肤上乃至被山风拂乱的发丝上,无数道细弱却力道充沛的隐隐急流飞速奔涌,汹汹然一齐聚在脑门——凉飕飕的额头上,薄薄的皮肤之下筋脉此起彼伏不住跳动,耳畔甚至能听到某种激烈的声响。

当郑光祖完全沉浸在激越豪迈和凄婉柔肠的歌声中时,他再也止不住热泪喷涌,泪水顺着脸颊大股大股地无声滑落。这一切,郑光祖好似浑然无觉。他清楚他的歌喉并不嘹亮,他的嗓音并不悠扬,但这些缺憾并不是限制青春年月纵情纵声的理由。尤其是当郑光祖微微一瞥眼,愕然看到身边个子比自己足足矮半头的孔文卿双腿大大分开,两手叉腰,凸起小肚腹,左襟处的一道烂口子闯开,碎成两缕的布条在山风中乱舞。孔文卿以一种看着让人心疼、怪异且放肆的姿势仰着脖颈,扯开喉咙旁若无人高唱的样子,与郑光祖隔临马三娘家喂得那只高大威猛的公鸡叫鸣时毫无二致。模样虽则滑稽,但郑光祖一点也笑不出来,因为他凄楚地看到,在隐约可辨的夜色中,歌唱时的孔文卿泪流满面。

那一刻,青春年少、意气风发的郑光祖陡觉一阵滚滚的热浪袭遍全身,他毫不迟疑地将孔文卿极为郑重地放在心里的某个位置。那个位置,属于人生知音。

关于孔文卿的生平,资料比郑光祖还要贫乏。在钟嗣成《录鬼簿》中列为"前辈已死名公才人有所编传奇行于世者"。贾仲明于《录鬼簿续编》中所撰挽词为"先生准拟圣门孙,析住平阳一叶分,好学不耻高人问,以子称,得谥文"。并知其祖籍当为山东曲阜又迁至平阳者。其子当为显宦,否则恐难得"谥文"。

郑光祖在襄陵故地生活之时,与孔文卿即为同时同地乡人,而且他的生活轨迹与郑光祖有着惊人的相似之处。其人生路线同样是从平阳府南下江浙,他的成名之地亦在杭州。

不管世事，不管风云，不管生死，郑光祖在他的足迹尚未迈出故土时，与孔文卿不期而遇并引为志同道合的人生知音，无疑是他生命进程中的一大收获。

那晚，两人一夜无眠，就坐在黄崖村外的山梁上，话题无疑是共通的，语气无疑是炽热的，心情无疑是激昂的。这既是世上任何知音间的交流模式，更是世上任何青春年华的固有特性。

唱累了，吼乏了，或许嗓子有些嘶哑，那就喘口气坐下歇歇吧。身体困倦，可思想的浪涛翻滚不止，不言而喻无法平静下来。两位少年相互间一个眼神，一个会意之笑，所传递出的信息自当无以穷尽。

围绕前辈名家的词曲作家展开的热烈讨论、交流的过程中，必定存在争论；既有争论，各不相让，必定存在面红耳赤；既有面红耳赤，必定言辞激烈。恰恰在这激烈的言辞当中，或许两位少年人在毫无觉察的过程中，妙语如珠，佳词连连。而这些如珠妙语、连连佳词完全可能就出自他们各自竭力推崇备至早已心仪词曲作家的笔下。总而言之，这种极具日后名列词剧作家行列雏形的争论方式就在那个初秋清凉的黄土梁上隐隐形成了。

争至激烈时，两位志趣相同且已有默契的少年人几乎同时意识到了某种尴尬与不妥，无须思考，迅即采取了一对知音间本身即有的处置方式，不约而同地大步退却。他们下意识地相视一笑，笑容里包含着浓浓的羞愧和谦让。此时，他们分明懂得什么是度，懂得什么是礼，更懂得什么是敬，彼此之间很清楚对方溢在唇角即将而出但同时又迅速大力吞咽回去的话。无言是一种心有灵犀，无言是一种快意洒脱，无言是一种清灵意境，其中蕴藏的内容和态度是无尽的，再美妙再谦恭的辞藻都不可能尽述其一，是需要心的柔软触角在拂抹之间去体味去品咂的。古往今来，真正可谓知音者，莫不倾醉山水空灵，其因莫不在此也。

身体放松，心情亦当同样处于舒畅状态才不枉少年时光，激越之外，当然还有柔情。与纵情讨论心中至爱的词曲作品截然相反的是，两个看上去无畏无惧的少年，当他们的话题一旦触及柔情，豪迈之气陡然消失得无影无踪，他们变得异常羞涩，表情木讷了，口齿僵硬了，甚至感觉到了彼此脸庞上滚滚热浪的灼烫。他们倏忽变得小心翼翼，绕着连他们都觉着不可思议的圈，曲里拐弯，又模棱两可，甚至都不敢直视对方。他们分明又变得异常精明老练，紧紧捂住自己的嘴巴，生怕不合时宜地说出那句谁都清楚地感觉到但谁都不敢轻易吐出来的话。事实上，仅在小半个时辰之后，当两人肆无忌惮地冲破那道隐形的心理壁障兴高采烈地讨论起那个话题时，两人轻松地畅吐了一口气，倏然发觉那句话所包容的内容和分量并没有他们想象得那样可怕，反而是最能诱发青春激情的话题，包括日后他们在创作散曲杂剧的过程中，冥冥中赐予他们无尽创作热情的正是多年前在黄崖村幽暗的山梁上蓦然爆发的那个话题！

这个话题，就是爱情，就是男女之情。

当然，在少年时代的郑光祖和孔文卿身上就赋予爱情的含义，肯定为时过早。他们就像炕头上蹒跚学步的幼儿，从某一天开始发觉腿脚的力量足以下炕扶着门框走上坚实的土地，当敞开大门首次独自站在台阶上，扑面而至的是白云蓝天、青山绿水、黄叶红花，乃至杏树下疯跑的黄狗，墙头上一跃而上的花猫。远处重重叠叠的屋顶上有淡淡的烟雾袅袅而起，在半空中随风而散；近处高高的山墙后谁家的饭香悠悠传来。骤然走进广阔天地的幼儿，必定大睁双眼，眼前所有的一切是新奇充满了诱惑的。即便多少年之后，幼儿长大成人结婚成家，关于人世的最深印象就是当年站在台阶上所看到的，一辈子都不会忘记，一辈子都记忆犹新。

关于爱情，那是让人一想起来就呼吸紧促就浑身颤抖就血脉贲张诱惑力难阻的骇人深渊，纵荆棘密布纵暗涛汹涌，就算抛却性命一头扎进去都毫不犹豫。

十年之后，当郑光祖独自坐在杭州西湖畔传说中的苏小小墓旁时，一任寒风凛冽,一任雪雾苍茫,纷纷扬扬的雪线如漫天飞絮,将他和整个无边的西湖笼罩其中。那时他就觉得自己就像头顶或额前轻盈曼舞的一枚雪絮,清纯而亮洁,飘落在尘世中,漫无目标,不知去往何处。唯有隐隐约约的雪线中,低矮而敦实的墓碑上刻痕深深的"苏小小之墓"五个字刺得他没来由地心胀心酸心痛。

那时,他正经历着一段在他生命史上刻骨铭心的感情挫折,所遭受的挫折事实上对大多数人而言都是无关紧要的,但对一个满腹才华、寄情山水、心痴浪漫的文人来说,其毁灭性可想而知。当年,正是在这里,在苏小小墓边不远的寺院内,他和在心中一直奉为天仙的那个影子偶然相遇,他甚至闻到了寺院内越墙而出数枝青杏枝头上的默默香气。

一切都恍如一梦。恍恍惚惚的梦境,那简直是人生当中感觉至为沉醉的状态,无痛无伤无世俗的牵绊,纵有淡淡的忧伤,也是满溢着醇香的滋味。

梦境也好,现实也罢,当郑光祖独自走进西湖,总是不由自主地走过断桥,在苏小小墓边的石碾上陷入无尽的漫思。

一旦陷入那种无边无沿的漫思状态,眼前山水遁隐,飞雪遁隐,天地遁隐。飘浮游离的目光穿越茫茫天宇,跃过重重群山,最终降落在多年前那个幽暗天光之下黑沉沉的山梁上。

那里,山峦起伏处,幼稚的爱情话题绽出嫩芽;山下,星焰闪耀处,世俗的爱情在舞台上正演绎着生离死别。

离我家园　圆我戏缘

在郑光祖真正背井离乡、走进江南之前,事实上,他即有过一次人生经历的预演。唯一不同的是,那一次离家,他走得不远。

那是他第一次远离父母，独自走进广阔的社会，开始面对早已预感到充满艰辛和坎坷的世界。就像脑海中从炕上走出院落的幼儿，迈出这一步是迟早的事。年迈的母亲站在村边的土崖上，满脸是泪，身后的数棵老杏树花瓣飘飞，曾经在郑光祖眼里异常利落且坚强的身影陡然变得那般孤苦无依⋯⋯

郑光祖清楚，眼泪是世上最具蚀骨蚀心之力的生命本源，除了在人生死别之时疯狂爆发之外，还有生离。

儿行千里，这原是郑光祖意料之中的场景。但这种场景真正有一天突然到来时，他蓦然深深感触到，自己远非狂妄中鉴定了无数次的那个可顶天可立地的男子汉，那都是虚幻得不切实际的痴想，他仍然不过是走出房门战战兢兢观察着外面世界的那个幼童。

我的娘啊！

郑光祖含泪走出村外数里，直至土崖上老杏树下那个孤苦的身影远远消失在视线之外，他顿觉两腿发僵，回身缓缓跪在大道边，头重重磕在乡间的土窝里，泪水纵横。

"娘啊，回去吧！"

郑光祖此次所谓的出远门，既不是如史册中记载的孤身下江南，也不是他昼思夜想恨不得一头扎进去的花花真定府。无论江南杭州还是太行山之东的真定城，对少年郑光祖而言实在太遥远了，遥远得犹如隔了两个世界。在他的脚步尚未走出这片生他养他的地方之前，任何一次真正意义上的远足，即便是对后世后人而言都是不现实，同样也是突兀的，甚至是茫然无绪的。理论上，唯有一次不远不近的人世阅历，而且是脱离所有依靠牵绊的独自阅历，并通过这种对个人而言特殊的阅历才能积聚起直面生活和人事的经验，才具备了承受人世所有风霜雪雨洗练的可能。

郑光祖此次要去的地方是距平阳府不过五十里一个名叫魏村的村落。这次出行的全部意义就在于，郑光祖已绝不满足于守着家里那数亩薄田过清贫且单调的日子了,他已长大成人。用父母的话说,"儿已有房梁高了"。房梁高的儿子该干什么呢?胡子拉碴,臂膀粗壮,脚板宽大,足以在襄陵城之外任何广阔的天地里有一番大作为。这番大作为就是挣钱,充分凭借孔武有力的强壮身体换取人人艳羡得白花花的银钱。然后用那些以劳动换来的血汗钱给年已苍老一生节衣缩食的母亲做一件漂漂亮亮的衣裳,给喜欢抽旱烟的父亲在炕角底的大笸箩里备足整整三年的烟叶和火镰。然后将房院东西檐廊下被风雨侵蚀得沟沟洼洼的土坯模子全部拆掉,买两驴车青砖,和上软硬适中的草秸浆子泥,从台阶到檐角,通体上下一色青砖包砌。院墙低矮破败,权做院门的木栅栏早就该当劈柴扔灶火里了,既挡不住猫狗,也挡不住鸡鼠,该雇几个村里的壮后生,管饭管酒,用不了三五天打上数排坚硬无比的新土坯,将院墙至少垒高至五尺以上,四面山墙环绕,形成真正意义上的院落。别人不清楚,岂能瞒得过我去?村里那些整日里闲得无事到处闲逛惹是生非的壮后生们,他们虽好吃懒做,但打土坯都是十里八乡公认的好劳力,无非就是爱点子酒馋点子肉。肚子再大,让他们撑开了吃,能吃多少。

由此一想,白花花银钱就仿佛堆在眼前,只需轻轻一伸手便可全部揽入怀中。就在出行前夜,郑光祖在睡梦中整整数了一夜银钱,以至钱多得数都数不过来,他躺在钱堆里纵声大笑。

这个挣钱的消息是孔文卿告诉他的。据说,平阳府魏村原本是个远近闻名穷得叮当响的大村,村里多数老百姓衣不蔽体,只有一件破烂衣裳,男人出门女人就无衣可穿,只得在家待着。那件破衣亦是特别,为夹层,夏秋单穿。到了冬春就往夹层里塞破棉烂絮,能塞多少塞多少,聊以避寒。就在近两三年,魏村出了位能人,此人手脚通天,居然跟平阳府某衙门的色目人官员扯上了关系,雇了一帮人南下至解州贩盐北运,也不私售,专门卖给官仓,再由官仓统一上市。几番鼓捣下来,就发了家,成了远近闻名的富户。据说即使在平阳官府,平日里各衙门里那些趾高气扬的达鲁花赤和色目官员们见了他都眉开眼笑，奉为贵客。这位能人发了财，准备由他出资雇人在村里建一座大戏台。戏台建成之日，还将连唱十天大戏，摆十天流水宴，让村里男女老少敞开了肚皮吃，分文不收。

孔文卿有位亲戚就住在魏村，此次所雇人员要求全部为十七八岁的好劳力，且都要外村人员。本村劳力怕耽误农时，一个不用。建戏台，除特有的木瓦大匠外，其余小工日付三五文，管吃管住。郑光祖和孔文卿均在推荐劳力之列。

郑光祖第一次离家出行，这个日子他记得特别清楚。那是至元二十年（1283）春夏之交。其时，遍野杏蕊纷飞，田野一派青绿。

那年，郑光祖十九岁。

魏村牛王庙戏台，位于今山西省临汾市西北二十五公里的牛王庙内，据碑刻所载，戏台建于元至元二十一年（1284）。元大德七年（1303）不幸毁于地震。事隔十八年后，元至治元年（1321）重建，明、清曾予断续增补。

史载，戏台古称舞亭或舞楼，宋、金时晋南一带已有，元代已相当普遍，但保存至今者极少。戏台，为研究中国戏曲发展，特别是为研究元杂剧在山西一带发展历史和金元时期戏台建造制等提供了不可或缺的重要实物资料。

据统计，在素有"中国戏曲摇篮"之称的山西境内，共有五十四种地方戏曲至今仍在各地上演，其种类居全国之首。而作为中国戏曲发展重要的标志戏台自然极为常见，至今山西发现并保存的古戏台达两千八百多座，其分布区域几乎遍布山西各个地区，其中最古老的元代戏台有六座。

在位于山西高平县王报村山岗上的二郎庙戏台未发现之前，牛王庙戏台是中国现存最古老的戏台。魏村牛王庙戏台现为中国重点文物保护单位。

尘事如烟，芸芸一戏。

沿着汾河一路北上，百里之遥，郑光祖首次领略了故乡土地上美丽的风光。身畔，汾水长流，清流见底。鱼儿在河中自由游弋嬉戏。远远近近一望无垠的田园之上，放眼望去，到处是忙碌的身影。农人们悉心侍弄着脚下的土地。郑光祖清楚，和他的祖祖辈辈们一样，那辽阔的黄土之下孕育着生存的全部希望。

走出来，真好。郑光祖大口呼吸着含满汾水湿润润气息的空气，脚步刻意放慢，边欣赏着沿途美不胜收的田园风光，边在心里憧憬着属于他自己的人生梦想。累了，就坐在官道边的凉亭内，吃着母亲临行前一晚亲手烙制的面饼干粮；渴了，就赤足踏进清凉的汾河水，一任那种惬意的快感从脚底迅速涌遍全身，俯身在凛冽的河水中，喝一个畅快。

汾水，那是大地母亲的乳液。

整整两天，当郑光祖风尘仆仆从家乡襄陵县一路北上，于日落前终于赶到平阳府魏村时，村落里炊烟袅袅，西边的天际晚霞彤红。位于村中残破不堪的牛王庙，尚是一潭野兔出没、散发着扑鼻恶臭的烂泥塘！

涉世涉险　卜生卜死

牛王庙戏台从开始清塘除污到一座崭新的戏台拔地而起，前后历时近四个月，少年郑光祖既是见证者更是建设者。让郑光祖没有想到的是，这四个月的经历将会成为他此后人生的大转折。

这个始料未及的大转折，一个是源于对生活本身沉重的认知，一个是对命运不可把控的无奈。

先说生活本身意义上的沉重。对这种沉重的认知事实上是每一个由家门踏入社会、在青春期迈进广阔世界的人必然经历的带有劫难性质的过程。这个过程的重要意义就在于它是悬垂于艰难世事之上的首记重锤，其力量并不致命，但其所起到的效果在某种程度上而言比致命的痛感更为震撼也更具有警示意义。人，必须承担家庭和社会责任的人，当他一旦经历了这道任谁都躲不过的过程，无论惊愕抑或痛楚，必然会在心里形成对尘世重压的一个全新概念，而这个概念是对年幼经历的全面摧毁。

  少年郑光祖怀揣着挣大钱、贴补家用的梦想在来到魏村牛王庙建设工地的第二个月就遭到了重创。每日鸡鸣头遭，郑光祖就得和其他同龄少年走出栖居的破门烂窗的土坯房，走进繁忙的施工工地。事实上在他进入工地的第二天，他就知道此次施工绝非简单意义上的盖一座戏台而已，而是整座二郎庙的全部建筑，包括前殿后院数十余间偏殿厢房，戏台仅是其中之一。实言讲，那时郑光祖的心里非但没有其他少年的大惑不解，反而内心窃喜不已。浩大的工作量意味着他有更长的时间有工可干，亦即有更多的钱可挣。他不能和那些具有一定技艺的能工巧匠相比，诸如木工、漆工、泥瓦工，自然也挣不到人家每天上百文的进项。作为小工，每日三五文，而且还管吃管住。对人生第一次走出家门就可以凭自己之力挣钱的郑光祖来说，他是知足的。知足，就意味着快活，就意味着心情舒畅，就意味着苦累不惧。郑光祖同那些来自平阳府周边四邻八乡的少年一样，就栖居在牛王庙后两排在蒙金作战时毁于战火的破土坯房中。每间土坯房中一盘大土炕，每盘大土炕上可挤七八个人。土坯房原本低矮，房顶靠西墙处由于经年风雨侵蚀，敞开了一道狭长的缝隙。劳累了一天的郑光祖躺在土炕上，辗转反侧难以入眠。夜深人静时，一条窄细的月色光带从狭缝中柔和地倾泻而进，如散乱的珠玉碎落在破破烂烂的被褥上。那时，土炕上鼾声如雷。郑光祖陡觉内心凄楚不堪，一股从未品尝过的恋家的思绪如同村落边老杏树缠绕的枝条，在他的心上不住随风而舞，每一次看似轻柔的拂动却似铁具利刃般地切割着身体上最柔弱的部位，说不出的来的隐痛刹那让他浑身打战，眼眶里蓄满了湿滑的泪水。他想起了娘，想起了幽暗灯盏光影下缝补衣裳的那双刻满皱纹的眉角，想起了家里残破的院墙以及蹲伏在院墙下已一人多高杏树下的黄狗，郑光祖泪流满面。

泪流满面的郑光祖被那道静幽幽的月光完全吸引住了，他下意识地移动着脑袋，毫无倦意和睡意的眼睛睁得大大的，他在捕捉月光的本源。当他的目光终于和狭缝之外弯弯的月光相触时，他的心蓦地坦然了，原本凄楚说不出难受况味的心境倏地显得异常清亮异常洁净，他用力将脸上的泪痕擦抹干净，眼睛眨也不眨，仿佛略微眨动，好不容易相逢的月光就会从视野里完全消失而再无寻回的可能。他始终坚信，那时是他参与整座二郎庙施工期间最为记忆深刻的一天，皎洁的月光罩住了他的整个面庞，就好似是某种多年前就有过的约定一样，在万籁俱寂中享受着这种有可能稍纵即逝的惬意。他想起了日间盛满肉片菜蔬的大海碗，想起了手中长筷上串起来的四五个体形敦实的窝窝头，一口窝头一口肉菜，甚至嘴唇贴近海碗边，将剩余菜汤一滴不剩地灌进肚里，那种呼噜噜喉咙吞咽的巨响依然清晰可闻。当然，最让他兴奋不已的是梦想中哗啦啦的制钱在口袋里来回翻滚连绵不断的脆响。脆响中，一天的劳乏消失得无影无踪。制钱成片成堆甚至犹如村外汾河水流般地涌向遥远的家乡，房屋翻新了，院墙加高了，檐头砌砖了，爹娘笑逐颜开。那一刻，郑光祖浑然发觉他已成了郑家的能人功臣！

恍恍不知何时，迷迷糊糊的郑光祖被一阵粗喉咙大嗓门吼醒了。

郑光祖一骨碌爬起来，方觉脑袋发胀发晕，浑身上下犹如被沉重的麻袋压了整整一夜，酸困难当。

粗喉咙大嗓门来自一位身材矮矬、满脸横肉的汉子。此人是负责管理全部施工人员的工头，是色目人，并非那位传闻中因贩盐而财源滚滚的汉人。二郎庙施工本由汉家能人出资，由官家组织操办，具体权限又下放到色目人手中。

郑光祖对这位和他们一样一个鼻子两只眼的色目人并无多大好感，日间在施工现场，对顶着热辣辣阳婆手脚不停的施工者轻则吼喊训斥，重则拳脚上身或是棒棍交加。郑光祖亲眼看到，在施工数天之后有两人因病困想回家,色目工头非但不予丝毫帮助,反而严词拒绝,将他们驱赶至最为危险的挖烂泥塘工地上。当日泥塘挖至数尺之下,塘壁塌陷,三人被埋,两人被众人挖出时已死于非命。色目工头脸上毫无半点愧疚之色。郑光祖甚至偷偷看到工头的脸上隐隐现出令人胆寒的得意狞笑。

事后,郑光祖才私下里从其他工友口中得知,色目人以工头之名招揽劳力,每一人头均可从官家账目上支取一笔费用。若施工中发生意外,赔偿额度则成数十倍成百倍地索取。换言之,色目人在暗地里拿汉人的命换钱!

而这仅仅是开始。郑光祖和他的工友们愕然发现,当他们进入施工现场之时就完全丧失了人身自由,每天长达七八个时辰的劳作开启了郑光祖的人生噩梦之旅。色目工头比蒙古人更为可恶,他们非打即骂,汉人在其眼里非但毫无尊严,实无异于一群牲口!

施工进入第二个月,郑光祖亲眼看到有七八位工友不知所终。

少年郑光祖陡然意识到,他已掉进一个生死难卜的莫测深渊!

第八章　寂寞杏飘香

前辈先贤　和曲如烟
儒者受制　力者制人
铭我壮志　抒我豪情

前辈先贤　和曲如烟

多年之后，当郑光祖将全部的心血付诸杂剧创作，并通过杂剧创作逐渐改变了他穷困潦倒的生存状态，得以衣食无忧，甚至过上了较为殷实的生活时，他总是不由自主地想起当年在平阳府魏村牛王庙施工的那段时光。

在郑光祖的心里，一直无法将那段日子准确定位，他说不清楚到底是无比憎恶呢还是莫名的感激，时常陷入不自觉的纠结之中。但他不得不承认，恰恰有可能正是这种无法排遣和疏解的纠结，反倒让他头脑变得异常清晰，文如泉涌，一瞬间喷薄而出的力道和速度甚至远远超出笔尖滑动的速度，令他既亢奋又焦灼。让郑光祖大觉困惑的是，到底是什么原因让他将这种亢奋和焦灼思绪不假思索地归之于那段让他想起来就感到格外耻辱又后怕的特殊经历？那段日子永远记忆犹新，肉菜飘香的日子前后延续了不过三五天，接下来就是触目惊心的劳累、饥饿，乃至遭受的种种耻辱，如此经历咬牙倒也可以忍受，最可怖的是丧失自由。

如同所有初涉世事的青年，郑光祖的内心满是渴望甚至迫不及待。毕竟这是完全属于他今生第一次独立自主的远行，这次远行的意义非凡，将标志着从未离开父母的孩童即将步入成年人的行列。人世坎坷，他早有耳闻；人性的复杂多变，他亦有领教。纵然前路密布无尽凶险，诸如翅膀逐日硬朗的飞鸟，总有一天要离开温暖巢穴的庇护，无所顾忌地投入未卜的全新领域。

这是所有生灵的宿命，更是上天排演好任谁都无法回避的生命法则，郑光祖概莫能外。

郑光祖早已盘量并预想到了可能面临的种种困难，但是较之于困难更具诱惑力和挑战意味的是对于那些茁壮成长生灵们而言需要一步步小心翼翼地去探索的秘密。诸多的秘密就隐藏在黑漆漆的前方，抑或就在脚下，需要用坚实的脚印来使其一点一点地呈现在眼前，现出其本来面目。尤为让郑光祖热血澎湃的是，从此他将真正以成人的姿态和责任来掌控自己的人生走向。他做足了直面困窘、甚至碰壁的准备。

走进牛王庙戏台施工，理论上虽可解释为郑光祖不满足于受父母家族的遮荫，期望通过自食其力证明自己已非昔日的幼稚少年，足可在人世的风风雨雨中独当一面。实际上，引起郑光祖强烈兴趣的倒并非那些银钱，而是戏台本身。想起来就兴奋难捺，想起来就意气风发，想起来浑身上下犹如充了鸡血般有使不完的劲。

无论官府或是大户，谁出资修筑牛王庙戏台已不重要，重要的是全新的戏台拔地而起，必然会有一个规模至为隆重的庆祝仪式。显而易见，庆祝仪式上必定好戏连台，演出的剧目必定是由当今红遍北境的大家们创作的名剧，上台的优伶也必定是与那些盛名大戏相匹配的名优名角。

即便是在那些失去自由繁忙的施工日子中，整整一天的劳作，郑光祖从小到大都没有经受过如此重体力之苦，浑身骨头酥松，犹如散架。每日晚上歇工结束，工友们躺在土炕上便沉沉睡去，唯独郑光祖睡意皆无。似乎已成惯例，在鼾声四起的夜晚，他的思绪却处于极度自由畅想的欢快时刻。首先，眼见烂泥塘中的地基日渐浮出地面，戏台在他手里正日益成型。迷迷糊糊中，脑海中甚至为成型后的戏台设想了无数种样式和规模。戏台上方，数十盏将夜色映照得犹如白昼的油灯光影下，装扮艳丽的优伶们个个似下凡的仙女，她们身姿飘逸，长袖挥舞，朱唇轻启，日夜渴盼的时刻终于来临：

"呀，则愿的早夺词场第一筹，文优福亦优，宴琼林是你男儿得志秋。标题的名姓又香，打扮的体态又作，准备着插宫花饮御酒……原来他敬儒流，意绸缪。可甚么是非只为多开口，倒道我女大不中留。他分明亲许出，看我怎抬头？虽然俺心下有，我须是脸儿羞。"

这曲《天下乐》与《金盏儿》熟悉至极，必是名扬大都的杨显之"杨补丁"的《临江驿潇湘秋夜雨》。

抑或又是一个新场景，是郑光祖最为喜欢的白朴所做的《双调·庆东原》之曲：

"忘忧草，含笑花，劝君闻早冠宜挂。那里也能言陆贾，那里也良谋子牙，那里也豪气张华？千古是非心，一夕渔樵话。黄金缕，碧玉箫，温柔乡里寻常到。青春过了，朱颜渐老，白发凋骚。则待强簪花，又恐傍人笑。暖日宜乘骄，春风宜试马，恰寒食有二百处秋千架，对人娇杏花，扑人飞柳花，迎人笑桃花。来往画船游，招飐青旗挂。"

"白朴"满脸风尘仆仆的身影未失，眨眼变成了平阳老前辈石君宝。近过八旬的石老先生手中挥舞着一杆数尺长的柳木棒，毫不客气地将一众优伶们轰下台，抚着长胡，唱将起来：

"他那里问言多伤幸，絮得些家宅神长是不安宁。我勾栏里把戏得四五回铁骑，到家来却有六七场刀兵。我唱的是《三国志》先饶十大曲，俺娘便《五代史》续添《八阳经》。你觑波，比及揸断那唱叫，先索打拍那精神。起末得便热闹，团搭得更滑熟。并无那唇甜句美，一划地崎险艰难，衙扑得些掂人髓、敲人脑、剥人皮、钉人腿得回头硬！"

在当下名震北方的杂剧作家队伍中，郑光祖最为喜爱的便是寓居真定的白朴白仁甫老先生。继白仁甫之后，杂剧界后起之秀虽不乏其人，但似乎并没有引起郑光祖多大兴趣，诸如这两年大都出了位名叫关汉卿的狂生。屈指算来，白仁甫老先生现下已近七旬，据说人已不在真定，早年南下就一直住在江陵。在白仁甫面前，关汉卿已是后辈，据说此人近年来在杂剧界如突起异军，创作出大量在大都、真定一带引起极大震动的作品，并受到各大行院勾栏班主们的热烈追捧，组织优伶们夜以继日排演，但他目中无人的狂妄做派一度使得郑光祖大为反感。

单是那《一枝花·不服老》中的"我是个蒸不烂、煮不熟、锤不扁、炒不爆，响当当一粒铜豌豆！"就让郑光祖浑身上下一层莫名的鸡皮疙瘩。须知，铜豌豆者，在大都人土语中，乃老嫖客也！

此等不惜借自贬自贱公然玷污羞辱士子之举博取名声者，实是天下士人之耻也！

朦朦胧胧中，白发苍苍的白老先生好似就躲在戏台上重重的帘幕之后，不时探头窥望，脸上现出莫名的笑容，却不现身。郑光祖大为焦急，扬手高叫："白老先生哪里去，如何不唱！"

话声刚落，耳边有人高声喝骂："混帐东西，起来干活！"

儒者受制　力者制人

初涉世事，一切困窘劫难对任何一个青年而言未免不公平，甚至至为残酷。虽在料想之内，但仍然让郑光祖无法容忍，痛楚、委屈、愤怒，直至如滚雷般直冲脑门，他不止一次有种想跳出来与那个面目狰狞不可一世的色目人决斗的冲动。但稍稍冷静之后，他选择了克制与忍让。自幼读书期间，即知"小不忍，则乱大谋也"。所谓"大谋者"，何也？即修筑戏台，圆我赏戏之梦也。余者，皆不足虑。

从人生抉择角度而言，走出家门，甘愿尝尽劳作苦楚，这原是郑光祖自己所选之路；即便遭受何种遭际，乃至身心磨难，亦与他人无干。而最终让郑光祖做出"好汉不吃眼前亏"之决定者，并且将那些不加克制可能引发的恶性情绪全部死死地摁压至熄灭，则源于脑海中临别时父亲语重心长地送给他的四个字"忍辱负重"。如此一想，那些乍然看上去的劫难都不过是件微不足道的小事而已。郑光祖已品尝过人心中之恶劣本性可能诱发的危险后果，而任何不善节制的冲动行为都是造成这种后果的主因。

郑光祖虽为血气方刚的热血青年，但幼时即在父辈的教育中，晓知处世之浅显道理。尤其是在人际交往、处理关系、得失利害，均有较同龄人更为成熟老练的经验。更为关键的是，郑光祖聪明伶俐、性情稳重，善于察言观色，揣摩人心，日久天长，即知无论在何种环境生存，自保意识是必修之策。何论在首次出门就陷身远远超出预料的恶劣处境，郑光祖没有如同其他同龄青年那样针对一句恶言一顿训斥就大发雷霆。其时，无论劳作生存环境如何凄惨，在郑光祖看来，这都是老天爷为磨其心志劳其筋骨所赐予的必要考验过程。虽则以"天降大任于斯人也"冠之未免为笑谈，但必要的克制和忍让至少让郑光祖明白人生的残酷性遍及未来之路，那些长满钩刺或者布满陷阱的路途上，危险无处不在，恐怖无处不在，痛苦无处不在。

事实上，如此处世之谈抑或人生得失之论，郑光祖暗暗引为生存规则，实源于想起来就极为触目惊心的一幕。

一位来自平阳府东射村年约五十岁的老头，膝下无儿无女，原以私塾任教勉强度日。后年岁增长，耳内患疾，竟是连私塾教习也无人再聘。不得已，托熟人引荐到牛王庙修戏台，原想挣个零碎钱。不想一辈子私塾坐惯了，哪里经得如此重体力折腾。背一摞砖，别人至少二十块，老头儿只能背六七块。负重趔趔趄趄起身，亦是喘着粗气，步履蹒跚。那日背瓦当，脚下打战，栽倒在地，七八块明晃晃的琉璃瓦当碎了一半。这下可惹了大祸，那琉璃瓦当本是工地方重金聘请太原府的好匠师特地烧制而成。色目人工头早已看他不顺眼，平日里好歹算给他的个老脸。琉璃瓦碎落满地，色目工头大怒，厉声便骂。

骂则骂矣，偏那老头众人跟前受不得这份辱，脾气又倔得不可理喻，负重干活有气无力，斗嘴怄气却不甘示弱。半头白发，嘴皮子倒利索，满嘴什么"力者，受抑也！""可杀伐不可辱，儒士难为也"。

大字不识的色目工头哪里辩得过他，唯见满脸狞笑，倏地举鞭子狂抽。边抽边骂，"你是个识字人吗？爷打得就是识字人，看看识得鞭子不！甚儒士处士的，爷听你满嘴雌黄，混账下贱羔子，爷看你还不如街沿要饭的乞丐入眼可人！"

几鞭子下去，老头子浑身打颤，骨头硬铮铮地反而挺腰抬头，鞑子贼鞑子贼地怒骂不止！

色目工头愣住了，半晌恶狠狠地道："这便是你们识字汉狗嘴里吐出来的东西，看爷打不死你！"

老头哪里受得疾风暴雨般的抽打，不多时便伏倒在地。

一位官家模样的吏员挤进来，将色目工头拉到一边，提醒道："大爷，莫出了人命，出了人命不好收拾！"

色目工头骂骂咧咧道："怕甚？不过一只汉狗罢了，一条命原不值几钱碎银子。"

此事郑光祖当时并不在场，是从工友们口中断断续续听说而来。但此事在他的心里引起极大震颤，这种震颤的力度之所以让他惊得合不拢嘴，实与他数年前就昼夜苦伤难安的心疾有着莫大关联。自己与一伙同龄青年何故背井离乡受此劳作之苦，实为迫不得已也。勿论再远，单是祖辈那一代，这个年龄有志于为祖宗门庭之耀计，莫不是寒窗下苦读圣贤经书，以图十年之功，谋求建功立业。可惜的是，那个数百年来对天下读书人充满诱惑的皇皇门第自"壬辰"之乱，蒙古大军灭亡金朝后，就被拆得片瓦不存。至今五十年来，读书人非但仕途无望，人生奋斗目标骤然丧失，读书人一夜间陷入悲苦绝望之中，甚至连基本生存都难以为继。

数十年的连天烽火，无论蒙金之战还是刚刚熄灭不久的蒙宋之战，在无以数计保家卫国的抵抗中，振臂高呼、跃马冲锋在前的是汉家儒士，慷慨激昂讨伐蛮贼还我山河的檄文出自汉家儒士之手，尸横遍野城下决战誓死不降甘与故国共存亡的刚烈之士是汉家儒士。蒙古鞑子，就率先出自汉家儒士之口，对来自于阴山之北荒蛮之地的蒙古族极尽仇恨贬损。蒙古上至皇家贵族下至普通军民，对汉家儒士的仇视不言而喻。

灭金后，蒙古朝廷在大军所占领的北境推行"四等人制"，汉人地位一落千丈，儒家士子命运更沦为任人凌辱之悲惨地位。

文士不幸，即由此而始。

不管体力劳作如何繁重，年轻力壮的郑光祖尚可咬牙坚持。这种事后回想连他都感觉不可思议的坚持，其本源动力正来自于梦想中新戏台落成后的那场戏。事实上，戏文如何，优伶名气如何已不重要。在郑光祖眼里，他心中最为敬重的剧作家们和优伶们在他的想象中早已随心所欲地唱遍了那些耳熟能详的戏文。

也正是极为丰富的精神园林中时时唱响的愉悦之声所形成的感染力，恰恰成为郑光祖劳累困境中得以支撑下去的强大动力。

在那方幽静空灵的精神殿堂内，郑光祖与白仁甫一道分科合唱《唐明皇秋夜梧桐雨》，与杨显之携手道白《临江驿潇湘秋夜雨》，与老前辈石君宝并肩站在龙澍峪的苍岭上高唱《诸宫调·风月紫云亭》。

铭我壮志　抒我豪情

满溢着书香之气、励志之气、富足之气的文学艺术，有朝一日与世俗繁乱吵闹的格调发生摩擦碰撞所腾跃而起的火焰，有可叹之忧，有悲凉之味，更有喜人之色。

临近深秋，经过数月苦建的牛王庙终于竣工。果如民间传言，牛王庙建成之后不过数日，庙堂后院的新戏台上就接连上演了四天大戏。

开幕与闭幕两场大戏均为平阳府赫赫有名的石君宝生前至为得意之作。一幕是《李亚仙花酒曲江池》，一幕是《鲁大夫秋胡戏妻》。

石君宝，元代戏曲作家。姓石，名德玉，字君宝，女真族人。石君宝一生的生活范围均在平阳一带，以写家庭、爱情剧见长，名噪一时。所著有杂剧十种，现仅存三种，另七种皆佚。朱权《太和正音谱》评其词"如罗浮梅雪"。

郑光祖对家乡名人石君宝的认知，起初来源正是文庙酒楼的那位张老先生。不过，石君宝留给郑光祖的最深印象倒并非是他的作品，而是让人咋舌的高龄。听说，石君宝辞世之时，竟达八十五岁。

在郑光祖年轻的人生阅历中，那时他已经形成一个较为成熟的认识体系。那便是，在短暂的人生中，无论梦想多么美好，规划设计得多么完备，没有一个健康的身体，没有一个理想的寿数，一切都是空谈。由此，对石君宝的仰慕之情，首先是从他的罕见高寿开始的；其次，才是他的作品。

后世后人论及石君宝作品，虽不乏争论，但根据其时所处社会现实所精心创作的《鲁大夫秋胡戏妻》一致认定为石君宝的代表作。

如果说在此之前，在郑光祖的思想脉络中，关于对杂剧这一艺术形式所具有的独特魅力仍局限于怀物伤情、辞藻圆润、节奏明快这些极易触动人心的范围中，那么石君宝的作品《鲁大夫秋胡戏妻》则让他发现了一个全新领域。但如此定义绝对不妥，郑光祖几乎不假思索就予以否定。恰恰是这个在某种程度上因为发现而沾沾自喜的全新领域，实际上就在自己身边至为熟知的街坊邻里发生过，因为家长里短发生的矛盾不时成为人们围观谈论甚至看热闹的场景，多数情况下，自己就是乐此不疲的看客。因此，《鲁大夫秋胡戏妻》有一天出现在舞台上，在他心里所引起的震撼有一种突如其来的隐性力量，掀开了遮掩在记忆坛口上落满灰土的苫盖布，让昔年残存在记忆中的场景瞬间焕发了生机罢了。

因为，当年在围观此类大同小异的事件中，郑光祖就是看客。

记忆的苫盖一旦掀开，曾经耳闻目睹的熟悉经历就一一浮现。而印象最为清晰的就发生在他们郑氏家族。有一本家夫妻吵闹，锅碗瓢盆砸得支离破碎。那女主人郑光祖记得还应唤婶子，在他眼中原是位勤劳贤惠的女性，岂料发起脾气却如河东吼狮。两口子吵闹干仗的具体原因已不重要，大约是男主人犯下了对于一个家庭而言不可饶恕之错所致。郑光祖之所以陡然想起此事，是因为本家婶子当着围观人群的面边哭边骂，并当场请本家一位长辈写休书休掉她的男人！

围观的左邻右舍哄然大笑。郑光祖亦津津有味地犹如看一场热闹大戏。事隔多年之后，他是无论如何也笑不出来，当年婶子敢于直面众人的嘲笑仍然义正辞严的态度，与舞台上《鲁大会秋胡戏妻》中的梅英何曾相似！

郑光祖非但笑不出来，反在心底对舞台上的梅英和远年记忆中的那位婶子大起敬佩之情。

人生如戏，戏即人生也。

郑光祖豁然而悟，挚爱敬重的杂剧前辈，诸如白仁甫们，在他们的笔下，勿论家国恩仇、离情别怨、个人志向，所言述之世象人情宽广如秋风掠野波涛击岸，其力道由上而下贯穿整个身心。而本乡先辈石君宝的《鲁大夫秋胡戏妻》则是实实在在从生活河流中随手所舀取的一勺汤汤水水，味道最为熟悉不过，其力道是横向而至，犹如一柄利刃，从遥远的往昔至不可料测的未来，将活生生的日子穿成一大串。

在那一刻，血气方刚的郑光祖蓦地迸发出一种前所未有的强烈感触，他仿佛无意中推开了通往杂剧世界的一扇门。门内，鼓乐齐鸣，歌喉清亮，色彩流淌。台上，舞姿优雅的优伶，沉浸于器乐伴奏中的乐匠，他们的面目不再似以往那样只存在一段说远不远说近不近的距离之外，而是时时跃动在自己的眼前，与戏中表情完全相融的一颦一笑眉目眼线都触手可及。而更为奇特的是，为世人创造出如此美妙之声的那些学识渊博、才华横溢、对世俗风尘、人事情理一眼即可洞穿的那些剧作家们，天下一切悲欢离合爱恨情仇就像是提在他们手里的玩线木偶，他们可以让你情不自禁地纵声高歌，他们可以让你情不自禁地伏地痛哭，他们可以让你情不自禁地忘乎所以，他们可以让你情不自禁地失落悲凄，他们可以让你情不自禁地濒临绝境，他们可以让你情不自禁地慷慨赴死，他们甚至可以让你情不自禁地超凡脱俗。舞台下，你已非看客，你是穿插在任何你所能想象到的各色人生状态中的亲历者。眼中有戏，戏中有你，你是无人可替代的绝对主角。

郑光祖不觉泪流满面。

牛王庙大戏散尽之后，看客们如风流云散。

郑光祖坐在空旷旷的戏台下，犹如石化般纹丝不动。舞台上跌宕起伏的剧情早已烟消云散，大幕早已遮得严严实实，他的如浪潮般翻滚的心湖却久久难以平静。秋风乍起，当漫天飞旋的黄叶如云雾般从天而降，在脚下聚起薄薄一层，并随风在地上不住地无声滑动。郑光祖陡然如梦方醒，他迅即掏出随身携带的纸张，颤抖着手，完全凭记忆将整部剧中数段触动肝肠的唱词断断续续记下。

那个秋夜，是郑光祖在魏村牛王庙四个月来的最后一晚。昔日一同劳作的青年们走得一个不剩，拥挤不堪的破窑眨眼人去窑空，为遮蔽风雨临时挂在木门上的厚实幕布被老鼠咬得破烂不堪，大大小小的窟窿密布，同样空旷的大炕上堆满了破棉烂絮。

郑光祖丝毫无惧怕孤单之意，他越来越感觉到，所谓的孤独在他看来非是一种心灵重负的熬煎，而是一种不可名状且至为惬意的独特享受。这种享受难以为人道，亦不愿为人道，那完全是属于自己的私有财富。

郑光祖浑身轻松，在大炕上他自由自在地随着那抹清亮的月光移位，不厌其烦地挪动着他的铺盖。在他看来，自然天地日月万物星辰，唯有那清亮的月色是具有勾人魂魄力量的神圣之光。在静若止水的月光之下，人的任何遮掩和刻意回避都是徒劳甚至是可笑的。那束清幽的光影瞬间能穿透人世的一切虚伪做作和龌龊把戏，让尘世上所有自作聪明、试图以某些不可告人的小伎俩或转移神灵视角或谋求私欲的嘴脸曝晒于昭日之下，一丝不挂地显出原形。

浅薄造就无知，无知方才无畏。沐浴在清幽的月光中，浑然顿获人生大悟的郑光祖通身是无尽的舒爽之意，如此透彻全身所有脉络血液的舒爽与从门缝里破损的门槛下乃至屋顶狭长的缝隙中四面侵入的秋风糅合在一起，郑光祖童心乍然迸发。他从土炕上一跃而起，将身上集汗臭腥臊味于一体的衣服剥得一丝不挂，四肢大展，仰面躺下，一任月色如身着薄纱楚楚可人的女仙子静静地依伏在壮硕而不断起伏的胸膛上，感受着这位全天下最自由最放纵的青年心跳。

那个宁静的夜晚，郑光祖注定无眠，并且注定要毫无异议小心翼翼地将月光放置于心底最显现的位置，随时可供回味，随时可供品咂，随时可供咀嚼。

就在那时，郑光祖看到朦胧的月亮渐趋明亮，一个似曾相识的影子就坐在唯一一朵浮游在月宫的祥云之上，向他招手致意。

走向愈发确凿，目标愈发明晰，意念愈发坚定。郑光祖用力击打着胸膛，畅快淋漓地向黑漆漆的苍穹大声宣告着他的壮志和梦想，毫不犹豫地向自己做着某种非凡的警示：人生苦短，郑德辉此生必穷尽所学，用自己的心血和才智，在有生之年创作出震惊世人的不朽名作！

时隔多年之后，当郑光祖的足迹踏遍杭州西湖的角角落落，在创作中遇到才思枯竭无法再伏案静心之际，杭州城南的西湖是他的必去之地。西湖，一年四季的迥异景色，实际上为他扯起一道遮天蔽日的无尽大幕。置身于此，四周静寂，心境沉浸于超凡脱俗远避世俗的他乡。那时，郑光祖的脑海里总会不期而然地浮现出当年那盘空荡的土炕，浮现出壮硕胸肌上的那抹幽幽月影，浮现出朦胧月宫中的那个依稀人影。

那分明就是他郑光祖意念中的另外一个自己，是他的魂灵，是他的根。这种认定直至到他离开这个世界之后，仍然以某种不可理喻的方式见证了"自己"的彻底消失。那个过程，并没有给他带来失落之感，也没给他带来任何可笑的留恋，更没给他带来如凄风苦雨般的痛楚忧伤，反而是种超脱。

最让他牵肠挂肚的悲情都在多年前的那个夜晚一吐而出了，他非但在幽幽的月亮中看到了自己，他还看见了如拍岸惊涛般伏也伏不住的创作热情，甚至还看见了一直躲藏在月宫某处的一位羞涩可人的曼妙身姿。

立足平阳府，站在波涛汹涌的汾河岸边，郑光祖举目四望，唯见太行之东的花花真定府内，云板脆响，笙箫弦竹，彩袖翩翩，一场接一场包容了人世所有悲欢离合的好戏经那些让郑光祖膜拜不已仰慕不已的剧作大家之手，如人间仙葩遍散天下。

郑光祖重重一拍炕沿，尘土飞扬：到真定去，拜白朴白仁甫为师去！

志向笃定，与善处寂寞的心一交融，与富足的精神滋养一交融，与撩人心魂的关于爱情的梦一交融，好文章距出世之日自然不远矣。

第九章 我为江南吏

世事纷繁　怎谓无常
习儒为业　以儒为吏
汉人悲也　士者辱也

世事纷繁　怎谓无常

世事弄人，殊难料也。莫论所谓的历史长河，即使苦短人生之旅途中，无不塞满了哭笑不得乃至莫可名状突如其来的变革，如此变革的过程已无法以简单的是非、对错、宠辱来判定。一旦来临，它将会以不可抗拒不可抵挡的强劲力道迫使你不得不循着它所指示的你可能从来没有策划过、甚至想都没想到过的道路和方向无可奈何地迈开大步，一往无前。

诸如，郑光祖。

一年之后，当风尘仆仆的郑光祖站在和风轻拂、一湖残荷的香榭水畔时，他的眼前被来自头顶上方薄薄的云层后透出的强烈阳光刺得迷离眩晕，有种恍若隔世之感。莫名的怅然和孤独齐齐袭上心头，让他即莫名其妙，又惶恐不安。他觉得在那一刻倏地丧失了方位感和依附感，好像被尘世遗弃旷野的孩童。乡土故园的愁绪重压，茫然无措的漂泊之惑，在他头脑里搅成一团乱麻。脚下堤岸，一望无际的满塘残荷，花叶早已飘零散尽，渐呈灰白的断茎畏畏缩缩地在已呈枯败的叶片上苟延残喘。远远近近掠过湖面的秋风，涌起一圈圈的微波涟漪，随波逐流的无奈之势与自己当前所面临的情形何其相似。

郑光祖对着秋水长空重重吐了一口气，略略稳定心神，暮地露出一阵说不出滋味的苦笑：老天爷，郑某现下竟然在远隔乡土数千里之外的江南杭州吗？

元世祖忽必烈至元二十二至二十三年间（1285—1286）初秋，郑光祖确凿无疑地站在了名震天下、素有人间天堂之称的杭州西湖岸畔，周遭秋水绵延，荷景衰败，满目萧瑟。

郑光祖从来没想到过有朝一日会南下杭州，更没想到他的脚步踏上杭州之后，此后一辈子都将会与这块压根在人生走向中没有一丝半点印痕的土地荣辱与共，直至最后长眠在这块土地上。

破解这道非但萦绕于郑光祖心头、事实上萦绕在后世后人印象中的困惑之题，我们的视线必须越过奔腾的江河和重叠的山峦回到他最初的出发地。

那时，郑光祖的眼光和目标无比坚定，走出家园，走进广阔的世界，走进让他魂牵梦萦的精神殿堂，那里笙歌阵阵，天下才士济济一堂。欲为展翅翱翔之苍鹰，必在苍鹰羽翼之下，方可识其习性，汲其滋养，得其精髓。郑光祖的目标是誉满北境杂剧界的真定城，那里有白仁甫，有李文蔚，有王博文等名剧大家，更有天然秀夫妇等在优伶界享有极高声誉的表演大才。

郑光祖在经历了一系列尘世淬炼之后，既领略了人性人心的复杂，明晰了权衡人际微妙关系的诸般要领，更在纷繁的人世融合中懂得了舍与得、轻与重、利与害。总之一句话，他已格外清楚了在看似平静实则暗涛汹涌凶险莫测的人世中如何适时进攻如何适时退守，秉持道义，坚守信仰，与人为善，卑亢有度。二十出头的郑光祖已非当年不谙世事的黄牙小儿可比，他决心已定，拾掇好行装，备足了干粮，眼前高耸入云的茫茫八百里太行山脉何足惧也。

毫无防备最终影响了他整个人生的大变革就在此时陡然来临。

当年，郑光祖站在家乡滚滚南下的汾水河畔，陡然面对这种大变革，必定有过彷徨犹豫，必定有过焦虑痛苦，必定有过激烈而复杂的内心挣扎与争斗。具体过程，后人已无从得知。

且让我们对郑光祖之所以最终做出放弃东上真定改而南下杭州之原因做一浅略分析。郑光祖之所以做出与他初始走向完全相反的决定，综合种种因素，尤其是立足他此后在杭州的诸多人生经历和人生定位，我们不能发现，原因大致有三。

一个是人生崇拜的偶像行踪。在年轻的郑光祖眼里，其时，他所日益挚爱并决心投身杂剧创作的人生走向目标确定之后，在他的精神导师中，对其影响最大的有两个人：一个是同为平阳人的前辈石君宝；另一个是祖籍同为晋人，却因战乱等诸多原因一直寓居真定并在真定城凭借个人卓越的文识才华创伤出大量脍炙人口艺术作品的白朴白仁甫。可惜的是，石君宝在郑光祖大约十岁左右时就已辞世，不能当面请教石君宝，自然成为郑光祖的人生大憾，崇拜敬慕之情只能在心底为他老人家竖起一尊精神塑像。真定之行的断然取消，正源于白朴的个人行踪。郑光祖二十岁时，白朴年已花甲。事实上，白朴因家庭事业等种种原因，早在郑光祖尚未出生时，就已首次开启了南下"浪迹江南"之旅。郑光祖此后听到的所有关于白朴的传闻莫不都是当年在真定创作时期留下的过往经历。更何况，当时交通不便、信息闭塞等原因，这就无形中给郑光祖造成一种白朴就生活创作在真定的假象。郑光祖决定赴真定之时，白朴已在江南前后近三十年，并已在金陵一带定居。由此，真定之行理论上已不再具有现实意义。不管迷茫也好，失望也罢，郑光祖的目光自然而然地由真定顺着白朴的个人行走足迹转至一无所知的江南。

一个是杂剧创作空间的问题。真定与江南，陷于犹豫难决的时刻，郑光祖平静下来，他的目光从个人的精神偶像这个角度逐渐向历年来天下杂剧创作的发展进程转移。白朴的最新消息无疑给予郑光祖一个不大不小的警示，莫说隔一道太行山，就是隔一道汾河之远，任何他所渴求关注的信息当传至耳畔时，多数已属旧闻，甚至时隔多年。这种真假难辨虚实难辨新旧难辨的困惑往往在时人口中混为一谈，从一定程度上增加了传闻的可考证性，影响着郑光祖对于时世人事的分析判断，甚至完全混淆了视线。郑光祖冷静之余，当机立断将先前头脑中残存的所有"信息"一齐驱除出来，对一些脱离现实、模糊难辨，乃至存有疑惑的获知毫不留情地抛弃。同时，着重立足于杂剧本身，站在宏观的角度重新审视。这一审视，他蓦地有了起初并没有注意的重大发现，不由精神大振。蒙古大军与宋朝大规模激战之初，大致江北之地已置于蒙古朝廷的掌握之中。其时，盛行了六七百年之久的科举之路随着蒙古大军的全面入侵而废止，天下士子入仕无门，"学而优则仕"被无数读书人奉为的人生梦想一朝破灭，万般无奈之下，为生计为学业延续，特别是为保守汉家传统，读书人"上天"无门，只好"入地"，不得不屈尊降贵，一头扎进茫茫的市井社会。此举，反而促成了曲剧的繁荣兴盛。

但当时，此种艺术形式发端于北境，同样盛行于北境。但是从蒙宋之战、宋朝彻底灭亡、蒙古大军全面占领江南之后，特别是蒙古世祖皇帝忽必烈接受汉族大臣建议，元世祖忽必烈至元十六年（1279）改元建国后，形势悄然发生着潜移默化的改变。表现在杂剧界，即是北剧南移。当时，经历年战火，南方处于动荡混乱之时，遑论文艺创作，就连衣食行居这些最基本的生计问题都面临着严峻考验，曾经盛行的南曲自然陷入一派死寂，形成了接近真空的荒原。随着家国一统，南方逐步稳定，百废待兴。无论何朝何代，过惯了自由闲适慢节奏生活的江南百姓对被战火覆灭精神娱乐方面的需求自然充满了渴盼之心，一江之隔的北境乐声大起让他们既嫉妒又日夜向往。这个巨大的真空需要繁荣的乐曲填塞，更需要能够创造出繁荣盛景的文艺工匠们走过大江，进驻江南。一心追慕白朴，又想寻一处可展示文才，进而开拓出一方崭新天地的郑光祖眼前愈加敞亮，目光紧紧盯住了山水灵秀的江南之地。

一个是郑光祖维持自身生计的问题。江南甫定，战事了结。蒙古本为游牧民族，向来信奉"马上得天下，自由马上治天下"之传统信条，对汉家传统以学识以能者治政治事之说嗤之以鼻，大为不屑。但在征服金朝之后，从阴山之北茫茫大草原驰奔南下，一朝融入中原一带，突然被庞大得不可估量的汉人部族怔得无言以对。汉家人远非传说乃至听闻中所言的那样，生性卑微，马蹄所到之处莫不臣服的一帮蛮民。汉家人的天下自始皇帝统一天下起至今近一千五百年，从统治阶层到文化习俗早已形成了一套极为完整且成熟的体系，种类齐全，无所不及，只需拿过来稍做修改便可为我所用。而最让蒙古朝廷吃惊的是汉家的统治方法及统治手段，尤其是对组织严密，官吏设置，权力看似分散却大而一统的结构大为感慨。而要尽快恢复到战前社会的大稳定局面，面对庞大的汉族，蒙古统治阶层只能照搬照抄沿袭前朝管理模式和管理机构，以汉治汉。遂开始大量用汉人有识之士充塞因战乱陷入完全呈瘫痪状态的官吏队伍。科举废除，理论上并不意味着真正的入仕无门，事实上通过对元代官吏使用的各类资料进行细致考察，我们发现，虽则蒙古统治阶层为维护蒙古族本身的利益，全面奉行"四等人制"等一系列对除蒙古之外，尤其是对汉人、南人极尽压迫的一系列制度，但其入仕仍然有诸多渠道。抛弃公平公正性先不论，其中就有以儒为吏、以吏进官之说，恰好为"自幼习儒为业"的郑光祖搭建起一座解决生计的平台。

三大因素，让郑光祖果断改变东上真定的决定，遂掉头南下。其时，杭州官场亦正好同时从北境各府县选募汉人吏员，郑光祖于第二年补授杭州官府吏员一职，开启了人生中首次，也是最后一次长途跋涉。

郑光祖新的人生旅程即从二十岁左右开始迈入此后完全属于他自由创作的时代。

习儒为业　以儒为吏

郑光祖在杭州官场的生存状况如何，后世亦不得而知，在迄今为止发现的关于郑光祖人生可怜的只言片语记载中，我们只知在他在杭州"以儒为吏"四字而已。

任何对郑光祖的官场生涯和人生经历的尝试性剖解，决然无法回避的一道门槛就是，关于"吏"之解。由此，必须借助这个话题，从蒙元时代的官制入手加以分析研究。

蒙古大军在历史上素来以驰骋疆野、勇猛无敌称雄世界而著称。蒙古朝从铁木真率军南征北战，统一北境大漠，并于南宋宁宗皇帝赵扩开禧二年（1206）在斡难河建立蒙古朝，本人亦被尊奉为"成吉思汗"始，直至七十三年后，即世祖皇帝忽必烈至元十六年（1279），短短数十年间，蒙古铁蹄多次发动对外侵略战争，连续征服地域西达中亚、东欧的黑海海滨。成吉思汗逝世后，继任者承太祖之志，西征南讨，疆域空前辽阔，领土面积超过两千余万平方公里，实为当时世界上领土最广的帝国。

元朝建立之前，蒙古朝廷任用各族有识才士为必阇赤。必阇赤，据宋彭大雅《黑鞑事略》记载：必彻彻者（即必阇赤），汉语令史也，使之主行文书耳。《元史·兵志二》载：为天子主文史者曰必阇赤。另，《元史·祭祀志三》载：设神位于中书省，用登歌乐，遣必阇赤致祭焉。必阇赤，译言典书记者。《元史百官志一》载：蒙古必阇者二十二人，左司十六人，右司六人。可知，汉人为必阇赤，主要为起草文书，并协助大汗和蒙古官员处理各地政务。管理中原事务的必阇赤耶律楚材等人，依照汉地习惯，便以中书省官衔相称。世祖忽必烈建立大元后，正式建立中书省总理政务。李璮之乱后，忽必略杀王文统，以皇子真金为中书令。此后，中书令均由皇太子兼领，成为虚衔。中书省官长，中书令以下，设右、左丞相为实任丞相。下设平章政事、左右丞、参知政事为副相，与金朝尚书省制同。右在左上，与汉制正好相反。

"世祖即位，登用老成，大新制作，立朝仪，造都邑，遂命刘秉忠、许衡酌古今之宜，定内外之官。其总政务者曰中书省，秉兵柄者曰枢密院，司黜陟者曰制史台。体统既立，其次在内者，则有寺，有监，有卫，有府；在外者，则有行省，有行台，有宣慰司，有廉访司。其牧民者，则曰路，曰府，曰州，曰县。官有常职，位有常员，其长则蒙古人为之，而汉人、南人贰焉。于是一代之制始备，百年之间，子孙有所凭借矣。"

其中央官制设三公，即太师、太傅、太保各一员。并设中书省、六部、枢密院、御史台、大宗正府、宣政院、大禧宗禋、储政院。地方行政设行中书省（职同中央中书省），凡十一，掌国庶务，统郡县，镇边鄙，与都省为表里。诸路万户府，分为上万户府、中万户府、下万户府；诸路总管府、散府、诸州、诸县、诸军等。

上述为元之官制，谓之"吏"不在其内。《说文解字》中吏、事及使三字本为古同字，原意为对官员通称。汉代之后，吏专指低级官员或卒吏，治人者也。官、吏及与此相关的役，在先秦时实尚处于混沌阶段，官吏合一，吏役合一，兵役力役又合一。其时，吏多为广义，泛指公卿百官，其狭义之解并未定型。但后世作为一个独立的社会与政治集团的吏，此时已呈萌芽状态，其上层被包括于官的范畴之中，其下层被笼在民的阶层，并未获得独立地位。对吏的选拔，亦未单成系。

秦汉为吏阶层逐渐形成之时，隋唐是官吏正式分途时期，元是吏部最盛时期。

与郑光祖约同时代的元代文学家姚燧，官至翰林学士承旨、集贤大学士，曾与虞集并称，一生所作碑志甚多，多为歌颂应酬之作。据姚燧《牧庵集送李茂卿序》中载："凡今人入仕唯三途，一由宿卫，一由儒，一由吏。"据各方考证，姚燧所述并无差错。以其所处时段，可知此为元初之情形。事实上，有元一代，入仕非止此三途，如百业工匠之辈亦可为官，即在三途之外。

《文献通考》中将吏列为入仕途径之一，后世沿用此例不替。遍观历朝历代庞大的官场队伍，即有相当一部分官员来自吏这一群体。关于吏的选用，分为两个层次，一是任吏职的人的选举、任用；二是对出身吏的人通过何种途径选举做官。古人将秦汉入仕分为吏道与文学二途。秦时，对吏的推择，韩非子主张"宰相必起于州部，猛将必发于卒伍"，体现了法家对吏道取士极为重视。主要由以下三个途径选吏：一为推择为吏，二则考试取吏，三则通法入吏，即通晓法令者，直接可任命为法官、法吏。

在《元史·百官志》所载更为明确，有元一代官员的选拔有三途：怯薛（即宫廷宿卫）、吏进、科举。

怯薛，又称怯薛军，属蒙古语词汇，指代蒙古帝国和元朝的禁卫军，乃当年成吉思汗亲手缔建的一支军队。怯薛军源于草原部落贵族亲军，带有极其浓厚的父权制色彩，后发展为宫廷军事官僚集团。其主要由蒙古贵族、大将等功勋子弟构成，享有非同一般的特权，一名普通的怯薛军人都有普通战将的薪俸与军衔，其地位甚至高于千户官。

其时，科举废除，身为汉人的郑光祖要入仕，除了"吏进"，别无他途。

郑光祖自幼"习儒为生"并"由儒为吏"，当可推测，郑光祖出生家庭文化程度大约不低，郑光祖不远数千里南下杭州为吏，当知家教应受

"学而优则仕"的传统影响较深。在明知蒙古入主中原科举废除,入仕无门,仍致于儒业。一则家教家风使然,二则由本人的志趣使然。

儒,《说文解字》中对儒的解释为:儒,柔也,术士之称。殷周时期专门负责办理丧事的神职人员,即为早期的儒,亦称为巫师、术士。他们精于丧葬习惯,久之便形成一种相对独立的职业。此外,尚有儒字作濡解之说,指以学习先王之道浸润其身者。儒士,《墨子·非儒下》云:今孔某之行如此,儒士可则可以疑也。晋朝道教学家、医药学家葛洪在其著作《抱朴子·审举》中云:兵兴之世,武贵文寝,俗人视儒士如仆虏,见轻诮如芥壤。宋朝思想家、文学家陈亮在《上孝宗皇帝第一书》中云:始悟今世之儒士自以为得正心诚意之学者,皆风痹不知痛痒之人也。清朝严有禧在《漱华随笔·诋毁程朱》一文中云:明永乐中,饶州儒士朱友季诣阙献书,专诋周、程、朱之学。现代学者吴晗在《朱元璋传》第五章说:这个阶层的代表人物,当时的知识分子——儒士,是新时期官僚机构所需要的官僚的主要来源。

儒士,渐为崇奉孔子学说者,汉代之后亦泛称为读书人、学者。

由此可知,青年郑光祖以儒者的身份走入杭州路吏的队伍,虽非真正的仕途,但在理论上称或普通老百姓的眼中,他所迈出的这一步已经与其时的蒙古官场有了较为亲密的接触。换言之,"吏"职为当时儒士,尤其是在当时四等人制迫压之下地位和身份最为尴尬的汉人、南人看来,实为堂堂正正步入"官"途的一块最合适的跳板。

青年郑光祖的梦想极为明显,就是入仕为官。

但是,初涉世事的郑光祖绝没有料到,俗世纷繁,关系庞杂,曾经梦想中"飞黄腾达"的所谓仕途之旅,竟是他跌跌撞撞、坷坎挣扎、密布屈辱人生噩梦的开始……

汉人悲也　士者辱也

世态炎凉，人性贪婪，天道不公，直至对整个社会充满怀疑和憎恶之情，虽则郑光祖早有领略体察，并在心理上做好了既顺应世俗又敢于挑战世俗、善屈善伸之道的双重准备，但他满怀对整个世界探索的奇异热望首次走进"吏"这个职位上时，立刻强烈地感受到人生之变幻莫测远比想象的要困难得多复杂得多，之前自认为做足的应对谋划远远不够。

郑光祖到底遇到了什么让他手足无措、饱尝欺凌压抑，直至让他难堪屈辱之困窘状况，让我们首先从当时作为儒者，其在当时当世的社会地位和所扮演的角色这个角度来加以详细解读。

前面已述，蒙古连续灭金灭宋，并建立大元帝国之后，蒙古统治者为了保护蒙古族的利益，确定四等人制已毫无异议，蒙古朝廷将统治下的臣民人为地分为三六九等，首先从根本上就确定了汉族百姓低人一等悲惨的社会地位。

郑光祖既是汉人，还是位"习儒为业"汉者。

众所周知，蒙元时期，世代生活在漠北荒原马背上的蒙古部族勇猛善战，为马上得天，对手无缚鸡之力的儒士自然不放在眼里。儒士在当时处于被蒙古朝廷鄙弃之地不予重用这是事实，遂在民间衍生出"一官、二吏、三僧、四道、五医、六工、七猎、八娼、九儒、十丐"之说。通过查阅史料，所谓"十等人"之说截至目前所发现的文字记载中，最初出于同时代两位文人之手的《叠山集》卷二《送方伯载归三山序》与《心史》中《大义叙略》。

需要特别指出的是，这两文人均为南宋遗民。

先说《叠山集》。此作著者为南宋官员谢枋得，曾率军抗击蒙古大军入侵。兵败之后，宋朝灭亡。谢枋得隐姓埋名，流落建宁。在其所著《叠山集》中，并未说"九儒十丐"为朝廷定制，而称"七匠八娼九儒十丐"之说，乃出于"滑稽之雄以儒为戏者"的戏谑之语。

再说《心史》。此作著者为南宋诸生郑思肖（原名不详）。此人同谢枋得志向相同，南宋灭亡后，日夜心怀故国，遂改名为思肖（据肖者，赵也。寓其思赵宋天朝）。关于"十人制"，在郑思肖著中则更为可疑。《心史》此书于近四百年后即明崇祯十一年（1638）仲冬八日被人从吴中承天寺内一处枯井处所得。《心史》发现之时，其藏于一个密封铁匣，外裹白垩，沉于水中。开启之后仍"楮墨犹新"。假如书中所述"九儒十丐"一说属实，可是沉于元至元二十年（1283）至发现之时，前后已历经四百年。如此漫长的时间，一普通铁匣沉于水中且完好无损，实是诡异难解。且书中所载之事，有更多谬误荒唐之处。清代诗人、散文家袁枚就毫不客气地指出："其（《心史》）所载元世祖剖割文天祥，食其心肺，又好食孕妇腹中小儿，语太荒悖，殊不足信。"故认为其书系明末伪造。

前述例证虽难辨真伪，不妨换一个角度。忠于元帝国并在抗击起义军时为元帝国殉难的元末官员余阙在其《青阳先生文集贡泰父文集序》中述"小夫贱隶，亦以儒为嗤诋，"对儒者之地位亦有所反应。同时，在有元一代，各类文学作品中亦出现了大量为儒生地位、儒士遭遇而发的不平和强烈抨击之音。

"九儒十丐"之说，并无只字片语。

从谢枋得、郑思肖来看，二人均有极其明显且强烈的排元反元情绪，在其著作中带有丑化乃至歪曲元朝的倾向亦在情理之中。

退一万步讲，即便"九儒十丐"之说全系时人或后人伪造，但儒士报国无门、求仕无门却是不争事实。

郑光祖以汉人儒生之身份正式步入社会，其面临的生存劫难和精神劫难，勿论大小，勿论轻重，更勿论荣辱，同样亦在情理之中！

第十章　离人在天涯

儒生名也　从吏实也
人生异也　殊途同也
行路易也　抉择难也

儒生名也　从吏实也

纵观中国历朝历代更迭之史，尤其是自隋唐之后，官、吏分野；所谓吏者，即历朝政府机关内的底层办事人员，由吏擢升为官，其难度可胜登天。

有元朝，以儒为吏即为国策之一。世祖忽必烈发布政令，"定令儒生愿试吏郡县者，优庸之。"仁宗时，"有召，省掾用儒士擢入"，"仁宗惩吏，百司胥吏听儒生为"。元人陶安亦有论述，"朝廷以吏术治天下。中土之才积功簿有致位宰相者，时人翕然尚吏。虽门第之高华，儒流之英雄，皆乐趋焉。"

意气风发、一腔热血的青年郑光祖离开家乡南下，踏上江南土地，且"以儒为吏"，从这个层面上来看，郑光祖的前途似乎一派光明。他能在占据年龄优势和"儒"的身份优势在极短的时间内就较为顺利地进入吏员队伍，足以证明郑光祖兼备德才。而吏员，时人均知作为一块向真正意义上的官场队伍跃进的跳板，理论上应该说郑光祖这一步走得顺当且稳妥。完全可以想见，郑光祖走进江南走进官府吏员这个队伍中，如同所有胸怀报国热忱、光耀门庭宏大志向的年轻人一样，他的心境必定同素有人间天堂之称的杭州美景毫无疑问是相融的合拍的共振的，郑光祖必定神清气爽地走进梦寐以求的西湖，置身于浩瀚无际的盛景之中，深深陶醉其内，屏紧呼吸，强抑着言辞无法表达的激动之情，几乎以一种本能的意识和思绪，来不及选择来不及铺排更来不及梳理，浑身上下的血液犹如被某种来自天界的巨大滚烫热浪团团包围，瞬时便昂扬澎湃。脑海中凡能调动而起的景象色彩、结构律式、平仄格调，以及他在内心深处不无狂傲不无得意的日积月累渐近规模的才气辞藻似乎都可能一触击发。

郑光祖承认，当他站在杭州的土地上，勿论街市里坊鳞次栉比的繁荣，勿论处处小桥流水的灵秀光晕，单是一水浩浩的西湖，其壮阔的无边美色就远远超出他的想象。眼前任飞絮漫天如云如雾，任波光涟漪如梦如幻，任欸乃归舟如光如影，他心中乍忽涌来一种强烈的猝不及防的自卑感羞耻感。而这种自卑和羞耻恰恰就来源于他曾经一度自信且自傲不已的所谓"渊博才情"，直以为腹中揽进天下文章，出口即可成章的他在这一刻陡地感触到空虚和困惑：头脑一片空白，半天竟措不出一句颇为中意的词句。所有的词句都显得干瘪而生硬，无丝毫可与眼前美景可与匹配的灵动之气。郑光祖大觉失望，但这种失望的情绪并没有影响他敞开胸怀尽赏美景的热情，而更多的则是对自己狂妄自大、不知天高地厚的羞愧。第一次踏足西湖，从黎明时分沿着断桥白堤一直走到天色昏暗，围着西湖整整绕了一大圈，竟然没有感觉到丝毫饥饿困乏。恰恰相反，在这个过程中，他的心态可以说发生了极具颠覆性的改变，由惊愕到羞愧，由沉迷困惑到柳暗花明，他的眼界越来越明朗，胸襟越来越开阔，这种巨变是昔年居于平阳一隅所从来没有体会到事实上也从来不敢想象的。天下何其大也，世界何其广也，撼人心魄的山水美色不可胜数也，自己原是只观天的井底之蛙。

西湖之游，于郑光祖而言，收获的绝非那几首横看竖看都难以入眼的所谓破诗烂词，而是来自于茫茫西湖盛景对心灵的洗涤和净化。由此，他结识到了一位全新的郑光祖，而不是昔日那个没领略过大世面的下里巴人。那些一路上吟吟唱唱的几首所谓诗作在辞别西湖之时毫不吝啬地扬手扔进了碧波荡漾的湖水中，长长舒了一口气，让那些故作姿态无病呻吟之作见鬼去吧。或许，如此甚好，在水里泡泡，让西湖的灵气略以过滤，亦未必不是一件好事。

江南，确实在郑光祖眼前打开了一扇犹如半空里骤然垂落的厚实大门。门外，天高云阔，山水无际。

好在，郑光祖的心态在这种铺天盖地的浪涛洗礼中把握得甚是得当。羞愧感一扫而空，失落感一扫而空，自责感一扫而空。面对夕阳下金光万道的浩瀚湖面，他蓦觉一种新颖的与先前性质大为不同的自信和豪迈之气从脚心向周身四处蔓延，融入时涨时落的涛声里，融入远远近近时起时落的飞鸟剪影中，更融入密林深处来自灵隐古寺隐隐的暮鼓里。

当然，需要庆幸的是，郑光祖首次踏上江南土地，他的基本生计问题就得助于"吏"这一职位的保障。

元至元十三年（1276），设两浙大都督府，又改设安抚司；至元十五年（1278）升杭州路，为江浙行省省会……唐初为杭州，后改余杭郡，又仍为杭州。五代钱镠据两浙，号吴越国。宋高宗南渡，都之，为临安府。十五年，改为杭州路总管府。二十一年，自扬州迁江淮行省来治于杭，改曰江浙行省。

由此可知，当时杭州为江浙行中书省省会，其下为路、府、州县。郑光祖其时在杭州哪个衙门为吏,已无从考证。

唯一的信息是,郑光祖畅游西湖,舒畅而飘逸的心境并没有延续多长时间,就深深陷入为"吏"的另一种屈辱之中。

人生异也　殊途同也

北剧南迁,先期浪迹江南并终老金陵的白朴当为首批,而在杭州早期业已形成影响的以南北腔合调者,有一个人至关重要。此人姓沈,名和,字和甫。

沈和,生卒年已无考。据传闻,沈和天资聪慧,年轻时即有佳作在杭州当地广为流传,并成为当时南人与大批南下北曲剧作家们聚会弹唱的曲目。事实上,沈和所作之曲剧成了南下汉人了解南曲的一道隐性桥梁。之所以提及沈和此人,一则缘于他是南北剧合调的首任作家,自然对南北散剧有着极为深刻的研究;二则缘于沈和本身就是杭州人,且在杭州为官。

虽然到现在并无片言只字佐证郑光祖与沈和两人之间是否存在一定的联系,但是作为志趣相同、人生经历大致相似的两位年轻人,即便不相识,同为创作中人,自然心气相投,彼此亦必存在一定密切的隔空关注。

如此关注,是文人之间古往今来自然而然的纵向习性,亦是文坛中作品交流、优劣评判、权衡得失的横向惯例。由此完全可以说,郑光祖与沈和之间肯定存在只有他们两人才可体察才可揣摩乃至对话的方式。

在文学创作上,同为日后声震江南的名剧大家,他们在作品中或是各自的创作氛围内,他们必定同样的自由豪放,同样的狂放不羁,抑或同样的一身傲骨。总之,在为人为事为文的经历中,有着可能完全相似的经历。但是,他们的人生道路则各具特色。悲喜、迷茫、痛苦、挫折,乃至在生命进程中也许时时就会出现的坎坷劫难,在两人身上肯定有着程度不同深浅不同轻重不同的印痕。

正宫·塞鸿秋

门前五柳江侵路，庄儿紧靠白苹渡。除彭泽县令无心做，渊明老子达时务。频将浊酒沽，识破兴亡数，醉时节笑捻着黄花去。雨余梨雪开香玉，风和柳线摇新绿。日融桃锦堆红树，烟迷苔色铺青褥。王维旧画图，杜甫新诗句。怎相逢不饮空归去。金谷园那得三生富，铁门限枉作千年妒。汨罗江空把三闾污，北邙山谁是千钟禄？想应陶令杯，不到刘伶墓。怎相逢不饮空归去。

这是郑光祖日后所做的一套散曲。从这套散曲中我们同样可以读出他厌恶官场尘世、一心向往归隐田园山水的畅达之心。只要稍稍结合郑光祖的人生经历，我们就不难发现，郑光祖所厌者，是曾经寄予厚望的"吏"途；而沈和则是纯粹的脱身官场。他们两人有着极易让人忽视的区别，这个区别即是"官"与"吏"。

年轻的郑光祖也许根本没有想到，当他以一个南下汉人的身份竟然在二十出头就较为顺畅地踏入"官场"，无论在远在千里之外郑氏家族人眼里抑或关注过他的亲戚朋友眼中，这理应是读书人最为堂而皇之的人生大道，也是读书人本应有的人生馈赠。不管来自身后的那些目光中内容有多复杂，不管来自身后的那些评论里语气有多怪异，同样也不管听到听不到的奉承、讥讽、妒忌，乃至酸涩尖刻的声音，郑光祖事实上早有预料。当年顶着烈日在田间荷锄，那种强烈的让他对人心人性直至整个世界骤然产生怀疑时，他就尝试着将所有眼里所能看到耳边所能听到的一切都下意识地做退后一步的思考，一切都不急于做出某种评判和定型，或者压根就不需要评判和定型。一切都只是一种真真切切的存在，那种存在合理与否已不重要，重要的是你对人对事所采取的态度。从最初的懵懂和愤怒，郑光祖在其后缓慢的日子中逐渐悟出了既让他百思难解又不禁恍然而笑的感知。感知确实可笑，且相当可疑，但它一次次证明，却是一剂屡试不爽的良药——如若将那些不入耳、虚伪做作的声音或态度真正当作了事，你就会掉进不知是何人在何时挖好的陷阱。那个陷阱源于何时，亦无法考证。不可怀疑的是，它就一直以一种极其诡异且时隐时现的特别方式隐藏着。陷阱实非针对某个人而设，它实际上是整个世俗里的一个不为人知非常公平且公正的客观存在。理论上而言，它是陷阱，但从另一个角度来讲，它又是某种强大的可以挽救人心乃至生命的坚实壁幛。陷阱与壁幛，这完全取决于人的态度。当人一旦不知不觉中陷入这个机关，有可能一度处于惶然、焦虑、痛苦中挣扎，你将永生都活在世俗的流言蜚语中不能自拔，任何一种尝试性的解脱都将撕心裂肺，直至越活越累越活越无滋无味。反之，凡明晰人心善恶，且时时处于摇摆不定之中，知晓咫尺之外一切评判不过都毫无力量毫无价值，对你造不成任何伤害，完全可以置之不理任其如鸟雀般聒噪，陷阱立时就成为屏障。

而且，郑光祖已日渐明悟，往往绝大多数的言行不一的口蜜腹剑非来自于与他毫无关联之人，恰恰就出自他当初至为熟悉至为亲善的故交亲朋。说起来未免让人寒心，但这是你不得不承认不得不面对的事实：正是那些平日里将你的冷暖、得失挂在嘴边者，却没一个希望你路走得比他们踏实日子过得比他们安稳！

人心，到底是善也恶也，郑光祖陷于迷茫，难于取决。

诸如此次入"吏"，郑光祖再次听到了那种让他至为厌恶又至为不屑的多种腔调。杭州于他而言，尚是陌生之地，在他面前闪现的任何一张面孔所流露出的任何一种面具似的问候尚透着让人心情愉悦的暖意。虽则郑光祖同样清楚，这种暖意是暂时的，在某个阶段必将在这种看似和谐的面容之后有锋利的尖芒破土而出。而在此时，出现的多种腔调来自于千里之外故土家园，来自于故土家园的亲朋故交就不足为奇。

先说当初决定南下一事,郑光祖就受到了强烈的阻止。阻他南下的力量到底有多大,说起来足以让郑光祖心惊胆颤。几乎众口一词,且人人站在关爱、心疼郑光祖的角度,摆出了无以数计且条条皆具说服力的至道至理。总之,青年背井离乡不啻沦落江湖也,不啻置身险地也,尤为严重的是弃家抛业不忠不孝也。郑光祖当时亦有些犹豫,摇摆不定,脚步确实不知该往何处去。一段时期他甚至受到强烈的受宠若惊,他定然没想到在家乡的土地上,竟然有这么多人为他个人的前途操心至此关心至此。他若走出任何一步与他们的意愿相违之事,非但拂了那么多好心人的意,而且自己势必踏入万劫不复生不如死的地狱。实言讲,郑光祖犹豫过,恍惚过,他意识到自己若再因所谓的人生志向一意孤行的话,有可能从此与故乡的所有恩情乡情决裂。失去恩情乡情之人,岂不一生孤独至死!

当郑光祖将这种犹豫和恍惚与他心目中志同道合的青年知己孔文卿说起,实际上是在征询他的意见时,孔文卿大笑,从脚下拾起块棱角分明的片石,奋力掷向水流平缓的汾河。片石在河面上飞跃跳动数下,方掉落水中,溅起大圈浪花。

"去他娘的,嘴在你头上长着,脚在你身上长着,想说就说想走就走,莫非老天爷用求毛绳拴着你哩!"

行路易也 抉择难也

从懵懂无知的少年到满腔热血的青年,从谦恭处世的游子到阅尽人世的郑老先生,郑光祖每到思绪因外在或内心的种种纷扰陷入苦闷不堪繁杂难解的忧虑之时,眼前倏忽一亮,当年汾河岸边孔文卿的那句话就适时从记忆深处的河塘里迸发而出。

话糙理不糙。

即便郑光祖步入知天命之后，对于人世的所有洞察力悟透力已然刚劲得足以戳穿任何阻挡，他还是着意于数十年前的那句糙话，想起来所有的精神羁绊立时消失得无影无踪，仿佛又回返到无所畏惧的少年时代。

这句话以其出人意料的力道非但影响了郑光祖的一生，而且左右着他的无数次命运抉择。并非此话出自什么圣贤训诫并具有某种公道正理的权威性。关键在于，同所有世上无以数计如过眼云烟般的话一样，它本身并不存在任何深浅之义，更不存在任何对错之理，它所存在的意义就在于，它一旦对你有所触动，它的价值就完全体现出来了。

世上万道万事乃至所谓的万理，何有深浅之分、对错之分、是非之分，唯有利害。而因利害之别，若有朝一日出现在同一片土地上同一个群体中同一张红唇白牙里时，所有的严肃庄重、正经做派、义正辞严、苦口婆心，甚至一心向善眨眼间就成了笑话！

延续郑光祖南下的话题，对郑光祖那句影响至远至深的话的意义方才显示其之所以存在的全部价值。

汾河一席话，郑光祖有茅塞顿开之感。他从碧草青青的河畔上一跃而起，眼光陡然变得深邃而敞亮。河谷里山风渐起，原本静静如村落边河藓罩满的秋塘一样的水面上波涛微掀，泛着白沫的浪头由远及近，一波一波地拍打着遍布河滩的乱石。汾河对面半隐半现于云烟之中的连绵群峰，远淡近重。群山之内到底住着何方神仙，丛林之中究竟隐居着何方世外高人，山峦之后的山如何、水如何、人如何？郑光祖强忍着难抑的激动之情，不假思索地从脚下捡起一块更大的片石，抡圆了胳膊，仿佛要甩脱缠绕在片石上某根潜在的牵绊，抑或那个牵绊即是根无形的"球毛绳"，喉中沉闷低吼，肌肉绷紧，远远掷去。

也正是从那时起，郑光祖开始懂得人活于世支撑自己挺直脊梁的力量源于何处，就在自己的脚下。

梦想，即是来自天籁的召唤。那种召唤的力量有多大有多强，但凡一位面临且经历过抉择的热血儿郎都深有体会。它会在一瞬间让你的视角变窄，但其洞穿之力同时让你的视野达到莫测之深，纵使集中所有的精力亦未必能窥探其一二。也正是在那个遥远的深邃之间，会释放出大股超强的不可抗拒的吸附之力，它会让你无惧得失，无惧安危，甚至无惧生死，直昂昂地义无反顾地走下去。

抉择，既是一种生命的探索，也是一种较量。

郑光祖做出南下的决定之时，实际上他做足了与周围一切抗争的准备。

所谓的亲朋故交无丝毫悬念地轮番登场，他们自恃亲情这个无坚不摧的盾，从而拥有躲在盾后指责、痛斥，甚至可拳打脚踢的特权，唾沫飞溅，横眉怒目，从四面对郑光祖形成围攻。也只有在这个特定时刻，那些平日里矛盾重重、怨恨重重、仇火重重的零零碎碎的小团体，以让人瞠目结舌的速度放弃矛盾忘掉怨恨熄灭仇火，结成了一个目标明确的同盟。

年轻气盛、油盐不浸，无异于一个愣头青榆木疙瘩的郑光祖竟然要只身离乡，去闯荡什么天下！

老天爷，郑家香火需要你延续，郑氏的家业需要你继承，郑家的门庭需要你撑起，郑家的祠堂里逢年过节少不得一人奉供香烛，郑家的田业需要你这个后起之秀去耕播去收割去经营，郑家后院里成群的鸡鸭猪羊需要你这个七尺男儿去打草去清圈，你这个吃饱了不管闲事的青头后生怎能说走就走，你这个郑氏家族中缺教养缺管束的二愣子货怎能说不管就不管，你这个从小到大装模作样书都念到狗肚子里的不孝儿怎能说南下就南下，说什么要走自己的路，啊呸！你个孙子，没有亲朋邻里养你看你护你，你怕是连肚皮都填不饱，填不饱肚子你能长起顶房梁的个头，长不起顶房梁的个头你能下了地，下不了地你能学会春耕秋收，学不会春耕秋收，你，你这个没脸没皮没臊没羞的郑光祖还不是破着裆露着肉，你吃甚喝甚！

如此阵仗，非但郑光祖，即便是在同时代为实践心中梦想者遭遇过见识过的何止少数。远的不说，在郑光祖心中至死都崇拜不已的真定白朴白老先生，当年决定南下之时就肯定上演过如此热闹非凡的大戏。所不同的是，白朴出走自有家庭的矛盾掺杂其中，但他出走江南之时已近不惑，在真定城，事实上包括整个北境的杂剧界已颇有盛名。其时，真定城周围数十里乃至上百里的县镇乡村没明没夜地上演着他的名作《墙头马上》。他的出走，遭遇的阻力更大，猜测和非议亦更大。不过，白朴对于自己的最终成行采取了一个颇为隐秘方式：失踪！当然，郑光祖不清楚这一点，如若得知前辈有此聪明且少惹是非的做法，他必定坚决仿效。但是，郑光祖后来采取的应对之法较之于白朴，并不在其下。

前有义无反顾、浪迹江南的前辈开路，郑光祖仿佛冥冥中隔时空受到某种启迪：面对愈发汹涌不可挡轰然袭来的阻力，他的意念非但未受一点侵蚀，反愈发坚定不移。

郑光祖所采取的破解之法简单至极也聪明至极，他把自己等同于汾河岸畔一眼望不到边的万千卵石：冥顽不化，闷头不语。

由最初和颜悦色的交流到苦口婆心的劝解，直至恼羞成怒后的谩骂，郑光祖一夜间头上又多了个标号：茅圊里又臭又硬的石头。

不管如何，郑光祖在一片再迟疑片刻即有可能置他于死地的声讨中背起褡裢闷声不响地走出家门，头也不回地踏上南下征途。

汾河边，郑光祖蓦然回首，唯见鬓发雪染的母亲就像一株弱不禁风的柔弱细柳，遥遥站在山崖上远远瞭着他。

连续数天闷声不响的郑光祖，让老母亲至为担心从她身上掉出的这块肉会不会无法承受而误走他途。直到她看到儿子背起了褡裢她还是放心不下，直到儿子大步迈出家门她还是放心不下，直到儿子路过五道庙时背上的褡裢被那棵老榆树的枝枝杈杈挂开了一道长约半寸的口子，儿子连忙放下褡裢蹲在地上，小心翼翼地取出针钱包手脚笨拙地将那个口子缝上。动作太粗，针脚太疏，线条歪歪扭扭。

老母亲突然哭了，也放心了。她明白了儿子的志向，清楚了儿子心里有条别人想不通更读不懂的路。

　　这个细节，直到二十多年之后，郑光祖在杭州西湖断桥边的那个夕阳西下的醉人时刻，看到一条裙袂被细致地打理得规规整整，才豁然顿悟，当年他在汾河岸畔，回身看到娘时，她虽满脸是泪，笑容却舒展得让他痛彻肺腑。

　　这个顿悟，让他倏然泪流满面。

第十一章 忍辱且偷生

人言足畏　人言足恶
干禄无阶　入仕无路
汉家之恶　吏人之危

人言足畏　人言足恶

正如一场大戏，但凡鼓笙萧瑟，开场铜锣一响，必须有一个或花好月圆或不胜唏嘘或出人意料的结局，方可让台下观众心踏踏实实地放下。

郑光祖离开故乡，入杭州府某司署衙门为"吏"，自始至终，来自身后遥遥群情激愤的"围攻"并没有销声匿迹，声音反而愈发高亢场面愈发热闹。但是，让人猝不及防的是，此次"围攻"的话题与当初决定南下之时截然不同。劝解换成了鼓舞，阻挠换成了褒颂，指责换成了夸赞，谩骂换成了奉承。

你看呐，我们老郑家到底是出人才了，瞅着那小子年纪轻轻就敢单枪匹马独闯江南，任谁也拦不住，那便是干大事谋大业的派头，除了郑家德辉，整个平阳府尚有其乎？古人说得好，三岁看大七岁看老，莫看德辉小时候鼻涕邋遢的，偏就是虎头虎脑的样儿端得是一身气度！瞧瞧，我看错人没？当初德辉执意南下，咱是过来人，必得多多少少给他浇些凉水，让他保持清醒头脑，实非我本心，乃是一种策略。所谓玉不琢不成器，为的就是坚其志励其心也。你们横竖都是个公婆有理，忘了吵吵嚷嚷如同干仗，偏咱从头到尾没吭一声，倒瞧着德辉娃子受屈可怜。我可比不得你们，德辉娃子小时候圪蹲街门口，最喜吃咱大海碗的憨面条，有次谁家的大公鸡跳起来与他争食，一般娃娃们早吓得喊他娘去了，德辉毫无惧色，一巴掌就将公鸡打得落荒而逃，那时我便认定这娃子长大后必定非同常人。德辉天庭饱满，印堂辉亮，迟早出人头地那是命相里自带的，何须你们多说，老夫曾夜观天象，德辉惊鸣为世理应当在二十五岁这一年，岂竟是提前了两三年，看来异相之人自不能以常法测之，总之出人头地的命相是稳稳当当的。你们且看，德辉他日虽披不得麻拜不得相，但其无量之途不可预也，这是天机。老郑家德辉年轻有为，独自南下就进了官场，这小子身处异地，非有奇才如何为朝廷赏识，站稳了脚跟，那可非是咱平阳三尺小地，那可是素有人间天堂之称的杭州，平阳府能比吗？听说，单是杭州府有处被古往今来多少才华横溢的大才子们踏遍了的西湖，怕是比一个平阳府还大。甭看德辉为人处世不哼不哈的，那才是真正的大家气度。

闲话少说，总之德辉走进江南当了官，轿来轿往轿进轿出的，他日衣锦还乡，怕是咱们都得五里之外跪迎父母官，那非是你们郑家的荣光，那可是咱全村老少的荣光呢！总之一句话，郑家的祖坟顶上前年我放羊时就见过数缕青烟摇摇直上，大是异象！

该开灶炉了，该启油瓮封口了，该杀口猪了，该吃顿油糕了。不是一两顿，如此大的喜事，全村男女老少不该来冲冲喜吗？不该人人讨杯上好的汾酒喝吗？不该坐下来吃口肉吃口糕吗？这么多人，整个流水席面，算下来你不得做十顿八顿？盘盘碗碗、炕桌板凳不愁，五道庙口一嗓子，全村人都会送过来。

开席吧！

当然，郑光祖并没有听到千里之外来自故乡热闹非凡的任何评论，但是没听到并不意味着不知晓，或许仅在数月之后或一年之后，那些震动郑氏家族的大事通过某种后人无法料知的渠道自然而然地从平阳一路南下，飘到了他的耳朵里。唯一不同的是，郑光祖所接收到的评论已然在漫漫长途中又经过了无以数计的加工和演绎，单说在平阳故乡为"吏"之说，到了杭州时已俨然成了高高在上八面威风的"大官"。郑光祖听到这种传闻是什么态度呢？其实只需稍加分析，就可猜测出十之七八，他必定是惊愕莫名的，惊愕莫名之后就陷入了沉思。这种沉思并非针对这种毫不靠谱的传说，而是隐隐然再次感到一种猝不及防的寒气。寒气非自他处，正是编排这些传说的个体人，一言以蔽之，就是当年斥责他、谩骂他的亲朋好友。两种风格迥异、态度迥异、方向迥异的话却出自同一张嘴，你想想会有多可怕多可怖多可恶！只需微微一闭眼，郑光祖就能想象到浮现在眼前那些红唇白牙，音色洪亮，声震屋宇，激情澎湃，人人脚底下踩着一个人，舌尖里含着一个人，什么时候该抬腿什么时候该鼓唇摇舌，他们自有章程和规则。郑光祖镇静之余，分明感到一种莫大的欣慰。欣慰之感表现于他与故乡散播出这类话题的始作俑者们相隔千里，怕意立消怖意立消，剩下的只有一个恶了。这个恶非是憎恨之意，是恶心。

所谓人言不足畏，而是人言足恶人心。

翻脸之速远甚翻书，这便是真正的世道人心，可解处就在于本能的利害权衡之术，不可解之处在于前后反逆的程度远远超出郑光祖的料想。这种口是心非、钩心又斗角的权谋原非只存在于争权夺利的官场之内，较之官场，大字不识、表面上老实木讷的乡人事实上在远古耕播的土地上就玩得不亦乐乎，玩得得心应手，玩得脸不红心不跳。更大的困惑还在于，谁都具备一眼洞穿其表里存在的虚伪与做作，却无人敢于点破。大家心照不宣，大家推杯论盏，大家称兄道弟，气氛何其融洽也。郑光祖的思维稍一延伸，甚至毫不费力地就可以想象到家乡郑家的门楼下，多少拖儿携女川流不息的亲朋故交，打着统一的幌子，堂而皇之地走进大门走进庭院，从大老远隔着山墙之外就能真真切切闻到的炖猪肉炸油糕的香气中，人人不由自主地大口吞咽着湿滑的唾沫，人人心里打着庆幸的小锣鼓轻轻巧巧一句话就换来一顿如此美味口福，得也值也！也许，就在肉香四溢的酒桌上，吃得油嘴滑亮喝得满脸通红的亲朋故交们纷纷举杯，借庆贺之名，对着郑光祖父母的面，大言不惭地说着俯首皆是的套言套语。举完了杯，该碰一碰，这是规矩。待客人仰脖一杯清香的热辣辣的清醇汾酒落了肚，脸上挂着笑，心里却愤然冷笑：郑家德辉那小子三棒子打不出一个屁来，就那德行居然也能当官，莫说鞑子朝廷胸无寸墨，眼睛也是瞎了一胳膊深，看上了那小子。呸！纵做个鸟官，有甚可炫的可耀的，迟早也得被心狠手辣的蒙古鞑子弄死。汉人为官，平阳府多如牛毛，到如今有个好下场的没有！

吃着喷香的肥猪肉，喝着沁心的老汾酒，如同过节，天天有这日子多好。吃饱了喝足了，摸摸肚皮，陡地被风一吹，不禁连连顿足懊悔不迭：早知当日该多提一句，再让郑家写台戏，连唱他三天三夜，多好。郑家缺几台戏钱吗，都有人当官了，当然不缺！

亲朋好友们各怀心思，在郑光祖的视野里，那场面熟悉得如同近在咫尺。他不由一声喟叹，可惜了一头猪，可惜了十坛老汾酒。

郑光祖在到达杭州前后半年时间内，他通过各种渠道居然联系到了几位和他一样由北境南下的乡人。这个"乡"实非单指平阳，包括东平、太原府、真定，乃至大都，黄河以北均在此列。

距离，隔疏了多少情分，从另一个角度却又凝聚起多少情分。这种情分包括相识、相知，但大多数是相互依靠帮衬之情，诸如迷失在丛林的兽，需要抱团需要安全感，而达到如此目标事实上并不需要多近的距离，首先在彼此的精神上有依附感足矣。而所谓的亲朋故交，恰恰是距离太近，越过了那道若隐若无的安全距离，致使在彼此眼中或多或少地暴露出原该遮掩的私密，言行之间相对无忌，稍不留意就触到了对方的底线，让对方感受到无法言说的伤痛，只可惜碍于情面，所采取的方法无非是一个忍。

一忍再忍，即无须再忍。一切矛盾、怨恨、仇隙由此而生，直至老死不相往来。

亲戚如是，乡邻如是，沦落天涯的异地之客同样脱不开这道说奇不奇说怪不怪的圈套。

据实而言，郑光祖熟悉这种圈套，厌恶这种圈套，但是又不得不无可奈何小心翼翼地游走于这个圈套。

干禄无阶　入仕无路

郑光祖的"吏"途远非乡人想象出入有车轿、巡街须鸣锣那般有气势有排场。说到底，那属于居一定高位手握一定权力的"官"爷才有的资格，并非"吏"，自然与郑光祖毫不相干。

纵观元朝，有史所载吏员的名目即多达数十种，设置于各路、府、州、县行政机构中的吏员通称"司吏"。设于省台院（含行省、行台、行院）、六部、宣慰司等高级部门的则有"令史"，省、台、院令史又分别称为"省掾""台掾"和"院掾"。

科举废除，儒士入仕仅余为吏一途。吏员升迁途径体例十分繁复，他们需要熬过十年甚至更长的时日，逐级从低级衙门属吏升到各种高级衙门中的吏职，而后才可以由吏出职，担任品从不等的流官。

蒙古世祖皇帝忽必烈至元九年（1272），蒙古朝廷规定提领案牍吏员文资出职"凡升转资考，从九三任升从八，正九两任升从八，巡检提领案牍等考满转入从九，从九再历三考升从八，通理一百二十月升"。换言之，由吏入仕，理论上一路顺风的话，将历"三任、两任及三考"等繁杂程序，"通理一百二十月"，即达十年！

十年，对于元初尚固有"十年寒窗、蟾宫折桂"的汉家读书人而言，理论上也不算长，加上十年寒窗之期，这就意味着汉家读书人从习识圣贤典书到真正步入官场需要惊人的二十年之久！

二十年，在浩瀚的史册中不过一缕烟尘，但对于短暂的人生而言，足以将青丝熬成白发，把生熬成死。

郑光祖入吏之初，就至为明晰这道揪心的规程，同天下所有读书人尤其是汉人一样，郑光祖都将面临这种从心理和身体上的双重熬煎。其时，汉家读书人思想内普遍根深蒂固地仍将入仕作为实践人生梦想、光耀门庭的一条出路。但除入吏之外，再无他途。

所有的念想和热望一往无前地集中于这条道上时，读书人尽管面临着这种近乎无望的痛苦历程，且前途一片迷茫，但在他们看来，十年寒窗苦读已然付出，纵有一丝光亮，总比黑漆漆一片要强得多。至少，希望未灭心未死。从某种程度上而言，这反而成了强烈刺激读书人顽强固守"学而优则仕"信念的救命稻草，或者不如说，是支撑他们胸怀一腔学问、腹有三分之气，仍然必须活下去的挣扎界限和微弱的动力源泉。

由此可知，在新朝入仕较之于前朝宋金时期，对广大儒生而言要困难得多付出也愈发艰辛。但世事往往显出另一种极其诡异难解的集体性反弹现象，愈是困难愈是艰辛，儒生们非但没有知难而退，面对如此无可奈何的大势，尽管他们嘴里不干不净地痛骂着，骂天地骂鬼神骂世道骂朝廷，甚至骂那些胸无点墨却剔着牙缝高高在上颐指气使的蒙古官僚，但该读的书一册不少，该学的辞章一篇不少，撸起袖子埋头苦读，然后站起来，跃跃欲试一起毫不犹豫地寻找各种机遇和各种关系门道，目标至为明确地盯着官衙门缝里透出的那丝隐隐光亮。

儒生入吏的队伍极为庞大，远远超出元帝国朝廷的预料。而怀有这种集体性的入吏求官心态在元帝国建立前期二十年至三十年的时段表现得尤为集中，朝廷虽则明制规定了由吏入官的繁杂程序和漫长时日，但由前朝延续下来的"学而优则仕"思想仍然促使他们心甘情愿地为这个较为抽象至少还没有多少人实践的目标奋勇前进。在部分人的心目中，只要咬紧牙关，守得清贫，耐得寂寞，再等十年又何妨！

但这段理论上的十年期限，那些表面上做足了漫长苦熬心理准备的儒生们可能并没有想到，这十年并非如寒窗苦读清清静静的十年，也不是心平气闲只需小心翼翼埋头做事的十年，更不是日常闲暇聚三五故交旧识吟吟诗听听戏的十年。

这十年，是潭深不见底散发着腐恶气味能让人窒息发狂的臭水塘，污秽肮脏不可言述，精神摧残不可言述，人生耻辱不可言述。

汉家之恶　吏人之危

在蒙元一代的官制中，从朝廷庙堂到地方各路、府、州、县等各类机构，担任行政官长握有真正实权的均为蒙古人和色目人。从历史和民族的发展渊源来加以审视，其执政理念、生活习俗、交流方式乃至语言构成与传承了两千余年的中原文化，尤其是汉人文化本身就存在着不易融合和不易沟通的障碍，统治阶层与被统治阶层之间有一道难以逾越"硬件"和"软件"两方面的沟壑，这些障碍和沟壑的存在，极大地影响着上下之间的思维方式和沟通方式。在官僚上层，历来信奉"马上得天下""武力至上"的治政思维，他们性格直爽、脾性粗犷、崇尚自由，办事讲究简略一竿子插到底，最不习惯也见不得中原汉家所谓儒家文化在社会政治与伦理道德等层次中体现出来的什么仁、义、礼、智、信、忠、孝、悌等繁文缛节，在他们看来都不过是一戳即破的虚伪面皮。而这一切都是社会上那些看上去道貌岸然、装模作样的读书人造出来糊弄世人的鬼伎俩。他们堂而皇之地制造出那些多如牛毛的条条框框，无非就是"存天理、灭人欲"，天理就在他们手中，就在他们嘴里，实则一肚子男盗女娼魑魅魍魉，恨不得让天下所有人都依照他所设定的框框为人行事，而独独不包括他们本身。这种满口假仁假义假道学自封为圣人及圣人之后的狂生们自命不凡，实是世上面目最为可恶可憎之人，原该一脚将他们踢死才解恨。由此，无论上到蒙古高层，下到普通百姓，他们打心眼里根本瞧不起汉人，尤其是瞧不起读书人。

读书人不惜卑躬屈膝义无反顾地向蒙元朝廷官僚队伍靠拢，而且在靠拢的过程中无一不削尖脑袋，无一不奋勇争先，不择手段、阴谋卑劣无所不及，愈发印证了所谓汉家儒学的虚伪透顶。为实现一己之私，仁也义也忠也孝也，在他们眼里浑然不过都是愚不可及的脚下顽石，一旦挡了路将毫不犹豫地搬之弃之。

此等不仁不义不忠不孝之辈，断非一言以蔽之可清除，他们就是猪就是狗，就是草原上獠牙森森的恶狼。对这种猪狗恶狼，还讲甚客套礼法，赏一口饭吃让他们能活下去，已是莫大的恩典。

蒙古人、色目人组成的官僚集团莫不抱着鄙恶之心对待膝下卑卑微微的儒吏们，尤其是当他们将啃尽了皮肉的骨头顺手扔于脚下，眼见儒吏们争先恐后，一齐扑将上来，为得一骨之赐，不惜相互撕咬，甚至大打出手。打得拳来脚往，打得棍棒齐飞，打得头破血流。这种极易刺激得让人血脉贲张的场景大出蒙古人色目人的意外，使得原本沉醉于厮杀疆场，有着强烈嗜血本能的马上民族瞬间欣赏到了一出精彩得美妙绝伦的大戏。这出戏，虽则比不上当年在茫茫的大草原上，在一眼望不到头的钢铁洪流中席卷天下的壮阔场面，比不上跃马扬鞭奋勇冲杀攻城略地的畅快淋漓，更比不上坐在征服的城池内，傲然俯视脚下的那种君临天下的慷慨之气。遗憾的是，征战的岁月是一去不复返了，但在和平的日子里能欣赏到另一种血腥争斗的大戏实不失为大享受。一来不再需要担心自身安危，他们本身即是无敌于天下的征服者，是高高在上握有生杀大权的爷；二来他们倏地发现，这些自认为满腹经纶的汉吏们表面上对自己毕恭毕敬，实则浮现在面皮上的笑假得恶心，哪一个笑容里没藏着一把尖刀利刃。但他们不敢，肚里的怨气和仇恨始终要寻找到发泄的渠道发泄的对象，否则他们会生不如死。两千年来，汉家人学得至为精妙且熟练得一手好功夫，就是内斗。

汉人的窝里斗远近闻名古今闻名，此种争斗方式还有一个颇为文雅的名称：祸起萧墙。萧墙者，屏风也，原指上古时期国君宫殿门内面对大门起屏障作用的矮墙，又称为"塞门"。

郑光祖为吏不久，他就敏锐地察觉到了来自于各方的重重压力。而最为主要且集中的压力源于两处：一是由吏入仕，这也是普遍的客观性存在，在吏员队伍中人人皆有；二是官衙权力机构的上层压力，与其说压力，倒不如说是毫无反抗之力也不敢反抗的欺压。在蒙古色目人当权的权力场，无数日夜奔走的吏员们在他们眼中就是猪狗之辈，轻则训斥，重责打骂；稍有反抗，即可能招致借官权捏造的大小罪名，让你生不如死。郑光祖身边一位来自中原某县的年轻吏员，受衙门主事指使，到涌金门外采购鲜鱼，用以招待上司。也是这位年轻吏员疏忽大意，所购鲜鱼中臭了两三条，席间上司数人上吐下泻，大是狼狈。主事即招吏员问事，当公众之面，语辞颇为激烈。这位吏员虽为汉人，似乎也是位有些许背景的子弟，当场强势争辩了几句。色目主事大怒，当即叫人扒了吏员衣服，就跪在当地马鞭上身；吏员非但不讨饶，且跳将起来破口大骂，原定下的十鞭终成了"往死里打"。年轻吏员竟被活活殴打致死。人命既出，最后被府尹老爷判赔吏员一头毛驴价了事。至此，杭州府上下盛传：吏者，驴也。

除上述种种累压之外，尤为让郑光祖寒心不已的是，来自吏员之间的相互攀比相互倾轧相互内讧的明争暗斗。以吏入仕，渠道狭窄，直如千军万马过独木桥也，加上年代漫长，机遇名额所限，如山岳负身，长久淤积的怨气怒气自是不乏于身。由是，明里暗里争斗未曾消停。一言所概，吏途之争斗丝毫不亚于官场权力之争斗，钩心斗角，尔虞我诈，利益之争，蔚为壮观。非自他因，前途也利益也权力也。

初始，因为年轻气盛，因为血气方刚，更因为道义公理，郑光祖在各种场合中，没少抛头露面，没少大声疾呼，没少仗义执言。但所招致的结果是显而易见的，他为此付出了在世事人海中最为惨痛的代价。一度，郑光祖心中忧闷不堪，对前途对命运，对自己孤身南下谋求立足谋求生存谋求心中渴慕的圣洁理想产生了迷惑，甚至产生了让他凄苦难诉的动摇。眼前，一派茫然。

好在，郑光祖在到达杭州数年之后，在他的身边聚集起数位可以酒浇愁倾诉衷肠的友人。

处境相同，话题相同，志趣相同的三五友人一碰头，酒意来了，诗情来了，叱咤风云的气势来了。

第十二章 笑拈黄花去

我为伊尹　我辅成汤
天降圣君　世生良臣
可诉之人　可为之事

我为伊尹　我辅成汤

亲情救命，友情救心；俗世之内，心比命难活。

世之芸芸生人，彼此之间唯可所系者，莫过一个情字。以深浅论，当推亲情，此种情怀原出骨肉血脉，自是不可割舍。但其受年龄经历阅历及性质所限，尤其是在呈现的上下、亲疏等外部伦理关系上，存在着诸多约束，甚至不可逾越。同何种辈分的交流方式交流内容实际上都有着既定的条框规则，一旦稍有僭越，非但处境是尴尬的，且极易成为他人取笑评判乃至衡定其人性品德的外在参照。如此，越是亲如骨肉，这种情分的表露越具有明确的程序和限定，反在某种程度上显得亲情之深却至为简单狭窄的局限性。那么，超越这种无形框定，可自由飘逸，可肆意洒脱，可直抒胸臆而不必在乎是非、对错、得失，痛快至极、欢畅至极的情是否存在呢？

　　当然存在，友情是也。友情虽未有亲情之血肉刻骨，但除此之外，友情几乎可以囊括一切与情有所关联的自由表达方式，没有辈分之别，没有亲疏之别，没有年龄之别，没有学识之别，甚至没有男女之别，自由而广阔。更为关键的是，亲情在距离之外，时段之外，疏远淡漠，直至了无声息。友情则恰恰相反，在你长大成人独自步入尘世之时，它会一直与你相随，一直到离开这个世界，并且在短暂而又漫长的人生当中成为支撑你活下去、有勇气直面任何来自俗世坎坷的希望光亮。

　　在友情面前，你可以毫无顾忌地尽情畅饮，嬉笑怒骂，痛哭流涕，而不必计较和忧虑那些无聊至极的故作高深、装模作样和道貌岸然。在友人面前，你尽可享受自由与放纵的痛畅心境，尽可表达你的抉择，合则聚，不合则离，彼此从容而豁达，无须计较。它让你念念不忘，它让你耿耿于怀，它让你辗转反侧彻夜难眠，它让你殷殷相待绝地逢生。

　　同志同知，同性同趣者，死生无界。

　　郑光祖在其一生中，主要的人生成就是杂剧。

　　在郑光祖可考不可考脍炙人口的杂剧作品中，在当时及后世颇具盛名的即达十八种之多，除现存八种外，其余皆佚。无论是《录鬼簿》所载的创作剧目，还是存世至今的杂剧，郑光祖实属杂剧界后期作者之中首屈一指者；若将郑氏作品放之于有元一代的杂剧界，亦是世所公认的高产名家，所遗创作数目仅次于关汉卿、高文秀、郑廷玉，位列当之无愧的第四。

　　历来文载道，文言志。在分析郑光祖无论青年时期抑或他的整个成人之后的曲折经历之前，目光不妨前移，穿越时空，从他在创作黄金期的两部作品入手来做深入探究。事实上在那个时期所有淤积在郑光祖内心的矛盾、忧虑、彷徨、痛苦乃至迷茫无助的根由无不体现在作品的字里行间。

史册中找不到郑光祖的详细信息，其实郑光祖一直就活在他的作品中。

《录鬼簿》中关于郑氏小传中云："为人方直，不妄与人交，故诸公多鄙之；久则见其情厚，而他人莫之及也。"

郑光祖的"为人方直、不妄与人交"实际上是绝大多数满腹才学之士的共同特性，郑光祖的一切才华学识，且集中反映的人生志向，就在他的两部作品中。这两部作品，一部为《立成汤伊尹耕莘》，一部为《辅成王周公摄政》。

在《立成汤伊尹耕莘》剧中，首折《仙吕·赏花时》云："今日个奉敕亲蒙圣帝差，待教我谪降尘寰做将相才。"

第一折《混江龙》云："把乾坤开创，教民耕种定纲常。疏河源功高大禹，行庠序重德尧王。那期间尧用一夔兴礼乐，公孙甲子论阴阳。端的便察地理占天象，留心于社稷，运用于穹苍。"

《油葫芦》云："想当日至德仁明掌万邦，用贤良定四方。用天之道理之常，弘敷五典无偏党。劳心尽思行温让，致令的四时和雨露均，领八方宁士庶康，人心悦天意同和畅。因此上万国尽来降。"

《天下乐》云："那其间四野桑麻禾稼穰，百姓每讴歌将天祭享。军无战争民户昌，顺民心减税科，应天心绝逸荒，端的是普天下尊圣皇。"

此剧实记上古夏商兴亡朝代相易变革，属郑光祖所创历史剧之一。其事首见于《墨子·尚贤》《史纪·殷本纪》及《吕氏春秋》等诸书册。史载：夏桀无道，诸侯昆吾氏为乱，伊尹与商汤领天下诸侯大军讨伐昆吾乱军，转而乘胜攻打夏桀，并建立了商王朝。据《墨子·尚贤》载："伊挚，有莘氏女之私臣，亲为庖人。汤得之，举以为己相。"《吕氏春秋·孝行览二》载："有莘氏女子采桑，得婴儿于空桑之中。献之其君，其君令烰人养之。察其所以然，曰：其母居伊水之上，孕。梦有神告之曰：……故命之伊尹。""汤闻伊尹，使人请之有莘氏，有莘氏不可。伊尹亦欲归汤，汤于是请娶妇为婚。有莘氏大喜，以伊尹为媵女。故贤主之求有道之士，无不以也。有道之士之求贤主，无不行也，相得然后乐。"

《史纪·殷本纪》载："汤既胜夏，欲迁其社，不可，作《夏社》。伊尹报，于是诸侯毕服，汤乃践天子位，平定海内。"

《立成汤伊尹耕莘》其主旨即为"辅佐成汤，伐桀救民，解除苍生倒悬之苦"。

该剧主要内容为，夏朝末年，履癸统治天下，因其残暴致使其下诸侯大起叛乱。方伯天乙也起兵征讨，但苦于无贤士相助。当时有一伊尹，本为文曲星下凡，耕于有莘之野，颇有学识，且贤名远播，方伯于是令大夫前往征聘，伊尹应征。履癸派陶去南等人率兵前来与方伯交战，伊尹详细分析用兵之理，并且亲临军中布阵，一举打败陶去南，终于辅佐方伯灭了夏桀，建立了商朝。

郑光祖此剧基本忠实于历史记载，但略有虚构。所称伊尹本为孤儿，指伊水为姓，并且虚构了伊尹的生母为"义水村有莘里人氏，姓赵名淑女"，以及伊尹出生后遭遗弃，由伊水村伊员外收养长大。

在伊尹出山时，该剧第三折云："《滚绣球》我则见头答左右随，公人前后围。慢腾腾缓行着骏骑，喜滋滋列鼎而食。辅佐的中华社稷安，揩磨的乾坤日月辉。殿经纶补完天地，尽忠诚心若金石。凭着这两只手掌夫王业，稳情着百二山河壮帝基，四海传檄。"

灭商建夏，这则世人皆知的历史故事，明里所述为朝代更迭，所含寓意却极为深刻，一则为暗指蒙古统治阶级恶行堪比"夏桀"还要昏聩还要无道还要残暴，广大处于水深火热之中的普通民众已不堪忍受，天下急需要一位当代"成汤"式的圣明之士站出来，率领兵马，直捣黄龙，铲除夏桀，解民于倒悬之苦，建立一个全新的"劳心尽思行温让，致令的四时和雨露均，领先方宁士庶康，人心悦天意同和畅。因此上万国尽来降"的新朝新国。二则为建立如此清朗盛世，非但需要"至德仁明"如"成汤"式的英雄人物，更需要可辅佐"成汤"建立伟业的如"伊尹"式的贤良明臣。从这个意义上而言，郑光祖发自内心的呼号实则是当时当世所有处于被压迫被奴役广大社会下层老百姓还有儒生们的共同心声和共同期盼。假如真的有朝一日出现了"成汤"式的英雄豪杰，他将毫不犹豫地挺身而出，甘愿追随"成汤"，毫不保留地全力辅佐他。为实现推翻夏桀，建立新朝鞠躬尽瘁，死而后已，决不后退一步。如若需要，他就甘愿做一位"伊尹"式的谋士，为英雄成就皇皇大业，他将毫不吝啬奉献自己的才干，做一名当代"伊尹"。

通篇所宣扬的是一种强烈的爱国情怀。所爱何国，自然是指金朝和宋朝。在前朝的国度里，政治清明，百姓安居，朝廷为天下士子广开仕进之门，通过这扇门，读书人以十年寒窗之艰辛，既可酬报平生壮志，亦可为家国安定尽一份绵薄之力。

蒙古铁蹄，将这一切都化为灰烬。士子报国无门，百姓深受奴役剥削，蒙古色目人高居庙堂，过着钟鸣鼎食、奢华至极的生活，对广大民众疾苦视若无睹，如此不为民生、不为民利着想的朝廷与"夏桀"何异！

天降圣君　世生良臣

郑光祖的心境是悲愤的，激情是昂扬的，态度是坚决的，如此不甘屈辱，期望上苍天降豪杰，借以救助众生之气节一览无余。

在另一部《辅成王周公摄政》中，所表现的同样是这种渴望"贤君"与"良臣"的情怀。

《史记·周本纪》《史记·鲁周公世家》及《尚书·周书》等均有记载。

《史记》载："周公旦者，周武王弟也。自文王在时，旦为子孝，笃仁，异于群子。及武王即位，旦常辅翼武王，用事居多。武王九年，东伐至盟津，周公辅行。十一年，伐纣，至牧野，周公佐武王，作《牧誓》。

破殷，入商宫……"

《史记·鲁周公世家》中载："其后武王既崩，成王少，在襁褓之中。周公恐天下闻武王崩而畔，周公乃践阼代成王摄行政当国。管叔及其群弟流言于国曰：'周公将不利于成王'。周公乃告太公望、召公奭曰：'我之所以弗辞而摄行政者，恐天下畔周，无以告我行王太王、王季、文王。三王之忧劳天下久矣，于今而后成。武王蚤终，成年少，将以成周，我之所以为之若此。'于是卒相成王，而使其子伯禽代就封于鲁。周公戒伯禽曰：'我文王之子，武王之弟，成王之叔父，我于天下亦不贱矣。然我一沐三捉发，一饭三吐哺，起以待士，犹恐失天下之贤人。子之鲁，慎无以国骄人'。"

"管、蔡、武庚等果率淮夷而反。周公乃奉成王命，兴师东伐，作《大诰》。遂诛管叔，杀武庚，放蔡叔。收殷余民，以封康叔于卫，封微子于宋，以奉封殷祀。宁淮夷东上，二年而毕定。诸侯咸服宗周。"

其大意为，武王死后，周公为应付危难，立武王年幼之子诵为周成王，又自己摄政，以致引起了管蔡之乱。纣之子也乘机联兵企图复国。周公于率军东征，前后历时三年，平定三监之乱，彻底征服殷族，巩固周王朝基业。之后，周公协助成王大封诸侯，屏藩周朝，又营建成周洛邑。归政成王后，留守成周，与宗周的召公奭分陕而治。

郑光祖所作《辅成王周公摄政》，基本源于历史记载，态度极为明确，盛赞周公辅佐成王忠义之行。全剧内容为：武王病危，周公祷告上天，愿以身代死。武王临崩托孤于周公，周公忠心耿耿辅佐幼主成王，抱孤摄政，天下大治。管叔、蔡叔、霍叔四处造谣，传周公窥视周朝王位，并趁机起兵发动叛乱。太后信赖周公，周公率兵平息了叛乱，解除了周朝的危难，并还政于成王，自请回归相位。

在第一折（上坛告天）中：

"《油葫芦》今日祝册修成将坛墠登，心志诚，愿三天上享降威灵。

官里无贪淫贪能性，都子为忧民忧国忧成病，配三才天地人，明三光日月星。百姓将及时甘雨把君恩并，却难主上望长生。"

"《天下乐》点点咸呼万岁声。今上神灵，虽圣明，不如云予仁若考多艺能。愿三天神意察，把杏皇寿考增，宁可促微臣老性命！"

"《六幺序》不争俺弃却周天子，永别离老弟兄，交谁忧念四海生灵？凤凰雏羽示全成，犁牛子角未骍。然如此把年后朝遗嘱的分明，耳边听不住称神圣，臣唯能喏边声。临大节怎敢违尊命，钦依圣教，死效愚诚。"

在第三折中：

"《越调·斗鹌鹑》从先帝升遐，当今嗣国，宗祀明堂，歌讴圣德，诵《尧典》微言，达《洪范》至理，寄命时托柱石，抱孤的慎鼎彝，化被蒿莱，仁沾动植。"

"《紫花儿序》奏武乐一人有庆，拜冕旒万国咸臻，偃兵戈四海无敌。恐民乱摄行国事，为君幼权典枢机。但将傍的他朝夕，归政与君王就臣位，便是我孝当竭力。上不愧三庙威灵，下不欺九土黔黎。"

"《小桃红》微臣冠服衮冕执桓圭，坐休近蟠龙椅，他每北面而朝能可南面立。臣恐失尊卑，将无能冢权休罪。第一来曾奉的先君圣敕，第二来现佐着当今皇帝。"

"《雪里梅》为甚不交你皓首退朝归？似你般白发故人稀。能可你赞拜休名，进殿免跪，凡事便宜。"

"《鬼台山》陛下道他当日，执纶竿为活计。早忘了戊午日兵临孟水，甲子日胜商纣一戎衣，夺与咱江山社稷。陛下道微臣恋他子甚的？咱家里太公望子久矣。他未尝离先帝玉辂车中，他须曾到文王熊梦里。"

"《秃厮儿》臣子是为冢宰安邦治国，怎敢道欺幼主立位登基？愿君王表白臣所为。免令的，小民每，猜疑。"

在第四折中：

"《双调·新水令》当初被流言千里地定了江淮，更怕为臣的坐观成败。今日却能够见公侯伯子男,呵,叹自己年月日时胎。当初把福变为灾,今日否极也却生泰。"

"《雁儿落》当初摄政时有利害,今日归政了无妨碍。现如今年已六旬,圣德光三代。"

"《得胜令》陛下今日国政自能裁,老臣今日难道口难开。生不负先君命,老还归宰相阶。往常坐朝的情怀,臣委实身无措心无奈,今日拜舞虽囊揣,倒大来千自由百自在。礼不可非!"

"《落梅风》伯禽备法驾非公道,微臣免朝请忒份外。君臣遇一朝一代。娘娘道临大节不可当为鉴戒。听道罢痛连心性,气夯胸怀。臣不忠不孝,无德无才。想建千年基业,留万世恩泽。会为君,能使臣,托孤的主人安在。"

在此剧中,围绕抱孤、幼主这个主题,郑光祖大胆地虚构了太后临朝听政的剧情。此细节在先秦各种有文字记载的史册中并无此事。在众所周知的历史典故中,郑光祖虚构此段,通过太后听政之事,反而稳定了周公不受流言所惑,忠心摄政,更加突出了事件发展的真实可信度,符合常情亦符合常理,非但没有弱化周公辅政这一忠义思想,反而提升了这种忠义思想的艺术感染力。以史为鉴,又高于史,加重了情与理的高度融合,从人心普遍容易接受的程度切入,使得周公为国为家忠心不二的忠诚形象愈发突出愈发高大。

稍加留意,我们不难发现,此剧源于先秦故事,但更像是写宋元时代之事。

对此,田同旭先生在其《元杂剧通论》中有着异于他人的发现。

"周公摄政,太后临朝,平息三叔,恰与宋元变故之初历史吻合。南宋灭亡前夕,贾似道独擅朝政。咸淳十年(1274)宋度宗死后,贾似道拥立四岁的恭帝赵㬎即位,由度宗之母谢氏以太皇太后身份临朝听政。结果不到一年南宋便灭亡,恭帝与太皇太后皆沦为南冠,被蒙元押往大都。逃出临安的南宋官员,又先后于德祐二年(1276)拥立九岁的端宗赵昰,景炎三年(1278)拥立八岁的末帝赵昺即位抗元,结果都不到一年,端宗受惊而死,末帝投海而死,南宋彻底灭亡。恭帝即位时,是个四岁的幼主,由太皇太后临朝听政,端宗、末帝即位亦皆不到十岁,根本没有执政能力去运筹帷幄恢复失陷的临安和大宋江山。南宋灭亡前夕的历史,与周公抱子摄政的历史如此的相似,使得郑光祖在《周公摄政》中非常遗憾地认为:幼主在位,若有周朝那样的太后临朝,若有周公那样的忠臣摄政,何愁不能平息三步那样的叛乱?意即南宋岂能灭亡!郑光祖以周公的忠义,反衬贾似道的祸国殃民,以周朝太后对周公的信赖,反衬南宋太皇太后谢氏宠信奸佞,借以寄托对南宋亡国的黍离之悲,抒发一种深沉的民族之痛。"

田同旭先生对《周公摄政》的这番分析可谓至深至明,鞭辟入里。历史原本就是一个不断复制的过程,其整体走向其实并无多大新意。前人后世溺于浩瀚史册之河道时,多惯于中规中矩地将自己置身于这条前不见头后不见尾的大队列中缓缓前行,而只要稍稍错位,就可以看到新的景象。

关键就在错位的这一小步,易则易矣,难则难于登天。

但经田同旭看似轻轻巧巧的一点拨,《周公摄政》一剧非但迸发出了夺目光彩的新意,使得作品本身兼具了更为广阔的历史视野和所寓含的现实意义,更从另一个角度为后人后世勾勒出郑光祖着眼当下、作史为鉴、以史铭志、高度警惕、高度忧忿、高度热忱的爱国形象。

这个形象较之于传统意义上的杂剧作家本义,郑光祖的形象立得棱角分明,立得卓尔不群,立得严峻圣洁,足以光耀千秋!

可诉之人　可为之事

绵延大战,遭战火洗礼,一度满目疮痍的杭州城在短短数年之后,似乎眨眼间就被来自于人间异乎寻常的力量涂抹得面目一新，脱胎换骨。楼宇遍地而起，街市依旧繁华，人流熙熙攘攘。在那股迷漫在城市上方至为清新热闹的气息中，响彻于城市角角落落的鼓乐笙歌功不可没。

　　郑光祖处于南下杭州数年后的首次巨大孤独落寞之中。这种孤独与落寞与对故乡的思恋并无直接关系，而是源自于脚下这座目前对他而言已并不陌生的城市，更准确地说就源自于在他所任职"吏"职的圈子里。郑光祖为人正直，木讷寡言，在他所任职的署衙中唯以晓得勤恳侍奉，属于那种典型的只知付出不知变通的"老黄牛"式人物。此种性格不仅体现在他的处世方式上，同样也体现在他的人际关系上。一则生来的习性使然，一则远离故土，无根无基处处谨慎之心所致，一则恰是人生的必要磨炼。当年初来乍到的满腔血性和年轻盛气已被周遭复杂且让人头疼乃至烦躁不堪的某种说不清道不明的世俗力道挫得不知去向，如此力道好似在身边织成一个网眼细小得几可不透风的网络，罩于其中，非是行动受限，即使正常呼吸亦不得随意通畅。

　　一切为了生存之故，多年前站在汾河岸畔意气风发，直似可纵横天下的胸怀早已不再，他体验到了一种"渺小卑微"的强势压抑之感。他非常清楚，他的"渺小卑微"注定他根本不具备对这个庞大世界任何改变的能力，唯有适应，就像街沿沟渠边到处觅食的狗一样苟延残喘！

　　想想都觉得可笑，想想都觉得可怕，想想都觉得不可思议。

　　但让他猝不及防的是，就在这种低落的情绪一度侵袭整个身心之时，隐藏在体内某个秘密角落里突然传来又一股气势汹汹的斥责之声：郑德辉，你的人生目标何在，你的奋斗梦想何在，你的精神家园何在！

　　郑光祖陡地浑身大震，一股羞愧得无以复加的火焰熊熊燃起，剧烈的灼烧感使得他瞬间觉得从上到下、从额头面颊直到脖颈处，犹如滚烫的铁水般喷吐着绵延不绝的热浪。那时，脚下若有道地缝，他绝对会毫不迟疑地一头扎进去！

一夜的辗转反侧，一夜的自怨自责，更是一夜的痛定思痛，郑光祖的内心方才逐渐冷静下来。杭州寓所的窗棂之外，天光已朦胧微启，滑爽得透着如水清凉的晨风掠过院内土墙下半人多高的绿蒿，起伏零落的飒飒声犹如来自遥远的汾河之上的波浪，声势由远及近，遂成拍岸的惊涛之声，不多时便席卷整个院落。

一夜无眠的郑光祖从土炕上跃身而起，他倏忽清晰地意识到，目前濒临极度空虚边缘的精神楼宇迫切需要两方面的强力支撑。一是有可诉之人，一是有可为之事。

迷茫以出乎意料的速度远远驱散，方向同样以出乎意料的速度牢牢确定，陷入沉闷忧郁至久的郑光祖眼前一派明朗。

恰在此时，窗棂之外遥远的钱塘边畔，传来此起彼落婉转的熟悉至极的声音，时而高亢嘹亮，时而粗重沉闷，间或高低之声抑扬错落，如密林中清脆婉转的鸟鸣声。那是城市各行院勾栏优伶们一年四季早起必修的课程：拉嗓子。拉嗓子的声音刺破窗棂，让郑光祖顿觉通身松快莫名。他稳稳地站在炕沿下的青砖上，下意识地紧绷双腿，连续做了数个前俯后仰的动作，目光定定地专注于窗前那张只有三条腿桌子上早已流成一摊油的蜡烛上，不禁微微摇头苦笑。昨夜临上床前，他清楚地记得那根足有一尺余长的蜡烛刚刚点燃，衙门中委派他的一大沓文书需要誊写。郑光祖自幼受前朝书法名家蔡襄的影响，极是喜爱蔡襄的正楷。蔡襄最为擅长者除了正楷，尚有行书及草书。在郑光祖的眼里，蔡襄之书法浑厚端庄，淳淡婉美，自成一体，赏其书法犹如一缕春风拂面，气息极是妍丽温雅。据传，当年在其生前就大受时人推崇备至，极负盛誉，而最为钦佩他的首推苏轼、欧阳修。在蔡襄的影响下，郑光祖练就一手好字。

郑光祖刚入杭州路为吏时，正是他的一笔字受到周围的一致称赞。其时，年轻的郑光祖颇为得意，衙内一干书吏凡有誊写抄录之事纷纷前来讨教，日夜络绎不绝。作为署衙同事，他们的态度谦恭且诚恳，看上去似乎并无虚应客套之意。若是虚应客套，对郑光祖看来反而是种侮辱。他们异口同声，对郑光祖埋头誊写的各类书札文录赞不绝口，郑光祖来者不拒。在他看来，能得到同行的首肯对他而言，非是对他公事的认可，显然足证他的人品德行是良善的热忱的，勿论对公对私他都是无可指责的。但是，如此情形在一年之后，郑光祖因干不完的差事累得腰酸背痛，桌案上仍积着厚厚一叠公文书册需待通宵达旦。他强忍着疼痛从桌案上挺起腰身，这才发现整个大屋内空无一人，竟是连杯热水都无人照应。

郑光祖这才感觉到饥肠辘辘，他舒展一下腰臂，信步出了署衙大门来到大街上。街边东侧拐角的一家小酒馆内灯火通亮，隔着窗户可隐隐看到推杯论盏喝得不亦乐乎的身影。

这家小酒馆是距署堂最近的消遣放松之处，同堂吏事们经常在此小聚。郑光祖参加过几次，一则因酒量所限，二则心下惦念着案头常常堆积如山的活计，便渐渐淡出那个圈子。

但那天他实在困乏饥饿，从饭堂里弥散而出的酒肉香气瞬间穿透整个心肺，他大口吞咽着唾沫。他蓦地想起一盘松软喷香的干黄酱炒豆腐，汤汁柔滑，浇在一大碗冒着腾腾热气的汤面上，直是天下美味！

郑光祖不假思索，朝小酒馆大步而去。他的心情是惬意的，因为他远远便听见一伙同堂吏事们熟悉的声音。郑光祖不禁微微一笑：这伙小子，公事都推得干干净净，倒日日泡在酒馆内逍遥自在寻快活！

小酒馆门前不过四五级台阶，郑光祖刚迈到第三级，猛然听到里面店掌柜笑问："哟哟，哥几个喝得爽快，为何这长时间没见着郑德辉的影子？"

有人大笑道："掌柜的，你咸吃萝卜尽操得些淡心，郑德辉是你表大爷还是二堂哥，少不了你半文酒钱，打听这做甚！"

又有人僵着舌头，没好气道："你是说那个愣X货吗？人家可是没明没夜地在署内做事，把咱们哥几个的活都抢了，想在路府达鲁花赤大人前弄个大响竹,不定三五年就混个七八品官当当!"

话音未落,靠窗座位上传来一声冷笑,"自比蔡襄,爷颂他几句,他当真不知斤两,简直恬不知耻也。路府老爷的眼又没瞎,论外放,纵署堂人死绝了能轮上他!自古平阳府出两种人,一种是大球货!"

说毕,端杯就饮。

又有人笑道:"还有一种呢?"

那人道:"二球胚也!"

酒馆内顿时哄堂大笑!

郑光祖陡然气得手足冰凉,眼前顿时浮现出当年在家乡锄地的场景,何其相似乃尔。不过,他早已今非昔时可比。

郑光祖望望头顶天色,长长舒了口气,双手负后,回到署堂。他看了眼案头厚厚的书札,微微一笑,按人头名目略加梳理出来,工工整整地摆在同堂各位吏事的案头。

出得门来,迎面碰到先前在酒馆里一位喝得醉醺醺的同事回署堂上茅圊。

"哟,咱就知道……德辉兄老吏出手,一个……一个顶俩,公事都干完了?"

郑德辉头也不回,面无表情道:"咱去吃肉,咱去喝酒!"

说罢,仰头高唱:"我玩的是梁园月,饮的是东京酒;赏的是洛阳花,攀的是章台柳。我也会围棋、会蹴鞠、会打围、会插科、会歌舞、会吹弹、会咽作、会吟诗、会双陆。你便是落了我牙、歪了我嘴、瘸了我腿、折了我手,天赐与我这几般儿歹症候,尚兀自不肯休!"。

一曲既了,哈哈大笑!

第十三章　掘下相思窖

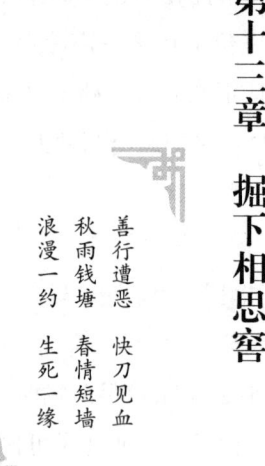

善行遭恶　快刀见血
秋雨钱塘　春情短墙
浪漫一约　生死一缘

善行遭恶　快刀见血

杭州的秋天没有北境的荒凉萧瑟之气，常常是酷热尚未散尽，眨眼落叶飞絮开始悄无声息地漫天飞舞。

郑光祖在杭州路吏的职位上并没有在多年前故土亲戚邻里间传闻得那样逍遥自在"官运亨通"，他既不会奉承讨好，具备巴结经营之能，又不会协调人事，善行八面玲珑之术。他的耿直秉性一度使他在以良善平和待人的过程中碰了无以数计的坚壁，吃尽了费力没讨半点好反倒引来通身上下让人窒息的臊，这种臊气的怪异之处就在于，它是你躲开三尺之外就会凭空消失，它就像弥漫在整个周遭空间的一张大网，气味散布得极其均匀，浮荡在眼前时时有一种无可逃避的恶心乃至某种时隐时现的刺痛感。这种感觉非来自他处，恰恰就来自于你不得不日夜相处的这个人声嘈杂的环境之中。郑光祖有种豁然而悟的感触，人之本源善心，并非在你需要面对的任何地方任何人之间无规则地实施，绝大多数境况之下，付出与收获并非对等。换言之，你的善心善行，一腔诚挚有时候换来的是绝对让你瞠目结舌的恶。

不可否认，起初郑光祖在静心思考这个问题时，当这种感触稍一露头，他就觉得极是羞愧，对自己产生强烈的怀疑，并一再告诫自己，此种认知实为大错，必需回归本位，万不可将世事人心都归之于此类。或许原是自己身处异地，因心境孤苦所致，才想得如此复杂。待人也好面事也罢，都需要退一步从检讨自己入手，想想自身存在的不妥，然后针对不妥，再调整对应之策。纵稍有偏离轨迹之处，亦属例外，原不足为奇。毕竟，世事人心都不是一个模子脱出来的。

酒馆门口偶然听到的一席话，实言讲，郑光祖当时确实有如被人当头一闷棒，感到不可思议的震惊。但奇怪的是，他倏忽陷入一片空空茫茫的无助与困惑之中，确实没有体会到任何暴怒或采取某种强烈的反击方式以平息内心失衡之想。恰恰相反，震惊之余，他的心情立时平静。在返回署堂的路上，脑海里不断涌现出两年前发生在杭州他亲眼见到的一件事。

那时，郑光祖住在与任职署衙隔两条街沿的小巷子里。那条巷子是整个杭州城内最为破旧不堪的原著居民区，从破烂不堪的房舍可一眼看出。因此处佃房价钱便宜，郑光祖从独自南下之后数年就一直租住在此巷。与郑光祖隔一道短巷，南北院居住着两家人，平日里相处关系极是融洽。今日东家吃好饭食必定隔墙送过一瓦罐，明天西家炖锅骨汤必定隔墙吆喝一声，大人娃娃聚于一处，好不乐哉。但就在那年冬天的一个清晨，郑光祖尚在睡梦中，突被一阵激烈的吵闹声惊醒。吵架者非是他人，竟是平日相处如一家人、周边邻里人人羡慕称颂的那对好邻居。关系破裂之由实在已辨不出个子丑寅卯，听周边人私下里说，邻里双方主家男人当年都曾从军南下，在一个部伍里因又是乡邻，关系自是非同他人。北院主家男人在最后一场崖山战役中腿受刀枪，多少年来便卧床不起。南院主家男人瞧着北院一家人日子困顿，战事结束回到杭州后，南院主家男人家境倒也殷实，便每月贴补北院一家人五个铜钱，用以疗伤及一应生活用度。这种关系前后一直持续达十年之久。南院主家也不知何因，家境逐渐衰败，实在拿不出余钱，每月五个铜钱便不再补贴北院。岂料，北院男主家大为气愤，四处宣称当年南院男主原是在战场上被北院男主所救，月补五钱本应是他该付的。南院男主大怒，斥责北院知恩不图报，反以怨报德。两下里便隔墙吵成一团，昔日人人称羡的一对好邻里眨眼成了仇家。

后来，听闻南院男主对人大叹，人之为世，原是使不得好心肠。好心，竟无善报。

此则故事让郑光祖瞬间大起警觉，眼前豁然明朗。于是，他既不气恼亦不焦灼，反倒心平气和地将同衙吏员们各人的文书案札一一分发，各归原位。

人与人，原该是保持一定的距离，尤其是抬头不见低头见日日相处的关系网中。这个规则更该长久遵循，若有逾越，迟早酿害。内心善良及于人于事的任何不好意思，事实上就像一把寒光闪闪的利刃，随时都可能快刀见血。但杀死的非是他人，而恰恰是你自己。

如此一来，郑光祖每日做完自己的事项，反倒一身轻松。反观其他同事吏员们，虽感惊讶，但又分明不敢公然流露心中之怒。郑光祖至为清楚，即便他们胸中怒火中烧，但这种怒火若有发作，必然是无理无据更无情无分，只得窝着一肚子火埋头赶写原属于各自的营生。

郑光祖分明意识到，彼此之间虽丧失了往日表面上的调笑融洽——在郑光祖看来，那原本就是一场戏——但关系却悄无声息地在朝着某种平衡的方向缓慢过渡。当然，郑光祖很清楚，来自于背后的鄙弃和咒骂从此之后必然嗓门愈发响亮,但他并不在意。所谓路由自己所走,岂能锁了他人的嘴!而且,他逐渐明白,人这一生其实简单之极,无非是说说别人,背后让别人说说而已。

所谓忘恩负义、桀骜不驯、顽劣不化等等之辞,原就是古人总结出来让人打打牙祭、过过嘴瘾的,何必当真。你若一当真,难堪、仇视、屈辱便如赶都赶不走的苍蝇蚊虫般接踵而来。缠于俗世俗人之纠结,何若痛痛快快地看一场戏去。遍布杭州城四大瓦市的勾栏行院多如牛毛,哪里没有水袖善舞,哪里没有清曲悠婉,哪里没有靓丽姿色。

大约就在那年,郑光祖在杭州接到孔文卿南下之信,他大是兴奋。一来终于在异地可与故人相聚;二来孔文卿的到来,孤苦浪迹杭州达数年之久的自己终于有一个可日夜倾诉的知音,岂非快事。但自接信之后,郑光祖就在简陋的新寓所内靠窗位置又加了一张竹床,准备迎接这位远道而来的乡谊贵客。日日望眼欲穿,郑光祖足足等了一年却仍未见到孔文卿的影子。后来听一位从中原一带南下杭州、平生同样挚爱戏剧的儒生说,孔文卿一年前路居大名开州半月有余,后来不知何故,又取道北上,好像去了大都。

郑光祖颇为失望。

失望,让郑光祖的情绪一度极为低落。好在官家的事项担子业已一身,他甚至极度厌恶别人口里什么蔡襄后继有人矣等等诸如此类的虚伪奉承之辞,那不过是宛如置人于绝境杀人于无形的"迷魂汤",其后隐藏着你想象不到的自私、贪婪和无耻。

大约就在那几年,从大都传来号称"我是个蒸不烂、煮不熟、锤不扁、炒不爆,响当当的一粒铜豌豆"的杂剧大家关汉卿的死讯。也是在那几年,郑光祖至为敬佩与自己同为三晋祖籍的名家白朴白仁甫老先生从真定第三次南下,一直在以金陵城为中心,四处游山玩水,世人却难觅其踪。实言讲,关汉卿虽也是三晋乡人,郑光祖也从未与他谋面,但通过坊间流言及观其所作剧目，时人特别是黄河以北到处称颂的这个倔老头，郑光祖并不感兴趣。关汉卿给人的印象极其张扬狂傲，一派目中无人之势，人品优劣自不必说。单是这粒"铜豌豆"实已让人恶心不已。须知"铜豌豆"在大都顺天真定一带本是"老嫖客"之称。关汉卿如此到处毫无忌惮地狂放厥词，无半分扭捏遮掩之意，不以为耻反以为荣，非是他人，连同为乡谊的郑光祖都觉得脸热耳赤。实为此等原因，郑光祖对这位三晋同乡无论如何也聚不起半点好感。恶其余胥，纵关汉卿名震北方，他的作品亦同样引不起郑光祖的任何兴趣。

而另一位乡谊白朴的行踪，郑光祖多年来却至为关切。关于白朴，郑光祖到达杭州后，无论从地域上还是心理上，似觉两人之间的距离大为接近。但是这些年来从断断续续的传闻中得知，白朴第三次下江南之后，其行踪不定。而且，据传白朴至少来过杭州三次，并且同友人游历过西湖，最后一次畅游西湖时已达八旬高龄。想想吧，一位八十高龄的老人居然精神健旺、脚步轻快地行走在西湖，那种起初对其作品的钦佩之情已不断加重加浓加厚。伏枥老骥，其志何其壮烈豪迈矣！

想起了白朴，郑光祖自然而然想起了他的《祝英台死嫁梁山伯》，想起了他的《裴少俊墙头马上》，想起了这些年一直缥缈在意识深处的那个激情的梦、温柔的梦……

秋雨钱塘　春情短墙

生活原本并不压抑也不复杂，所有的压抑和复杂都出自于人的本身。换言之，谓之烦恼者，自寻也。

郑光祖一身轻松，在距署衙堂最远不过三里的大瓦里居然连续看了三天大戏。每日午后、晚间两场，三天六场戏，郑光祖居然一场没落。实言讲，这六场戏所唱剧目都非出自名人之手，所作唱词实在不敢恭维，剧情老套不说，唱词插科打诨，且多鄙俗，甚至为讨观众欢心，言辞谈吐，竟然毫不避讳地涉及闺阁淫邪，简直不忍耳闻。

每到涉及男女私情之处，台上台下立时轰然叫好。郑光祖目瞪口呆，他实在想不通，就在大瓦之内，就在光天化日之下，竟公然上演此般俗不可耐之剧。各场目虽有几句颇值得玩味之词句，尚未细心品咂，立时淹没在极尽挑逗宣淫的浪潮中。

郑光祖大为不解，后来身边观戏者悄悄朝身后二楼看台处指指，方恍然大悟。与露天处的平地不同，二楼联排十余张桌子，那都是路府署衙主要官员的赏戏之处，大多是蒙古及色目官员。汉家官员稍有些资格的，亦不过是唯唯诺诺，善察言观色之徒。

而这些戏，竟然都是官老爷们指定之曲目。而这些曲目大多出自民间下层各行院间的坊里，依据官老爷们的喜好，极尽谄媚讨好之能事，粗制滥造，以博官家之欢心。

无论如何，有戏总比没戏看好。江南戏曲对郑光祖的吸引力之大，非在词曲，非在内容，而在表演形式。北剧在表演上无论几折戏，大多由一人说唱合一，宾白各科虽时有他人帮衬以为过渡剧情之需，但多藏在幕后。虽有剧情演绎紧凑决不拖沓之利，但长久观之，极易让人产生单调无趣之想。郑光祖首次在杭州观看戏目，眼前登时为之一亮。起初，在沈甫为首北剧未南下之时，南剧剧情大显简单，多数剧目根本无须登台，仅在一个围观的人群里就可完成。其大多沿袭者，尚是出自民间曲调，但其在表演形式上却别具一格，可谓精彩纷呈。实言讲，这是北剧无法相提并论的。

沈甫等北剧名家相继南下后，拥有完整的故事情节、优美的剧目辞章以及表演的创作空间，大受南人喜欢。于是南北至此开始合调，多由北人名家创作剧目，由南人根据其舞台表现方式进行穿插交融。中国戏曲的雏形至此开始逐渐定基成型。

在南北剧种相互借鉴交融的过程中，南戏在表演上的灵活、多变的方式大放异彩。

最重要的一点就是南戏的多人同台说唱方式。据考证，在南北剧相融合之时，在江南的舞台上，由于北剧作家的加入，首先已有了一个完整的故事，且有头有尾，因果分明。根据内容之需，结构弹性，可自由伸缩，长的可达五六十出，短的也有二三十出。同时广泛吸收民间音乐、民歌、词曲歌体、诸宫调等成分。宫调音律不拘一格，民间词曲、新兴的村坊小调，凡可协调者，均可连缀起来。演员的形体动作，固定成型为"科""介"，吸取了民间舞蹈动作，使戏剧性的舞台动作愈加舞蹈化。最为重要的是在舞台上涌现出以七个角色来分别饰演剧中的所有人物，其中扮演男、女主人公的，称为生、旦，还有源于"参军""苍鹘"的净、末（亦即副净、副末），与民间歌舞中的丑角一起，合成一组滑稽角色。此谓南戏中的五个重要角色，从此奠定了中国戏曲艺术以生、旦、净、末、丑组成的角色阵容与行当格局。此外还有"外"与"贴"。"外"是牛角之外又一生角，"贴"是旦角之外再贴一旦角。全剧围绕生、旦展开故事，以此构成情节主干，内容往往比较严肃，表演也相应地具有了正剧的色彩。与北剧南下之前滑稽调笑的演出方式相比，艺术上的进步无疑突飞猛进。

郑光祖流寓杭州至今数年来，他见证了南剧与北剧在形式与内容上相互借鉴融合的全过程，见证了大批南人北上与北人及大批行院剧班相继南下的滚滚洪流，见证了初始南北两派的矛盾、冲突及丝毫不亚于战事的浓浓硝烟，见证了两派终于取长补短、合二为一、携手同台。曾经单调且混乱的南派曲坛在北派如椽之笔下，剧情曲折、辞章优雅、轰轰烈烈、热热闹闹、排排场场地在江南的土地上到处唱响。

大瓦内最后一场戏说唱完就唱完了，尽管这三天连台戏目非郑光祖心中所想的由北派大家而作的剧目，未免心有缺憾。但闭幕的锣鼓笙板骤然响起，郑光祖突然感觉到一阵怅然的失落之感。

那天晚上，他走进戏院时怀揣了一大壶酒，用油纸包了足有二斤猪头肉，就在微凉的秋风夜幕下，边赏戏边吃猪头肉边喝酒。

最后一场戏结束之时，月色已斜坠西天，郑光祖亦喝得晕晕乎乎，不知不觉歪倒在戏院中的长条板凳上沉沉睡去。不知过了多久，耳畔风声飒飒作响，传来优伶们清婉尖利的"拉嗓子"声。

郑光祖倏忽睁开眼，从长凳上爬起来，这才发觉已是凌晨，他竟在空空旷旷的戏院中露天睡了一夜！脑袋略略清醒，睡眼仍然蒙眬，郑光祖愣愣地坐直身体，长凳上油纸内居然还剩大块猪头肉。虽已显僵硬，嚼起来却仍有滋有味。

迷离的天光下，远处一里开外的钱塘江边优伶们的"拉嗓子"声此起彼伏。郑光祖不觉心里一怔，起身长长伸了个懒腰，腿脚仿佛不听使唤般信步循着声音出了戏院，朝钱塘江边而去。

阴沉沉的天幕不知何时淅淅沥沥飘落着蒙蒙细雨，密密的雨丝清凉异常，钱塘水隐隐的波涛轰响滚滚而来，眼前白墙灰瓦，小巷幽深，层层叠叠，云天苍穹，一派迷茫。头顶上方云雾微荡，犹如人间仙境。

江南的绵绵秋雨，从来都是撩动心弦最强劲的拨子。

郑光祖缓步而行，不禁也大声吟唱起前代冯延已的诗句：

"当时心事偷相许，宴罢兰堂肠断处。挑银灯，扃珠户，绣被微寒值秋雨。枕前和泪语，惊觉玉笼鹦鹉。一夜万般情绪，朦胧天欲曙。"

渐至江畔，湿漉漉的水汽迎面扑来。江岸一条密密的梧桐林带，有歌声从林里轻盈盈飘逸而出。林带与江岸之间，竟有一道短墙相隔。

郑光祖心下不禁微微一颤，脑海里倏忽涌起这数年来不时做过的一个极其奇妙的梦境。那个梦境或许距离遥远，竟一时无法确切地捕捉到它的具体形状，倏忽闪现又倏忽消失。但他已分明觉察到他的心在莫名地狂跳起来。

走近短墙，郑光祖努力睁大双眼，他的意识格外清楚，那个梦境就隐藏在茂密的梧林深处，隐藏在那个歌声乍起乍落的地方。

幽暗的密林中，隐约看到三个模模糊糊的苗条身影。其中两位站立草坡之上不时引吭吼嗓，一位年约十八九岁的姑娘斜斜地依靠在一棵梧桐树上，头歪歪地倾斜着，手指间灵巧地玩捏着一枚硕大的梧桐叶。林中无雨，唯听得微雨轻击在梧林沙沙的轻响。间或，数枚尘黄的梧桐叶缓缓飘下，年轻姑娘愣愣地看了半天，突然跳起来试图抓住梧桐叶。一抬头，恰与隔墙而立的郑光祖目光相接。郑光祖这才看清，那姑娘面目清纯，淡眉玉唇，身材纤细，着一身翠袖双坎肩，甚是利落干净。

"楚仪，看你闷声不响，也不练嗓子，小心金班主回去又是一番责骂。听他骂人好听吗！"

另一位年约三十岁的优人指指短墙外的郑光祖，挤眉弄眼道："没瞧见楚仪满腹心事，昨夜就翻了一夜的炊饼，哪有心思练嗓子。金班主算个甚，怕是玉皇大帝也未必收得住她的小心思。"

两人掩嘴偷笑。

那名为楚仪的姑娘回声斥道："你两个说些甚胡话，咱又认不得他！"

此言一出，郑光祖愈发浑身大震，不禁脱口而出，"这位姑娘，你是河东人？"

楚仪亦是一脸迷惑，半晌方道："听口音，这位哥子像是平阳府人？"

郑光祖隔墙沉沉一礼道："在下姓郑，名光祖，字德辉，平阳府襄陵人。"

先前两位挤过来，一左一右将楚仪夹在中间，拍拍她的肩膀道："莫道小妮子这两天心神不宁茶饭不思了，原想着定是挨了金班主的骂，没承想心里竟是惦念着一个老乡，白脸哥子呢。天也快亮了，雨也停了，你们两个想泪眼就泪眼，想诉甚衷肠就诉甚衷肠，咱姐两个还没吃饭。对了，这位姓郑的哥子，一会儿好端端地送我们楚仪到林家塘子三巷金家行院，莫要使了坏心眼，将楚姑娘拐跑了——小心告官去！"

两人嘻嘻哈哈地去了。

郑光祖方觉喉咙干涩,脸红脖粗。秋日、短墙、玉人、邂逅,一切与那个梦境何其相似。唯一不同的是,满天杏蕊换作了梧桐秋雨,飞荡的秋千换作了青青的草坡。

"郑先生,外面有雨……"

"好!"话音未落,郑光祖竟是纵身而起,轻飘飘跃过短墙!

细雨霏霏,晨风乍起,宛若轻柔绣帕般的梧桐落叶四散飘落,眨眼草坡上已呈斑驳色调,黄绿相间……

浪漫一约　生死一缘

没有良驹骏马,没有杏林春花,没有眉目之情,一堵短墙,一段乡音,一程寻梦,郑光祖居然在异乡土地上一个落花飘雨的秋日晨光中,猝不及防地跳进了一个从此让他如醉如痴的温柔世界。如说在此之前,郑光祖朦朦胧胧的意识一直处于艰辛而孤寂的寻梦之旅中的话,那么从他身形矫健地跃过那道梦与非梦之间的短墙起,他就进入又一个全新的追梦旅途。

尤为可贵的是,郑光祖记忆中当年在襄陵县黄崖村的那个美妙慕想瞬间被激活了,散发出无尽光焰和活力。

无可否认,这便是真正的爱情赐予的力量。郑光祖坚信,梦寐中的那个熟悉至久且日夜咀嚼了无以数计的场景完全幸运地降临在了他的头上,如同熟悉的开始,过程亦必也是自然的,结局同样也无疑是圆满的。

不错,郑光祖清楚地认为,世上没有第二个人比他更熟悉心中崇拜的白朴先生笔下《墙头马上》那个幕后的故事了。发生在幕后的那个故事比"墙头"和"马上"更为精彩,更让人赏心悦目。郑光祖脑海里一直浮想联翩，宛如发生在云雾缭绕仙界的那幕最美场景。白朴老先生当年必定风流倜傥一表人才，满腹才学的白朴先生漫步在春日午后阳光明媚的田园边，面对漫天飞絮必定思绪万千，最隽永最柔媚的词句就吟诵在棱角分明的唇角上。或许从不时微微启合的唇形，郑光祖就能准确无误地做出判断，必定是那首《天净沙》是也：孤村落日残霞，轻烟老树寒鸦，一点飞鸿影下。青山绿水，白草红叶黄花。

白朴就是裴少俊，裴少俊就是白朴。当然，那位墙后的美佳人并非李千金，而是戴姑娘。

那幕绝非想象而是实实在在的场景在郑光祖心海中，是此生最美的一幅画图：白朴先生就站在墙后，他不时踮起脚尖，就如同自己一样，内心必定充满了难以言说的焦灼和不安：清脆的笑声来自墙内那片被粉嫩嫩的杏蕊装点的圣洁世界中。他看到了杏花林中飞旋而舞的秋千，看到了秋千上与杏蕊的光影交互闪现的青春靓影，看到了秋千架下轻盈飞飘的粉红色毽子。那时的白朴必定已陷入对爱情强烈渴慕的迷阵中，难以自拔，而且他的所有注意力已被那个美妙的身影深深吸引，否则他不可能对飞来的毽子视而不见。直到毽子凌空飞起，跃过短墙，毫不留情地撞击在他身上竟毫无察觉。

与毽子一起撞在他身上的还有爱情的箭羽，戴姑娘就像一道金光闪闪的仙界女子，通身沐浴在光芒万道的霞光之中，乘着一朵祥云向他回眸嫣然而笑。

这一笑，融化了白朴老先生的心，也装点了郑光祖的梦。唯一与白朴老先生经历不同的是，郑光祖有着相同的开局，有着相同的浪漫旅程，但却没有白朴的幸运结局。

郑光祖的爱情圆满直至他离开这个世界之后，才在冥冥之中得以实现。当然，这是前言，也是后话。

那位同样来自三晋大地河东府的姑娘名叫楚仪，就在北瓦林家塘子三巷金家行院学戏，去年刚从北地南下。从支离破碎的信息中，郑光祖得知，楚仪姑娘家境贫寒，母亲常年疾病缠身，九岁时就随行院北上在平阳府一带戏班子打杂，做些零碎伙计，挣些银钱贴补家用。后来，平阳府行院解散，她经人推荐进了金家班子。数年之后，出落得亭亭玉立的楚仪，被金家班子列为未来的台柱，琴棋书画，唱念做打，悉数上手。

钱塘江边的短墙一会，郑光祖至今想起来都恍如梦中，飘飘惚惚触摸不定。更让他痛责不已的是，他竟然在脑海中无法真真切切地还原楚仪姑娘的面容。

不言而喻，郑光祖的生活从此开始变得极富色彩，那种色彩再鲜艳再耀目，在心中无比尊贵的楚仪面前注定黯然失色。

郑光祖所在的署堂距楚仪姑娘的行院班子约莫三五里路，但在郑光祖看来，从跃过那道短墙之后，他与乡谊兼思恋的身影之间，任何万千山水艰难险阻都不再是距离。

在认识不过两个月之后，郑光祖与楚仪姑娘有过一次也是唯一的一次相约。

那次相约，让年轻的郑光祖欣喜若狂，刻骨铭心，即便多年之后，他空对着一窗清冷孤月，并且意识到他已濒临人世边缘，他写完最后一部杂剧，愤然执紧笔柄用力扔出窗外。

那时，他决定封笔。也是在那时，对楚仪姑娘的思念如汹涌澎湃的钱塘江大潮般一浪紧似一浪地铺天盖地而来。

郑光祖骤然像个孩童，跌进空旷旷的豪绰居室内的圈椅中，纵声大哭。奋斗了数十年的郑光祖由原来寓居杭州的小吏成为杂剧界人人称颂的"郑老先生"，让曾经到处佃房落脚一无所有的郑光祖到如今坐拥价值万两的数进敞阔庭院的豪富。这一切，随着杂剧创作的断然封笔，郑光祖清楚，有始而无终的爱情之梦，如同他的一生，他从来就没有"富足"过，到头来，他还是一贫如洗！

长哭也好，怅叹也罢，如水的月色下，郑光祖眼前再次浮现起当年他与楚仪姑娘一起，走进茫茫雪原，漫步在杭州西湖岸畔的那个至死都忘不掉的浪漫之约中……

西湖，雪光，断桥，白堤，雾凇，灵隐孤寺，苏小小墓……

第十四章 一如平生欢

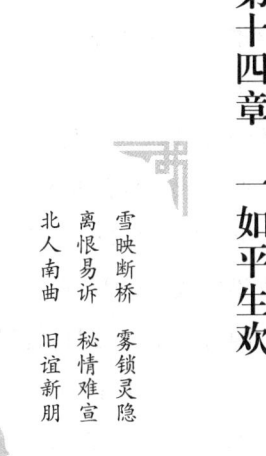

雪映断桥　雾锁灵隐
离恨易诉　秘情难宣
北人南曲　旧谊新朋

雪映断桥　雾锁灵隐

郑光祖与楚仪姑娘的相识，理论上寓示着郑光祖的人生必将有一个全新的开局。爱情的力量是巨大的不可估量的，既能够一夜间垒筑起让人展翅翱翔的起飞平台，也能够在爱情的心火濒临熄灭之时，席卷一切摧毁一切，将整个人的精神击垮，让你对世事人生都充满绝望。

如此前后经历发展的巨大落差恰恰就降落在郑光祖头上，那是他始料未及的，亦是他直到暮年都不愿意直面和承认的。

想起心底思恋了足足一生的那个美丽影子，郑光祖总是不由自主想起飞雪漫舞，碧水轻盈，他们沉浸在西湖远山近水的浪漫时光。

两人的相识缘于偶然的短墙之会。对郑光祖来说，那次短墙之会之所以让他激动得彻夜难眠，其全部意义就在于白朴的《墙头马上》赐予他的全部人生启示和梦想启示。他甚至毫不怀疑地坚信，他是这个世界上最幸运的人，前有精神的师尊给他指明了一个清晰走向，后有楚仪姑娘的适时出现，种种巧遇加速形成了他的精神定位和感情定位：我爱上了一位年轻美丽的姑娘，而这位姑娘就来自于他的梦境中。

郑光祖南下数年之久，他竟然第一次领略到西湖出人意料的美。飞雪笼罩之下的西湖，四野苍茫，昔日涟漪四扩的轻盈波光不再，昔日金光闪闪的湖面之上山影不再，月影不再，昔日一望无垠的荷花不再。山水浑然融为一体，触目所至，白皑皑如飘云端如沐仙境如坠虚无缥缈的圣洁之地。

大约在相识两月之后，郑光祖与楚仪姑娘终于开始了一次浪漫之旅。

两人踏着薄雪，沿着被白雪覆盖得严严实实的苏堤，话题从遥远的三晋故乡到眼前笼罩在飞雪下的西湖胜景，从盛行北方的杂剧及杂剧名家到江南大地上渐呈复苏的南戏及风格远胜于北剧舞台的表演方式，更从对故乡思恋的离愁别绪到彼此之间谁都瞬间明白却谁也不便点破的那种微妙情怀。既然不便点破，何妨以另一种方式来演绎表达这种朦胧得让人心醉的感触呢？如同世上所有处于爱的萌动期间的年轻男女一样，他们在雪地上互相追逐，在晶莹剔透的雾淞下背靠树干，迎着飞雪，静悄悄地感受着彼此的心跳。抑或他们以火一样的热情攥起雪球，相互投掷，碎雪粉粉，漫天旋舞，却丝毫感觉不到寒意。在无垠的雪野中，两人玩得不亦乐乎。不经意间，两人的手触碰在一起，便迅速分开。但正是这短暂的一触，他们两人分明感觉到那股来自彼此身体里火灼般的滚烫。

雪中的灵隐古寺，沉闷的鼓声悠悠扬扬从清盈亮洁的山林中传来，从分不清是茫茫林带还是重叠山野中传来，从歪歪扭扭的脚印和远处隐隐约约石阶上僧人扫雪的竹帚间传来。

郑光祖仰起头，闭上眼，张大嘴巴贪婪地吞吸着零零落落的细雪，不住地品咂。

"鹫岭郁岧峣，龙宫锁寂寥。楼观沧海日，门对浙江潮。桂子月中落，天香云外飘。扪萝登塔远，刳木取泉遥。霜薄花更发，冰轻叶未凋。夙龄尚遐异，搜对涤烦嚣。待入天台路，看余度石桥。"

这首由唐人宋之问所做的《灵隐寺》是郑光祖最为喜欢的一首诗。

"前人所作西湖诗词无以胜数，独宋之问此作中'楼观沧海日、门对浙江潮'两句，短短不过十字，远近胜景，独揽其中。日出于海，光芒万道，红霞映天，江湖澎湃，白浪滔滔。入胜景而观佳处，开人胸怀，壮人豪情，怡人心境，实为前无古人后无来者之佳句也！"

楚仪姑娘手心里玩捏着一团雪球，歪头看着郑光祖渐呈严峻肃穆之色，不禁笑道："甚豪情啊胸怀啊，那都是你们男人的心思。说到西湖，我倒是想起白居易老人家所作的一首诗。"

郑光祖大奇，"哪首诗，妹子且吟来听听。"

楚仪姑娘想了想道："紫粉笔含尖火焰，红胭脂染小莲花。芳情香思知多少，恼得山僧悔出家。"

一诗既了，郑光祖哈哈大笑，不禁点头赞许，"世人只道红尘俗世，繁闹嘈杂，恨不得都能做只自由自在的山猴，遁隐世外。却浑然忘了，世间方有可餐之秀色，有割舍不了的恋情，俗事不可耐确为一害。但由一害而弃一利，就此隐遁，岂非得不偿失也。"

楚仪不解，道："原是一句诗的事，本想着你会笑咱小女子心思，却引出甚利害之论。前些时，你尚为做不出好曲调恼着不开心，不若寻处山野圣境，利利落落地过清静日子呢。现下为何又说隐遁之人，又得不偿失？"

郑光祖笑道："隐遁避世之心，世人生来皆有，何独我郑德辉乎？人世之艰难，原与出身金钱无多大关联。以我看来，隐遁避世之心非自于外界，而源于人性本能之使然也。你没见人在幼弱之时，再顽劣再捣蛋，一且热闹散尽，总有怅然若失之惑，总想寻一处僻静之地独处沉思。此种状况亦不难解，原是一种下意识所为。表面上繁华喧闹之世，实则最为束缚人心，让你不得不重新审视所处之境，利也害也。恰是僻静之地实是可让人心畅享大自由的绝佳境地，无世事之牵绊，无错综复杂毫无必要的关系勾连，亦无须装模作样，那是真正的自由。说到底，世人多为活在他人眼中口中，人间所有规整言行举止之律法制度，你且看来，莫不都是为塑造一个统一模坯而设，但你又不得不收敛本性，唯唯诺诺而遵其道守其规。如此多如牛毛的繁文缛节，哪个情愿！"

楚仪掩嘴笑道："说来说去，你又不是自相矛盾了。说实话，你到底有没有隐遁避世之心？"

"有！"郑光祖毫不迟疑道，"不过，出世不避世，入世不浸世而已。"

楚仪愈发疑惑："到底何解？"

郑光祖望着眼前茫茫的白雪世界，道："原在一个心字，遁世并非与尘世彻底决裂，真正世之隐士咱们根本就不知道。身在尘世，不浸染其中，与一切繁杂俗世保持一定距离。多少为生带不来死带不去的身外之物，但是天下人有几个能解读，枉图心乏心累。真正之隐就在于心隐，抛却乱麻般的纷扰，想自己所想之人，做自己想做之事，这才是真隐！"

楚仪默然不语，半响方道："以你之说，你心中之隐，该是如何一个样子？"

郑光祖一笑，神情变得异常严肃，目光炯炯地盯着楚仪姑娘，道："有一处宽敞高大之居所，无衣食之忧，守一方净土，有一个相爱的人厮守终生。无论在山野还是在闹市，日子简单，世事无涉，心境圣纯，都是遁隐。如此而已。"

无须说明，楚仪何等聪明伶俐之人，何尝不晓得郑光祖话中之意，她故作无意地转头看着远处白雪笼罩下宛如一线的白堤，道："人说，西湖最美不过苏堤白堤，还有断桥。传说当年白娘子就在那里与许公子相会的吗？"

"走，咱们看白娘子去！"

两人顺着白堤，渐近段家桥（即断桥）时，路边湖畔有一座小小的被白雪淹没的荒丘，当初两人都没在意，后来才得知那便是苏小小之墓。

闻名天下的段家桥，桥身宛如一道浅浅的彩虹，横卧在西湖之上。

郑光祖兴致盎然地为楚仪讲起发生在前朝绍兴年间西湖的那个凄美的传说，身沐飞雪世界，寂静的山水间恍如有氤氲的仙女降临，尤其是讲到许仙与白娘子在段家桥上泪别之时，楚仪已是泣不成声。

远天近地，苍穹无垠，四野俱寂。

"我只是不解，好端端一座桥，许仙与白娘子既有相约，大可从桥上从容相会，为何世人偏偏要让它断了，成了断桥。"

郑光祖抚着断桥的矮栏，道："非世人之心恶，亦非法海之心毒，大凡能流传后世，为我等敬仰渴慕之人事，无不留有隐憾。唯或大或小的残缺之憾，反倒成了一种无言大美。诸如这断桥，恰是传闻中的一个断字，阻了多少相思，流了后人后世多少眼泪，留存了人世多少不惜拼却性命也要团圆也要白头偕老的儿女情也。"

那时，遍野碎雪如云蒸雾腾，整个西湖远远近近皑皑一片，分不清哪个是山哪个是水，哪个是峰哪个是松，哪个是人哪个是云……

离恨易诉　秘情难宣

多年之后，直到郑光祖苦苦寻找楚仪姑娘依然无果时，他猛然想起当初在雪中西湖断桥边的那无心之言，犹如钢针铁刺，扎得他心疼不已。

断桥，竟会有朝一日断在了自己心上！

说来也是怪异，西湖雪中畅游之别后，郑光祖分明已经品尝到了爱情甜如蜜糖的滋味。楚仪姑娘与他的心是相印的,无须只言片语,只要一个眼神他就能够读懂其中蕴藏的丰富含义。回到寓居之地,躺在床上,隔着薄薄的桑麻纸,江南之冬寒风虽非北地那般凛冽刺骨,但其沁心寒流因了地湿之故反显得更为难捱。好在这一切,郑光祖毫不在意。他看着油灯投下的晃晃悠悠的光影,眼前一派锃亮。他甚至想到也许就在不远的某个合适时刻,自己与楚仪姑娘之间的那层窗户纸正式捅破之后,他就马上给远在千里之遥的父母声明此事。无论他们赞成也好反对也罢,这都不重要,重要的是他要向所有人声明自己的决定:此生,非楚仪姑娘不娶。

而且,他甚至想象到他们两人就在杭城举行一个简单的婚礼之后,一路携手北上,向两人共同的家乡三晋大地进发。那必将是人生当中最为浪漫而快乐的、见证爱情的完美旅程。

冬日的夜晚,郑光祖注定要失眠。

因为唾手可得的爱情,即便心里滚烫如沸,即便热情澎湃如潮,郑光祖一如沉稳秉性,并未向别人公开这个秘密。这个秘密完全是属于他与楚仪之间的,与尘世无关。

眨眼冬去春来,元宵节前后,郑光祖两次寻找楚仪,均徒劳而返。一次楚仪尚着戏装,脸上隐隐似有泪痕,两人就站在春日和暖的巷口未说几句话,便被隔墙的班主唤回。临别,楚仪将一方锦帕塞与郑光祖之手,便匆匆而去。第二次约是两月之后,郑光祖再次来到金家班子,谁料金家班子所在的寓所已人去房空。

郑光祖恍若被当头重击,顿觉天旋地转,不知所措。手里紧紧握着那方仍然散发着楚仪姑娘体香的锦帕,不禁泪如雨下:楚仪,你去了哪里!

郑光祖发了疯般,半年内脚步寻遍了杭州城的大街小巷、瓦市勾栏,均没有听到楚仪的任何讯息。就在他近乎绝望之时,从北城一个行院班子也是来自三晋太原府的老乡处隐隐听说,金家班好似已迁至扬州一带演出。郑光祖又马不停蹄地赶到扬州,从瓦市终于打听到金家班子确在扬州唱过一个月戏，后来传闻金家班子内部闹起了矛盾，班主与副班主之间也不知因了何事，当场闹翻，分了班底。一部分人北上到了大约东平一带，另一部分人渡江南下到了江浙海盐一带。至于什么楚仪姑娘，因其并无声名，皆不知晓。

关于楚仪随金家班离开杭州北上的原因，直至数年之后，郑光祖与同样来自三晋太原府寓居杭州素有风流浪子之称的乔吉乔梦符喝酒时，这位年龄较郑光祖小约三五岁的哥子，无意中说出的一段话，让郑光祖豁然开朗，转瞬又痛不欲生。

乔吉出入勾栏行院瓦市青楼，自诩通晓优伶戏子心思天下莫如其二。酒过三巡，乔吉突然满脸是泪，毫不隐瞒他的内心世界。乔吉初下江南也在杭州，他认识了青楼一位年轻姑娘，两下里可谓一见倾心。其时，乔吉托门子跑关系，在杭州府衙里刚刚谋得一个小吏的差事，权作糊口。岂料，正由此因，那位年轻姑娘反倒逐渐远避乔吉。其两人结局反倒与当年郑光祖楚仪之事如出一辙。乔吉后来说起，造成此因者，一来是在府署内，乔吉与青楼女子的交往被沦为笑柄，即使远在太原府的父母亦是坚决反对二人交往。二来慑于人言可畏之故，乔吉本人亦被搅得头昏脑涨，亦犹豫难决。三来，也是更为重要的一个因素，乔吉南下入吏，如若诚心做事，日后外放个大小官职亦非不可能。这位姑娘正是虑及此点，本有门不当户不对之忧虑，自觉配不上乔吉，恐二人关系影响乔吉日后前途，遂决定离开杭州，不知所终。

说者无心，听者有意，郑光祖蓦地大悟。

一坛江陵老酒，两人喝得空空如也。月色已上半空，两人醉醺醺地出来，郑光祖方想起乔吉那时早已不任吏员一事。尚未细问，乔吉亦是号哭不止：为证明对年轻姑娘一片真心，他愤而辞掉吏事，四处打听这位年轻姑娘的行踪，无奈人海茫茫，杳无音讯。

从此之后，乔吉便干脆放浪形骸，溺于酒事，公然出入青楼勾栏，专为行院班子及优伶女子吟曲作剧，倒也活得逍遥自在。

楚仪之不辞而别，其深因莫不在此！

郑光祖陡然欲哭无泪，心中不觉万分悔恨。当年若有此料，甚鸟吏事不吏事，他必将毫不犹豫弃之如废履也。可是，一切都成了不可挽回的过往，佳期已逝，伊人已逝，爱情已逝，说这些还有什么用！

郑光祖啊郑光祖，你纵自负一腔才华学识，岂料愚及至此也！

两人大醉。

大醉之后的两个大男人踉踉跄跄地游荡在杭州城已万籁俱寂的街道上，时而纵声高唱，时而失声痛哭，时而仰天畅笑。

乔吉用力拍着胸脯，道："郑哥哥，兄弟此生心里真正放着一个人，纵远隔天涯，亦无憾矣！"

郑光祖大笑，笑中泪水滚滚而落，心中默念着楚仪姑娘的名字，对着头顶一方朗朗明月，蓦地从丹田里涌上大股气流，不无畅快淋漓道："果如斯言。生便生了，说便说了，失便失了，死便死了！经历者，大痛快也！"

自古最不堪忍受者，即是离情别恨。

事实上，关于楚仪姑娘突然离开郑光祖，从此天涯相隔至死都没有再相见的深因，郑光祖所分析而出的原因仅仅是其中之一。真正让楚仪决定不辞而别，从郑光祖的视野里消失的，郑光祖一辈子都想象不到。作为一位年轻姑娘，楚仪也不想让人知道，所有的屈辱和痛苦，她甚至连这个世上至亲的父母都不敢告诉，在精神陷于极度崩溃的时刻，她甚至想到一根绳子了结此生。但她又不想对这个世上很多无辜的、藏在她心里也被藏在对方心里的那些人造成伤害。

冷静之余，楚仪选择了悄无声息地离开。在她看来，这是一种引不起多大波澜且最为合适的方式。

还有很重要的一点，郑光祖同样没有意识到。楚仪压根就没离开江浙，更没有渡江北上，她就在郑光祖的不远处，静静地观望。在此后的数十年中，她亲眼看着心目中的那位老乡哥子从一位一文不名的署衙小吏，在悉心创作杂剧的过程中，才华尽展，名震江南，直到成为民间万口称颂的"郑老先生"。

岁岁年年，年年岁岁，寒来暑往，楚仪就静静地依在那堵梧桐林下低矮的短墙边，忍受着霁风雪雨，忍受着容颜慢慢老去的无助与孤寂。

若干年后，当灵隐寺前的大广场上冲天的烟火烈烈而起之时，满头白发的楚仪终于在时隔久远的让人害怕的秋光之下，再次走进西湖。

当年的年轻姑娘，如今的白发老妪，犹如石雕般仰望着灵隐寺上方那道火焰出神，淤积了整整一生的泪水终于夺眶而出，顺着脸庞斜斜的数道肉棱滑落。

那时，是楚仪与郑光祖距离最近的一次。他躺在灵隐寺山门下的火堆里，她坐在秋花寥落飞絮漫天的断桥上。

相对，无言。中间隔着一座小小的墓……

北人南曲　旧谊新朋

约在元贞到大德前后数年间，形成北剧作家大批南下江浙一带的高峰期。在此之前，虽亦有北方才人南下之势，诸如白朴之流，多为在北方杂剧界已取得一定声望，或厌倦时世，或期望在有生之年游历江南名胜的前辈名家，绝大多数都有个共同特点，那便是都已步入中年。

北方杂剧在第一代入仕无望的儒士们手里，在前后数十年间，达到了一个前无古人后无来者的全盛巅峰。其后的年轻士子们虽则不乏才学超常之人，但面前无数前辈已耸立成一座难以逾越的高山，事实上他们的一切努力和心血始终都笼罩在前辈们的浓荫之下，难以脱颖而出。

蒙古灭宋，江南烽火渐熄。元帝国创建，天下一统已成定局。

战乱结束，日趋稳定的天下大势，尤其是战后开始由乱而治、一派萧条江南的青山绿水，让北方寂寂无闻、渴慕成才成名散居北境的年轻士子们一夜间如拨云见日，目光紧紧盯在了长江南岸。

从至元初年开始，先后由平阳、大都、东平、真定等地，杂剧才人南下的潮流逐渐开始形成，到至贞大德年间，达到巅峰。

这股潮流的一个共同点就是，多为年轻士子，亦可归属为杂剧创作的第二代代表人物。正是这股潮流，开启了真正意义上北杂剧与南戏相互大融合、为后世中国戏曲的形成奠定了基础。

北方才人大举南下，江浙一带土生土长的南曲艺人，仿佛有着老天在冥冥之中抛下的一条无形绳索跨越长江南北将他们彼此紧紧牵连在一起。

寓居杭州约十年后，郑光祖在认识来自同样一生流寓江浙的本土杂剧才人，诸如乔吉乔梦符之前，他早已结识了一大批杭州本土作家。共同的人生目标，共同的兴趣志向，他们一起或游历江南胜景，或一齐吟诗弄月，或一齐围绕南北戏剧展开激烈而不乏浓浓火焰的大争论，争得面红耳赤，争得怒目圆睁，争得不可开交。众所周知，这种古往今来在艺术流派、作品风格及创作方式的争论历来恰恰是促进整体艺术由粗到精、由低到高、由稚嫩走向成熟，不断创新与不断发展必不可少的淬炼过程。对艺术家个体而言，这种淬炼和打磨更为重要，不仅是他们长期对自身文学素养处于匮乏，需要不断汲取给养的一种内在警示，而且是对整个创作生命本身的一种内在调整和规范。由此，艺术方日益显出艺术本身的内在惊艳和魅力，艺术家本人亦日益显出艺术家的形象和地位。

就在北剧与南戏处于大面积的交织、碰撞、融合之时，郑光祖结识了一批杭州本土的南戏作家。

比如，金仁杰。金仁杰，字志甫，杭州人。郑光祖与金仁杰相识之时，金仁杰杂剧创作在江浙杭州一带已颇有声名。两人相识之源，一来可能是同为杭州一带吏员；二来则是杂剧创作本身。其时，来自三晋同乡的楚仪姑娘不辞而别，官场上的种种不平遭际，郑光祖正陷于南下杭州以来心里最忧伤最郁郁不得志的人生低谷。除了散曲杂剧创作一途，他根本没有其他方式能够排遣内心之痛，并度过这段至为艰难的心河干涸期。从这个角度来看，郑光祖应该仰慕金仁杰之名，当属杂剧创作之因，促成了两人的相识。

在这个年龄段，郑光祖虽在江浙杂剧界尚未取得令人瞩目的成就，但其初期一定曾创作过大量不成熟的作品，作为作家个人成长成才的淬炼过程，对任何人都必不可少。正是这段激情澎湃的创作期，郑光祖已在杂剧界逐渐显示出他的创作天赋和潜在才华，并引起了杂剧界前辈的格外关注。而且这种关注，一直延续到郑光祖名震江南。这个过程，粗略推算，前后约有二三十年。

而在密切关注郑光祖创作，并将其视为杂剧界新秀的前辈中，就有金仁杰。那时，两人同为官府吏事也。相同的经历，必定在对人生的态度和创作的情怀上有着某种相同的依附感和认同感，乃至惺惺相惜之感。

生不逢时，怀才不遇，壮志难酬，悲愤交加，金仁杰非但道出了郑光祖同样的心境，更为重要的是道尽了当时儒士的集体性忧愤。

如此强劲而猛烈的心灵大碰撞，郑光祖岂能不拍案叫绝！

第十五章 云端觅黄鹤

我是王粲　王粲是我
神仙道化　山林隐遁
悼怀先古　抒我襟怀

我是王粲　王粲是我

报国无门，志向难酬，更勿谈甚光耀门庭之类，这非是郑光祖个人所面临的现实困境，而是郑光祖所处时代儒士文人所面临的人生境况。

《醉思乡王粲登楼》即创作于这个时期。

其时，郑光祖虽任杭州路吏一职，但吏员在元初时的官场处于最底层，地位极其卑贱，既受蒙古色目高官奴役压迫，又面临由吏入仕茫茫无期的长达十余年的等待和熬煎，更有同僚之间的种种钩心斗角，且郑光祖本人性格"方直"，备受欺凌压迫的命运是显而易见的。对于胸怀壮志的郑光祖而言，其内心的倔强与不屈虽因他多年来的处世经验已然学会并适应了善忍善让之道，但官场之黑暗，人际关系之间在他看来既无意义更觉可怜可笑的相互倾轧及明争暗斗，反让郑光祖的内心愤怒日益积聚，加重了其精神上的自我折磨。这种折磨犹如地热犹如山岩之内蕴藏的熔岩，日久天长，必有倾泻之途倾泻之时。

心中抑郁何处消解，宏大的人生志向如何定位，憋闷不屈的心火如何排遣？唯有满腔豪气、怨气、怒气付诸手中那支蘸满浓墨的笔端，可肆意挥洒，可自由驰骋，可纵情唱之、骂之、笑之，天下由我，纵天神降世岂奈我何！

这是天下文人之幸，在其生命旅途的所有险道关隘、沟沟坎坎之上，有一个衡定且始终让他们得以能走下去的明确目标，那就是创作。创作，是天下所有儒士文人无论精神抑或肉体濒临绝望之时，拉他上岸的草绳！

在脆弱而短暂的生命中，时时有这根看不见摸不着的草绳，真好。而这根幸运的草绳，恰恰是唯有文士所独有！

该发泄就得发泄，该痛骂就得痛骂，该嘲笑就得嘲笑，《醉思乡王粲登楼》应运而生。

《醉思乡王粲登楼》为郑光祖根据建安七君之一王粲所做的《登楼赋》及《三国志·王粲传》本事而成。

王粲，字仲宣，山阳高平（今山东邹城）人，建安"七子"之一。汉献帝初平元年（190），董卓劫持汉献帝西迁长安，王粲父亲时任大将军何进长史，王粲随父西迁，在长安见到当时著名学者蔡邕，深为蔡邕赏识。王粲往荆州依刘表，客居荆州十余年，有志不伸，心怀颇郁。建安十年（208），曹操大军南下，刘表病卒，王粲遂归曹操，深得曹氏父子信赖，赐爵关内侯。建安二十二年（217），从曹操南征孙权，北还途中病卒，终年四十一岁。王粲善属文，其诗文为建安七子之冠。在文学上，王粲与孔融、徐干、陈琳、阮瑀、应场、刘桢并称"建安七子"。王粲不仅名列七子，且是其中成就较大的一个，与曹植时并称"曹王"。

王粲名作《登楼赋》全文如下：

登兹楼以四望兮，聊暇日以销忧。览斯宇之所处兮，实显敞而寡仇。挟清漳之通浦兮，倚曲沮之长洲。背坟衍之广陆兮，临皋隰之沃流。北弥陶牧，西接昭丘。华实蔽野，黍稷盈畴。虽信美而非吾土兮，曾何足以少留。遭纷浊而迁逝兮，漫逾纪以迄今。情眷眷而怀归兮，孰忧思之可任？凭轩槛以遥望兮，向北风而开襟。平原远而极目兮，蔽荆山之高岑。路逶迤而修迥兮，川既漾而济深。悲旧乡之壅隔兮，涕横坠而弗禁。昔尼父之在陈兮，有归欤之叹音。钟仪幽而楚奏兮，庄舄显而越吟。人情同于怀土兮，岂穷达而异心。唯日月之逾迈兮，俟河清其未极。冀王道之一平兮，假高衢而骋力。惧匏瓜之徒悬兮，畏井渫之莫食。步栖迟以徙倚兮，白日忽其将匿，风萧瑟而并兴兮，天惨惨而无色。兽狂顾以求群兮，鸟相鸣而举翼。原野阒其无人兮，征夫行而未息。心凄怆以感发兮，意忉怛而憯恻。循阶除而下降兮，气交愤于胸臆。夜参半而不寐兮，怅盘桓以反侧。

郑光祖依据本事作杂剧《醉思乡王粲登楼》，全剧主要写王粲家贫学富，恃才骄傲，不肯屈居人下。先父在时，曾与当朝丞相蔡邕指腹为婚。王粲进京拜见岳父大人时，蔡邕为要挫挫他"矜骄傲慢"之锐气，故意轻慢了他。王粲愤而不辞而别。蔡邕使曹植暗中资助，让王粲投奔荆州刘表，仍不得用。自此，王粲流落荆州，郁郁寡欢。登楼吟咏，醉而思乡。后仍得蔡邕引荐，封为天下兵马大元帅。经曹植说出蔡邕暗助他的始末后，岳婿二人抛弃前嫌，与其女喜结良缘。

《醉思乡王粲登楼》剧作节选：

第一折:【仙吕·点绛唇】早是我家业凋残,少年可惯,我被人轻慢,似翻覆波澜,贫贱非吾患。

【油葫芦】小二哥人休笑书生胆气寒,赤紧的看承的我如等闲。则俺这敝裘裳怯晓霜残,端的可便有人把我做儿曹看。堪恨好坏无端一郡苍生眼。我量宽如东大海,志高如西华山。则为我五行差没乱的难迭辨,几能勾青琐点朝班。

【那吒令】我怎肯空隐在严子陵钓滩,我怎肯甘老在定远玉关。我则待大走上韩元帅将坛。我虽贫呵乐有余,便贱呵非无惮,可难道说不的二字饥寒?

【鹊踏枝】赤紧的世途难,主人悭,那里也握发周公、下榻陈蕃。这世里冻饿死困居的范丹。哎,天呵,兀的不忧悉杀高卧袁安。

【寄生草】伊尹曾埋没在耕锄内,傅说也劬劳在版筑间,有宁戚空嗟白石烂,有太公垂钓磻溪岸,有灵辄谁济桑间饭。哀哉堪恨您小人儒,呜呼不识俺男儿汉。

第二折:【倘秀才】只不过曲志在篷窗下守着霜毫的这砚台,我又不曾进履在圯桥下收的甚兵书战策。如今那有志的屠龙去南海,古今无贤士,前后少英才,非王粲疏狂性格。

【滚绣球】我不让姜子牙兴周的显战功。(荆王云)你谋策如何?(正末云)论谋策呵,我不让张子房佐汉的有计划。(荆王云)你扎寨如何?(正末云)论扎寨呵,我不让周亚夫屯细柳安营扎寨。(荆王云)你战将如何?(正末云)论点将呵,我不让马服君仗霜锋点将登台。(荆王云)你胆气如何?(正末云)论胆气呵,我不让蔺相如渑池会那气概。(荆王云)你才干如何?(正末云)论才干呵,我不让管夷吾霸诸侯那手策。(荆王云)你行兵如何?(正末云)论行兵呵,我不让霍嫖姚领雄兵横行边塞。(荆王云)论你操练如何?(正末云)论操练呵,我不让孙武子用兵法演习裙衩。(荆王云)你智量如何?(正末云)论智量呵,我不让齐孙膑捉庞涓则去马陵道上施埋伏。(荆王云)你决战如何?(正末云)论决战呵,我不让韩元帅困霸王在九里山前大会垓,胸卷江淮。

第三折:【醉春风】我本是末入庙堂臣,倒做了不着坟墓鬼。想先贤多少困穷途,王粲也我道来命薄的不似你。你!我比那先进何及,想昔人安在,我可甚么后生可畏。

【普天乐】楚天秋,山叠翠,对无穷景色,总是伤悲。好教我动旅怀,难成醉。枉了也壮志如虹英雄辈,都做助江天景物凄其,是这气这愁和这泪,气呵做了江风渐渐,泪呵弹做了江雨霏霏。

忽闻帘外杵声摇,声上声低声转高。罗袖长长长绕腕,轻轻播播播风飘。看看看是谁家女,巧巧巧手弄砧杵。停停听是两娉婷,玉腕双双双擎举。湾湾湾月在收峰,花花花向脸边红。星眼眼长长出泪,多多多滴捣衣中。径开径入径纹波,叠叠重重重数多。相相相唤邻家女,欲裁未裁裁绮罗。秋天秋月秋夜长,秋日秋风秋渐凉。秋景秋声秋雁度,秋光秋色秋叶黄。中秋秋月旅情伤,月中砧杵响当当。当当响被秋风送,送到征人思故乡。故乡在归途远,途远难归应断肠。断肠只在纱窗下,纱窗曾不忆彷徨。休玩休玩中秋月,月到中秋篇皎洁。此夜家家家捣衣,添入离愁愁更切。寒露初寒寒草边,夜夜孤眠月前。促织促织叫复叫,叫出深秋砧杵天。谁能秋夜闻秋砧,切切悲悲悲不禁。况是思归归未得,声声捶碎故乡心。

(诗云)寒蛩唧唧细吟秋,夜夜寒声到枕头。独有愁人听不得,愁人听了越添愁。

【斗鹌鹑】又不在麋鹿群中,又不入麒麟画里。自死了吐哺周公,枉饿杀采薇伯夷。自洛下飘零到这里,划得无所归栖。指望待末尾三稍，越闪的我前程万里。

【上小楼】一片心扶持社稷，两只手经论天地。谁不待执戟门庭，御车郊原，舞剑尊席。（许达云）仲宣，当初肯与蒯、蔡，同列为官，可不好来？（正末唱）我怎肯与鸟兽同群，豺狼作伴，儿曹同辈？兀的不屈沉杀五陵豪气！

【幺篇】据着我慷慨心，非贪这潋滟杯。这酒呵便解我愁肠，放我愁怀，展我愁眉。则为我志愿难酬，身心不定，功名不遂。便不如葫芦提醉了还醉！

【得胜令】呀！怎做得架海紫金梁，则消得司县绿衣郎。今日个枢府新元帅，还只是长安旧酒狂。腾骧，端的有豪气三千丈；游扬，这的是功名纸半张。

【离亭宴煞】你元来为咱气锐加涵养，须不是忌人才大遭魔障。端的个这场，收拾了龙争虎斗心，结果了鹗荐鹏搏力，表明了海阔天高量。安排下玳瑁筵，准备着葡萄酿，做一个团圆的庆赏。早匹配了青春女一生欢，稳情取白头亲百年享。

时人皆知，世人皆知，本人皆知。《醉思乡王粲登楼》一剧中，王粲者，郑光祖也；郑光祖者，王粲也！

神仙道化　山林隐遁

胸怀济世之才，却无用武之地，这是英雄的悲哀。

当然，郑光祖对此尚有自知之明，他自知称不上英雄，但作为一个生存于世的个体生命，气盖云天的英雄也好，苟且为生的普通人也罢，傲气抑或生命尊严他都有。更何况身为一介寒儒，在他身上确实有着一般人未有的才华和智慧。而他所具有的才华和智慧在其作品《醉思乡王粲登楼》中足见一斑。直面生存的艰难困窘，饱受的屈辱遭际，至于人情冷暖、世态炎凉，在他眼里早已不足为虑。当时他所顾虑者不外为两大矛盾，一个是身在官场边缘屈就为路吏所承受的来自圈内本身的鄙弃和压迫与满腔"五陵豪气"、不甘于人下的矛盾；一个是当年在襄陵县就立下了人生大志与当前存在赤裸裸的基本生居问题。这两种矛盾交相缠绕，一时确实难以决断，年轻时的满腔热血与蓬勃激情已被磨炼得几无波澜。而造成这一切的原因不外乎生活本身的规则和程序使然，同样也是任何人由青年到成年、由幼稚到成熟的必由之路。郑光祖很清楚这一点，他的无奈和困惑在于，他已经面临一个人生的抉择点，要么低头向世俗认怂，苟且一世；要么慨然挥拳，奋起反击，活出一个也许未必有滋有味但绝对有声有色的自己，那才是属于人生的大自由。但代价亦是显而易见的，那便是义无反顾地与目前决裂，大踏步后退至当年南下之初，恢复方刚的血性和奋发的激情，无须仰人鼻息，无须卑躬屈膝，无须忍受屈辱，干干净净、利利落落、挺直脊梁重新做一回人。事实上，当一切皆成过往，或者仅仅是一夜之后，回过头来稍加审视，便倏忽发觉当初所谓的艰难抉择何其简单至极。

郑光祖大袖一挥，在那个月圆之夜迅速做出了此生最重要的决定。原因无他，在胸怀的大志向面前，一切得失利害不过挡车之螳臂也！

抉择既出，一切忧烦苦闷眨眼消失殆尽。意志坚定、神清气爽的郑光祖出发了，他要开始一趟不远不近的旅行。

旅行的目的地，是江浙行省桐庐县富春山。那里有座千古名胜，叫钓鱼台。

在开始这趟旅行前，有必要做一个详略解释。郑光祖为什么要去富春山钓鱼台？

郑光祖将桐庐县富春山钓鱼台作为他做出重大人生抉择后的首选之地，实与他的前期精神困惑和人生迷茫有着密切关联。社会的不公、处境的艰难、生存的憋屈，更可怕的是志向的逐日消磨，实际上让郑光祖早就产生了内心情感的倾泻之法，一个是举浑身之力向苍穹向人间发出那声怒吼。这一声吼，在他倾心创作的《醉思乡王粲登楼》中借主人公王粲之口已然完成；一个是身体和心灵的全力浓缩，大踏步后退，退至一个没有尘世喧嚣，没有俗事缠身，没有任何牵绊的世外境地。

这个世外境地的畅想，实为一个"隐"字。

提及隐，就不能提到一个同为杂剧作家的宫天挺，宫天挺年长郑光祖约四岁，字大用，大名开州（今河南濮阳县）人。此人与《录鬼簿》作者钟嗣成之父为莫逆之交。宫天挺曾任钓鱼台山长，工诗能文，可惜诗文都已佚，所做杂剧今可知的有六种，现存《死生交范张鸡黍》《严子陵垂钓七里滩》。

郑光祖正是在观阅了宫天挺的杂剧《严子陵垂钓七里滩》后，决定远赴钓鱼台。

七里滩头，独钓斜阳，悠闲雅静，自在逍遥，远离是非，远离荣辱，远离烦恼，更远离灾祸，岂非人生大愿也。

其时，元代杂剧创作多为两类：一类为天下儒士文人之命运；一类为宣扬神仙道化、山林隐遁。时代特色极为鲜明。

避开一方世道，走进另一番天地！这一步，郑光祖迈得义无反顾，迈得豪气干云，迈得洒脱飘逸。

杂剧界，从此真正来了一位出世高人。

悼怀先古　抒我襟怀

　　七里青滩映碧层，
　　九天星象感严陵。

钓鱼台上无丝竹，

不是高人谁解登？

　　走进七里滩，郑光祖走得小心翼翼。从杭州到桐庐将近二百余里的路程，郑光祖并没有遥不可及之感。恰恰相反，他即将到达的那个世外圣地仿若近在咫尺，原本就是庭院外或就在西湖灵隐重重叠叠山峰之后。他的心情既激动又莫名的欢畅，分明又带有毫不留情的自责与懊悔。一路上，他都处在重重的矛盾之中，而且距离越近，这种矛盾的力量愈发加重。他为自己南下十多年，在如此漫长的岁月竟然没有意识到七里滩钓鱼台的存在而自责，为没有及早在身心上脱离世俗纠缠而全身心投入早年那个宏大梦想却无端蹉跎了大好年华而懊悔不已。

　　往年，不过一梦。好在，这个梦总算醒了。既然醒来，就不算迟。那个幼年时的宏大志向并未消失，倾心而作的《醉思乡王粲登楼》非但激活了他险些堕落于世俗磨耗于凡尘的那颗心，且从精神的荒漠上重新找回了另一个本真的自己。七里滩，就是荒漠上那潭闪耀着夺目光芒的清澈水源。

　　在路上，郑光祖特意寻找到一个久远的支点，目光陡然落在前唐诗人胡曾的《咏史诗·七里滩》上。

　　正是吟诵着这首诗，郑光祖走进了七里滩钓鱼台。

　　细雨霏霏，云山叠翠，绿水环台，富春江掩映在漫天苍茫的雨雾中，林木疏竹倒影其间，尽显旷境遁世之幽。南朝梁吴均著《与朱元思》中绘富春江之景"自富春阳至桐庐一百许里，奇山异水，天下独绝"。七里垅上胥溪，相传为春秋时期楚国伍子胥为避楚平王谋害，由此逃奔吴国，后经此渡口到吴国都城姑苏。

　　悼怀先古，抒我襟怀。郑光祖站在严子陵钓鱼台处，沐身雨雾，心境久久难以平静。

郑光祖在富春江畔严子陵钓台下的一处茅屋内暂住,每日昼游夜宿,盘桓江畔前后达十余日之久。事实上,那时的郑光祖远非他人所推测的缅怀古贤单纯的"寻隐者"。确有"寻"之意,但他"寻"的范围远不止次。除了探访严子陵故台之外,尚有他绝不想于世人知的"深寻"之意。

站在严子陵钓鱼故台,他的目光毫不犹豫地投向咫尺之遥的西台。在漫天飘洒的雨幕中,他听到了撕心裂肺的号哭声,在富春江岸远山近水的天地间日夜回荡,久久不息。

二十余年前,南宋亡于蒙古。十余年前,就在这里,就在同样漫无边际的雨日中,一位诗人面对苍穹,愤然而作《登西台恸哭记》,痛哭失声。哭声震天地、撼今古,哭碎了无数失国人的心。

作此诗文者,为前朝谢翱。谢翱,字皋羽,号宋累,生来落拓不羁。南宋景炎元年(1276),元军攻陷临安,同年谢翱献全部家产,募乡兵投至于枢密使文天祥麾下,被委为谘议参军。翌年,文天祥兵败,于赣州章水与谢翱痛别。元至元十九年(1283),文天祥于五坡岭兵败被俘,宁死不降,在柴市就义。八年之后,元至元二十七年(1290),谢翱登严子陵钓鱼台,设文天祥牌位于荒亭隅,以竹如意击石,歌招魂之词曰"魂朝往兮何极,暮来归兮关水黑,化为朱鸟兮咮焉食",歌罢竹石俱碎,并作《登西台恸哭记》。

念之、诵之、叹之,郑光祖犹如石雕般纹丝不动,迷蒙不堪的雨雾中,已然无法分辨雨也泪也,唯觉喉间酸涩难当,胸中巨石叠压,眼前山野空旷。

亡国之彻痛乎,思恋之凄楚乎,前途之迷茫乎,百感交集,千味杂陈。朦朦胧胧的视线中,仿佛一个窈窕轻盈熟悉至久的身影蓦然出现在对岸高低错落的雨廊中,欲待呼唤,已倏忽不见。

郑光祖泪流满面……

第十六章 五陵豪气人

桑枢瓮牖　玉砌雕栏
善舍善得　慎言慎行
彩幡飞舞　楼宇空旷

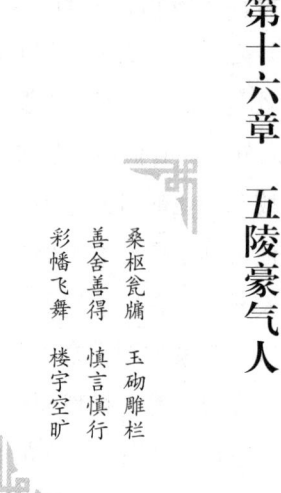

桑枢瓮牖　玉砌雕栏

郑光祖在经历了无以数计的创作失败及精神挫折之后，终于以一部《醉思乡王粲登楼》在杭州诸行院脱颖而出，向世人展示出他的文学才华的时候，正值北方杂剧创作已从巅峰呈下降趋势，一方面北剧开始越江南下，南剧渐呈热热闹闹的上升趋势，一同南下的还有大批谋求在杂剧创作道路上一试身手的儒士文人。显然，身在杭州的郑光祖已处在一个前所未有杂剧再度繁荣的氛围中。

繁荣，意味着竞争；竞争，意味着创新，意味着日趋兴盛的发展。这种发展态势，非但对杂剧本身而言，事实上对延续后世至今仍方兴未艾的传统戏剧亦是一个天赐良机。可以毫不夸张地说，正是有了北剧的衰微、北剧的南下、南剧的兴起以及南北交融较为复杂且漫长的过程，方有流传于后世且盛行数十百年之久的现代戏剧。

众所周知，杂剧为现代戏剧之鼻祖。

郑光祖以一部总算让自己颇觉满意的剧作呈现在世人面前，所有那些让他怅闷不堪、痛苦辗转的岁月以及一沓沓被自己弃作废纸的作品，在他看来，一夜间都成了他珍惜不已、难以舍弃的宝贵财富。郑光祖同样清楚，恰恰是那些无以数计的失败与甘苦受尽、悲喜受尽、荣辱受尽的人生经历，最终凝成一道让他瞠目结舌并庆幸不已力量强大的绳索，将他硬生生地从一个光线幽暗的低洼深井拽上来，骤然领略到天高云阔的明媚新世界。

对杂剧，对一切与杂剧有关的创作，郑光祖有了另一种异乎寻常的感触。如果说当年内心在锁定最初的人生目标时，激情满满，精力旺盛，并莫名其妙地伴随着某种狂妄而飘逸的傲气的话，现下他非但觉得不值一提，是幼稚是单纯是可笑的，甚至是让他想起来就不自觉脸红脖子粗不堪回首的经历。年轻气盛、目空一切的日子，世上谁人没有体味过，谁人没有阅受过，谁人没有拥有过？郑光祖豁然一笑，他的心情从没有过现下的平静，看人阅世视野分明开阔得多也和颜悦色得多。虽则在这些经历尚未完全度过之时，他还没有足够的时间和精力来做一个认真细致的分析梳理，还无法确切地将这种心境和视野哪怕是尝试性地做一个准确定位。但他至为清楚的是，义无反顾地与那个庸俗恶浊之气并存、虚伪险象环生庞杂的人世怪圈"路吏"一职做永久性的告别之后，他的生活骤然寂静了许多。而形成这种寂静氛围的还有一个重要因素，那便是在郑光祖看来亦至为关键的决定。他同样义无反顾地开始对自己的身边周遭种种关系进行清理，凡止于一面之缘的，坚决予以剔除；限于日常酒席间的泛泛之交坚决予以剔除；虽表面上勤于交往却志向不同心趣不同者坚决予以剔除。郑光祖知道，人生于世，短暂不过如烟云一瞬，世人眼里口中所谓的至为重要的与情相关的交际，事实上不过是世俗的另一种表象，陷于此中，不过是耗磨时间、浪费青春、虚度光阴的无聊之中最大的可恶鄙俗。除了迷失，挣扎于可有可无的时空，对整体生命而言有百害几无一利。

这是一个极为重要的发现。如此发现，其意义丝毫不亚于对生命考量、志趣审视、目标锁定的艰辛收获。甚至可以完全适用于任何一位有大志有血性有智慧的勇者。勇者何意也？正是不想庸庸碌碌活于他人口中和眼里的特立独行者。于勇者而言，往往面临最大的人生抉择不是处心竭虑的得，而是敢于毫不在乎的舍！

如此善理舍得之法，也正是步入真正意义上成熟年龄段郑光祖的大得。

以这种舍得为标准，郑光祖的生活顺理成章清晰多了，明朗多了。不言而喻，曾经相处了十余年之久在别人看来奉为至宝的所谓"官场情义"结识并同处一事的故交，首先在郑光祖大刀阔斧摒弃之列。随之而来的则是，郑光祖的交往圈以断崖似的不可想象的速度大幅缩水，竟不至先前的十之一二。

世之有志于悉心做事者，多为"孤家寡人"。郑光祖在这条路上，走得了无牵挂，走得淡定从容，走得意气风发。

从此不再唯唯诺诺地竭力讨好他人，无须谨小慎微地察看别人脸色，更无须费尽心机地揣摩他人之心，真好。

郑光祖似觉胸襟日益扩大，视界却日趋缩小。

毫无疑问，这个视界就在杂剧界。

其时，郑光祖从一位杂剧界前辈、也是从北方南下初到杭州的才人那里看到了一本刚刚刊行于世的书，这本书名叫《武林旧事》。

《武林旧事》此书作者为周密。周密，字公谨，号草窗先生，又号四水潜夫、弁阳老人，著有《齐东野语》《武林旧事》等书。《武林旧事》为追忆南宋都城临安城市风貌的著作,"诸色伎艺人"门著录的演史、杂剧、影戏、角觝、散耍等五十五类、五百二十一名艺人的姓名或艺名和"宫本杂剧段数"门著录的二十本杂剧剧目,对于文学、艺术和戏曲史的研究尤为珍贵。

武林为旧时杭州别称,以武林山得名。

郑光祖手中翻阅的《武林旧事》无意中向世人敞开了一扇从侧面了解宋末元初杭州城的世俗风情,特别是与杂剧创作相关的客观现实环境。遍布全城较为知名的瓦市勾栏酒肆等,足可印证其时在经历了战火之后不久社会经济的快速复苏。

自古至今,市场之内的任何一个行业的兴衰程度,直接反映着与其相关商品的需求。杂剧的繁荣由见足见一斑,这就意味着曾经入仕无门、进退无路的儒士文人已经摆脱了衣食这些基本生活条件的困窘之忧。文人才子实际上已经找到了一条与他们当时身份和地位相匹配相契合的生存之道。这条道不在庙堂,而在民间。

《武林旧事》中所叙述的曲艺名优极尽奢华的生活,已然昭告世人。在民间盛行且热闹非凡的杂剧娱乐等文艺界,成名成家者不乏其人,他们非但在各自的领域内享有不菲声名,非但摆脱了贫穷过上了安宁平和的生活,而且少数知名大家由此富甲一方。

市井之内,人潮聚集之地,无疑是一处大有可为、大有作为的广阔天地。

至为可惜的是,郑光祖掩卷沉思之时,《武林旧事》的作者周密恰在当时辞世。

善舍善得　慎言慎行

《醉思乡王粲登楼》这部作品正是从最初瓦市间并不惹人着眼的"游棚"一曲一曲唱响，也许场地狭窄服装破损了无风采，也许歌喉并不悠扬也不动听，表演形式也过于简陋毫无铺排，但其高雅且优美的唱词，一经那些处于市井最下层处于为生存而艰难挣扎的优伶之口咿咿呀呀唱出，所生产的吸附力和震撼力非但让歌者们吃惊，更让那些抱着试试之心简单编排就匆匆设场子以招揽并点缀冷落"游棚"门庭的行院班头们吃惊！

"王粲者，何人也？"

"名震天下的兵马大元帅也！"

"一片心扶持社稷，两只手经纶天地。谁不待执戟门庭，御车郊原，舞剑尊席。我怎肯与鸟兽同群，豺狼作伴，儿曹同辈？兀的不屈沉杀五陵豪气！"

"雕檐外红日低，画栋畔彩云飞，十二阑干，阑干在天外倚。我这里望中原，思故里，不由我感叹酸嘶，越搅的我这一片乡心碎。"

"噢呀呀，兀的不屈沉杀五陵豪气也！"

曲调一经传唱，歌词反倒在他人口中唱得抑扬顿挫、凄楚感慨，唱出了词中应有之苍凉情绪、失意落寞、旷达胸怀。歌声从"游棚"到街舍，从青楼到酒肆，从行院到勾栏，直至震动整个杭州瓦市。

但奇怪的是，其时广为流传的多是王粲人生经历之事，并逐渐引发起一股将王粲其人从历史的长河中挖掘出来到处传诵的大潮。凡在酒肆聚会、青楼饮酒戏耍及街头巷围论及王粲，男人间必有一番"五陵豪气"，女人间必有"雕檐外红日低，画栋畔彩云飞，十二阑干，阑干在天外倚"的柔情在闺阁传递。其原著者郑光祖何许人也，除了在杂剧创作的圈子小范围相互打听探询，外界几无人知。

《王粲登楼》在瓦市里所引起的震动，与杂剧界文士才人之间的平静形成了极其鲜明的对比。事实上，真正的震动不在争相传唱的市井瓦市，而在看似平静如水的杂剧界。

寻找郑光祖，谁是郑光祖？成了杂剧界文士才人间私下聚会此起彼伏秘密商谈的最热话题。

对于一位痴心于杂剧创作的文人而言，融集了无人可以倾诉甚至无人可以理解精力和心血的作品，有朝一日从案头不可胜数的废纸堆最终走出家门，走进市井。当置身于桥头细弄，亲耳聆听到自己的词曲在多少人口中谈论传唱，那种知足感成就感，任世上多少金山银堆不可替代。那时，作者才会真正体验到世上所有母亲当一块肉从她的身上掉落，并眼睁睁地看着他以惊奇的速度小豆芽似的一天天茁壮成长，愉悦无与伦比，骄傲无与伦比，自豪无与伦比之情。

一切内心涌起的膨胀，稍一露头，转瞬便被郑光祖毫不吝啬地坚决予以压制。历史上人世间出头者何其多也，且多在众人瞩目的光环之下命运却陡转之下，直至从天堂跌落地狱。教训深刻，惨痛彻骨，非败在其才其命其运，而实实败在一旦膨胀便失控的狂妄之下。由此，口碑大跌，形象大跌，德行大跌。

自古，德品皆无之人，较之死亡更为悲惨。

郑光祖深谙此理，在他个人所精心构建全力打造的完全属于个人私密的创作世界中，他可以自由洒脱，他可以骄狂任性，他可以不可一世，直如他的万丈"五陵豪气"般，鄙弃天地人世，但仅驰骋勃发于内心，而不可有丝毫示露于外。为尊计、为德计、为人计，世上有无数规则需要遵守，需要时刻保持谨小慎微，乃至敬畏恭顺之心。否则，必将祸患无穷。

无论少年时代在平阳故乡所领略的来自亲戚朋友间完全世俗的热嘲冷讽，对世态炎凉、人情冷暖的震惊体验，抑或在青年时期，在杭州"路吏"那个更为复杂且凶险的官场环境，世之钩心斗角、尔虞我诈，几近囊括，虽已无震惊之感，却引起了他生命过程中最庞杂也最为密集的思考。仿佛一夜间骤然回到懵懂无知、圣洁干净的幼年时代。这种心灵上的回归意味着一种真正意义上的睿智和冷静，同样也意味着一种对人生和世俗陡然保持一定距离之外的严肃审视和理性判断。严肃审视和理性判断之后的结果是无奈的，也是实用的，更是让人收获颇丰的。

总而言之，于郑光祖而言，其最大的收获便是清清楚楚地认识到，两样处世利器：一个是夹起尾巴做人；一个是闭嘴。

夹起尾巴做人，诸如此类话题已无须细致论证，本乃人皆尽知之理。有意思的是闭嘴。想想也实在哭笑不得，人之最大的幸运便是从娘胎出来，居然睁开眼睛就能从一个完全混沌的幽暗之所看到全新的光怪陆离的充满奇异色彩的新世界。大幸运之后，往往意味着大艰辛的开局。人之一生原本就是密布坎坷、荆棘、险滩、暗流、灾祸，直至死亡的苦难之旅。从张开嘴咿咿呀呀哭号开始，为父母者莫不焦灼地盼望着孩儿快快成长，熟悉人情世理，其起步点即为说话。此后在长达二十年的成长进程中，基本上就是为了学会说话，学会与人交往。奇哉之处就在于此。二十年的说话之旅，当真正掌握了说话这门可谓之艺术的进退分寸之后，却猛然大悟，必须学会闭嘴！这个弯且是必经之途。天可怜见，学说话之结局非是以三寸不烂之舌走于世，而是闭嘴。

事实上，这才是真正的大学问。一切想说的话、可说可不说的话，即便是避无可避之时，或干脆闭口不言，或以最为简略的语句陈述清楚基本意思即行收嘴。与世界与人际所有的交流方式，在潜移默化中发生巨变，而改为用眼睛冷静观察，用思维做出判断，自古圣者莫不如此，贤者莫不如此，智者莫不如此。对此，郑光祖大有体会，闭嘴往往为三思留足了空间和时间，从而可做出最为准确的判断，这非但是少惹是非的存身之道，更是远避灾祸的自保之法。须知，人生之灾祸，多数非来自他处，正来自于可畏之人言。

没有比听着自己至为熟悉甚至可倒背如流的歌调行走在街巷间更让人宽松愉悦之事,眼前的街巷里弄、小桥流水、枕河人家、雕檐楼栏,即便是摩肩接踵来来往往陌生的人流,眉宇间和面容上浮现的笑意都显得和蔼可亲,仿若他们并非路人,而是久已相识。

撇清人心中的所有隐秘,天光下的一切原本实诚美妙。

彩幡飞舞　楼宇空旷

杂剧的兴盛,培养并孕育出大批有志于此的杂剧作家,从宏观意义上而言,极大地丰富了社会整体文化;从微观处无形中为广大曾经入仕无门郁郁不得志的儒士文人敞开了一条生存之道,并带动了整个与此相关产业的繁荣。

值得大书特书一笔的是,与杂剧作家们的成长经历紧密关联的是应运而生的书会。

书会,原为儒士文人的读书场地,至南宋末期遂演变为三教之外诸色伎艺人编写话本、戏曲、曲艺之所,故理学家有"风俗便不好"之叹。书会里的编撰者被称为才人的,大多是出身下层的文人和民间艺人,以在勾栏、瓦舍编写话本、戏曲谋生。各书会之特点,举其大端,一为民间组织。二为它的主要任务就是编撰话本、戏曲、曲艺作品。三是书会成员诸称谓,有"先生""才人""名公""老郎"之分,这些不同称谓都是诸色伎艺人对编纂者的专称。四是书会成员出身较为复杂,有艺人,亦有下层文人,其社会政治地位比较微贱则是相同的。五是各书会成员活动场所在同一个勾栏瓦舍,混迹于诸色伎艺人之间彼此可以随时进行艺术交流。由此,由书会才人所编撰的作品,均打上民间集体创作的极其鲜明痕迹带有世代相传的显著烙印。书会作为中国戏曲史、小说史上处于承上启下的重要环节，其最大成就就是培育了大批文人戏曲和小说作家。

书会的大规模兴起，一则表现在年代上，主要为蒙元科举废止，各地儒士文人，尤其是汉族知识分子为谋求生计，不得不投身民间文学创作之时，以忧愤之情宣泄对蒙古统治阶级的强烈不满和激昂控诉，且主要集中在蒙古大军南下，战乱叠起至金、宋灭亡，元帝国真正统治这一阶段，前后历时约不到百年。二则表现在地域上。在划分域上，这里还有个年代衔接问题。首先在初期，蒙古与南宋大军激战胜负难分之际，杂剧率先在社会较为安定的北方兴起，大都、真定、平阳、东平等地相继成立了系列书会，白朴、马致远、关汉卿等杂剧界的响当当的作者们都是各书会会员。

郑光祖是否书会成员，可惜的是至今尚未发现任何只言片语的材料可佐证，因此后世后人不得而知。但从钟嗣成在《录鬼簿》载，时人尊称郑光祖为"郑老先生"一说中，可能为后人透露出若干信息。时人称书会人员有"先生"之称，由此或可判定郑光祖有可能是某个书会之一员。

不管郑光祖是不是当时书会中的一员，事实上对我们研究郑光祖已并不重要。杂剧作家也好，"郑老先生"也罢，郑光祖寓居杭州，他在有生之年尽展学识才华，悉心为后世后人创作出大量脍炙人口且流传后世的文学作品，足以证明他的价值所在。

如同任何一位有着远大梦想、开阔胸襟的创作者，由他们精心创作并在社会上引起一定反响，而且这个反响效果往往是在他们经受了无数次失败的打击、痛苦的熬煎，甚至对前途产生极度怀疑和迷茫之后猝不及防的状态下取得的，所谓"不鸣则已，一鸣则惊人"——生活的重负、挫折的磨炼已经让他们学会并极其熟练地掌握了以最成熟且最合适的态度来面对失败与成功，这个分寸他们拿捏得异常准确，也异常到位。冷静而不是亢奋，反思而不是狂热，亢奋与狂热完全会引发一系列无论在思想上还是创作上的目中无人，乃至灾难性的后果。这非是为文者的大忌，同样也是为人者的大忌。

不过,话返回来讲,对天下所有智者而言,面对失败与成功,两者的态度都无可非议地同步存在。区别就在于他的表现方式。凡世俗之人,由于其感性甚于理性,均会不约而同呈失控状态,一切喜怒哀乐都挂在脸上。而理性则完全相反,他的兴奋和狂热始终徘徊在内心深处,且经历极短,最终所有的情绪都会毫无例外地化作热度渐呈上升趋势的力量,目光毒辣地紧紧盯在前方新的目标上。

对于郑光祖而言,当他意识到自己已在杭州杂剧圈内崭露头角且小有斩获的时候,不可否认,他确实品咂到了成事成功者应有的甜蜜滋味。但需要提及的是,在甜蜜滋味的掩映之下分明有着一股让他既吃惊又坦然的莫名苦涩味道,两种味道交叉存在,竟然最终演变成一种让他既无可奈何又无力拒绝的茫茫失落之感。

郑光祖并没体验错,确实是一种巨大的失落。

失落,首先来自于深深烙于脑海之中也许这一生都不会忘却的那些来来往往走马灯似的既熟悉又陌生的身影上。在心底一直奉为雕像的白朴白仁甫老先生已消失在江南的青山绿水中,至今不知所终,唯留下一方飘飘摇摇的折角方巾在眼前或梦中不时晃悠,他的曲作,他的杂剧,郑光祖顺手即可拈来。名震北境的关汉卿、马致远等耳熟能详的前辈名家业已凋零殆尽,当年纵横驰骋的北方人去楼空,陷于骇人的沉寂。再观南方,南北剧作合调的第一人沈和完成了他的使命后,便退隐江湖,据传闻已在前些年病故在某个鲜外人知的山野茅舍。迷迷茫茫的雨幕中,富春江畔严子陵古钓台,寻隐者不遇,悼吊幽思,诉尽人世兴亡得失的钓鱼台山长宫天挺已黯然离开,佝偻苍老的背影缓缓消失在江南的烟雨中,踪迹全无,身后唯留隐隐约约的凄凉哭声。或许,那非是谢翱凭吊文天祥的号哭,而是富春江对宫天挺老先生极尽挽留的默默呜咽。曾经以满腔火热的激情,挥舞手中一支秃笔向世人描述了千古名城杭州繁盛时真实模样的周密老先生,或许穿行杭州城的街巷累了，就靠在一处小石桥上想喘口气歇歇脚，然后就沿着河岸的青石板路继续他的发现之旅，说不定在墨香犹存的《武林旧事》中还有后人难以揣测的新奇发现，老人家就在正午的阳光下稍稍眯了会儿眼。谁料，这一眯就再也没睁开。

一江而隔，无论南北，也许就在回首的那一刹那，彩幌飞舞、人声鼎沸、热闹非凡的场景说沉寂就沉寂了。街市依旧，舞台依旧，山水依旧，幽静无人的河道街巷如同笙歌散尽的空旷楼宇，静得阴森，静得怕人。

郑光祖陡觉大股寒气迎面袭来，浑身止不住打了数个寒噤，肩头身上莫名多了一副无可躲避的重担。

老先生们走好，该是我们这些后生晚辈站起来、做点事的时候了……

第十七章 一醉堪逍遥

汉人草芥　南人价驴
量斗海河　气卷江湖
嗜酒如命　梦醉若生

汉人草芥　南人价驴

杭州城在一派百业兴旺、歌舞升平中显现出江南西子特有的羞赧之色，一桩突如其来的血案以及由血案引发的大规模冲突震惊了全城。

血案的发生地就位于当时杭州城最为繁华西瓦的一处"游棚"内。

"游棚"由一家来自杭州府境下辖某县的人氏经营，主演皮影戏。话说那日"游棚"内准备上演一出西楚霸王垓下与汉军大战的戏目，此戏为州府一个署堂的达鲁花赤所亲点，达鲁花赤据说为来自西域的深目隆鼻的回族人。这位回族官员是去年才从大都朝内调来，属朝官外任官员。此人日常慈眉善眼，为人极是和气，并无其他署衙达鲁花赤的蛮横之气。点戏前两三日，出手豪绰，五贯定钱就送至"游棚"主家手里。看戏那天，回族官员大约喝了不少酒，兴致极高。

戏目演至西楚霸王项羽被汉军围于垓下，两军展开激战之时，具有万夫不当之勇的项羽与汉军将展开车轮大战。银幕上出现了一位汉军将领，先是与楚霸王项羽开始对骂。偏那汉军将领长相亦非汉人，被项羽当场责骂为"高鼻厮贼"。一言不合，三招之内手中长予立时将汉军将领扎于马上，当场毙命。

回族官员鼻孔里呼呼喘着粗气，胖墩墩的手指着银幕上倒地的"汉军将领"问"游棚"主家，"兀那汉将如何这般不经打，三两下就被项霸王杀了？"

"游棚"主家情知回族官员甚是喜欢项霸王，便有意奉承道："老爷，项霸王神勇无敌也，天下无人堪与匹敌，汉军哪里是他老人家的对手，就连从西域调过来数员悍将。喏，在项霸王手下，也不过三脚猫的工夫，自然也是个死！"

回族官员面无表情，鼻子里呼哧呼哧喷着冷气，"你是说，项霸王杀的是西域大将喽？"

"游棚"主家颇为得意道："回老爷，正是！"末了，又兴致勃勃地加了句，"莫说西域大将，就是天王老子来了，亦非霸王的对手。项羽，天下无敌也！"

"大胆！"回族官员蓦地拍案而起，脸上涌成了个血葫芦，"来人，给爷打死这个贱奴！"

一众军汉闻声而至，不由分说将愣在当地的"游棚"主家摁倒在地。

"爷，爷，这是咋的了，小人哪里冒犯了爷？"

达鲁花赤上去抡开了胳膊照"游棚"主家脸上就是三五巴掌，啪啪作响。主家脸上立时肿胀，热辣辣的鲜血顺着鼻腔咕咕往出冒。

"打，往死里打！"

不消片刻，众军汉虎狼般围将上来，拳打脚踢，棍棒相加，劈头盖脸往下砸。起初，"游棚"主家尚伏地痛嚎讨饶，主家婆娘闻讯连忙从幕后跑出来劝拉，亦被一同按倒在地。

前后不过盏茶工夫，"游棚"主家便被打得浑身皮开肉绽，没了声息。主家婆娘亦是伏地不起。

达鲁花赤一反昔日慈眉善目温和习气，冷眼旁观。末了，大袖一挥，率众人扬长而去。

围观百姓呼啦啦涌上来，从血泊中将两人扶起，已是一死一伤。

"这还了得也，光天化日之下，昏官凶恶至此，还有没有王法！"

"可怜主家，原不过想讨个油盐钱，谁料竟枉送了性命。唉！这世道……"

"你我南人于鞑子眼里，何异如猪狗也。"

"鞑子是人，南人也是人，都是娘胎里的命，岂有区分乎？"

"上府里告杀人贼去！"

"游棚"主家之死，迅速在西瓦一带掀起滔天大浪。半天之内，聚集达数百人之多，众人抬着主家的尸体浩浩荡荡地赶往州府衙门，要求署衙严惩杀人凶手。

须知，江南原属宋朝辖治内的汉家子民，对蒙古人怀有强烈的灭国仇恨，四等人制于他们而言，无异于一种公然羞辱。同为汉人，江南汉家与江北汉人无论在地域上还是心理上显然有着本质差别。黄河以北包括中原部分地区汉人原在金朝统治之下多年，在文化经济等各个领域事实上已潜移默化两下交融，换言之已经习惯了这种统治方式。上至庙堂下至平民百姓，无论蒙古还是原金朝，他们接受战乱及外族统治的难度显然比江南百姓较为容易一些。在短短的百余年间，王朝更迭在他们眼中已属平常，作为老百姓而言，天下者，天下人的天下也，谁人执掌权柄于他们而言那是上层的事，同他们无甚关联，老百姓所期望的不过是安稳太平的日子。这一点在南人眼里则不然，江南汉人受儒家思想"尊王攘夷"的深度影响，对北境蛮夷之族蒙古大军的入侵本身就带有发自内心的抵抗情绪，宋王朝的覆灭，在南人思想中根深蒂固的汉家天下陡然消失，国仇家恨至为强烈。更兼之蒙古统治天下，除了蒙古人本身的荒蛮与有着数千年之久的华夏文明根本无法匹配外，科举的废除以及四等人制的施行，江南汉人焉能服气！

淤积于江南汉人的怒火终于在此次事件中集中爆发。

杭州署衙门前昼夜人头攒动，周边瓦市闭门，商肆歇业，街沿空旷。

事实上，在当权者蒙古人和色目人（包括回族人）眼里，灭宋降服的江南汉人原就是下等贱民，欺凌之事至为寻常。江南百姓慑于当朝权柄，多敢怒不敢言。久而久之，强势者愈发目中无人，贫弱者愈发唯唯诺诺。各大衙署之内，达鲁花赤及诸官员们即使在酒席间亦是狂妄直言"南人贱性若猫犬之辈矣"。

署衙官员谁也没想到，一位下贱的"游棚"主家之死竟引起如此大规模骚乱。达鲁花赤至为狂怒，当即点起军马，准备一举平息乱局。亏得属下官员中有深明事理者，连忙上前予以阻止，并陈说利害。冷静下来后的达鲁花赤方才明白，若以暴力处置此事，必将血染杭州城，大量民众死伤。只怕由此激起更大的动荡，局势呈不可收拾之状。境内若发生如此重大的流血冲突事件，必然引起一直强调稳定的蒙古朝廷的震怒。朝廷一震怒，一个小小杭州署衙的达鲁花赤岂能有好日子过？训诫处分尚是小事，弄不好就得丢官。达鲁花赤不禁出了一身冷汗，连忙向精明的属下官员寻求对策……

时隔一日之后，署衙贴出公告，称当日达鲁花赤大人为酒后失手致人死亡，悔不当言，愿赔"游棚"主家一头驴价。

南人一命，值一头驴价！

愤怒的杭州市民当即筹钱，抬棺杭州府衙门展开规模更为庞大的抗议活动。

此次血案结局如何，已不重要。重要的是，据事后得知在前往杭州府抗议游行中，共收到各方资助银钱达两千贯之多。

郑光祖个人秘密资助了一百贯。而这一百贯钱，是郑光祖所创作杂剧《醉思乡王粲登楼》的全部收益。

筹款之事，全部来自民间自愿，且多为匿名所捐。郑光祖捐钱之事，直至两年之后在一家普普通通的文人聚会中，才无意中由他人之口传出。

那次聚会，虽为普通，实际上聚齐了当时杭州杂剧界在创作中已颇有名望的名家新秀。如同任何一次文人聚会一样，把酒论盏，高谈阔论，评判作品等程序是必不可少的。不过，那次聚会，并没有郑光祖。

但有一位杂剧新秀，在那次聚会中以睿智的应辩、犀利的文辞、慷慨激昂的情绪脱颖而出，感染了在座诸公。

此人，姓钟，名嗣成，小郑光祖十三岁。

郑光祖秘密捐款百贯之事，正是出自钟嗣成之口。

斗量海河　气卷江湖

钟嗣成酷爱饮酒。其嗜酒之热超乎郑光祖的想象，乃至在整个杭州剧作界，钟嗣成被公认酒量可"气卷江湖"。

郑光祖少年时期，其所居之地距闻名天下的汾酒之乡杏花村不过咫尺之遥。非是逢年过节，即便平常时日，村外汾河畔的官道上一年四季都有往返北境雁门关外大漠胡地与晋南河东解州盐池的商客马队，不绝于道。这些常年奔波在外的商客从盐池启运粗盐，然后沿汾河北上，行程总在三两个月之间，到达塞外与当地牧民交易羊毛裘皮及各种毛料烈酒，再转至内地销售。驼队多为太原府周围的商人，风餐露宿，风雨无阻，人人随行褡裢口袋饭食虽简,却必备杏花村的佳酿美酒。每月往返必有一两队驼马路过襄陵,村人们早已算准了日子。长长的商队驼客一到,襄陵城外汾河广阔的岸畔上必成热闹大市。村人们从商队中或捎或买,往往一大坛一大坛地将汾酒运回村落,再各家零购。

在郑光祖的记忆中,对酒的认识正是源于那时。村里男女老少在聚会客饭时,彼此间常有个习性,多是长者用筷子在盅里的白酒微微一蘸,便塞于那些尚在襁褓的幼童口里。想那幼童哪里识得苦辣滋味,吧嗒着嘴,嫩眉渐渐紧锁,肉脸渐渐绷直,终于哇地哭将开来。那一刻,反倒是众多长辈们极为盼望至久之事,便有人故意沉着眉目,作呵斥状:男子汉大丈夫,此生岂能不饮酒!

郑光祖对酒的依赖也正是由那根筷头上晶莹透亮的酒液开始的。不过,从小到大,他向来喜酒却不善酒。直到多年之后寓居杭州,文士们之间偶尔小聚,郑光祖总是浅尝辄止,最多不过五六两。一来喝酒极易陷入沉睡,动辄一日一夜不省人事;二来南酒入口虽比不得北境苍劲性烈,且绵柔润滑,但其后劲却让人始料不及。尤为重要的是,凡举酒沾酒,勿论量轻量重,郑光祖总会领略到"酒入愁肠、化作相思泪"的忧闷与无法倾诉之痛。尤其是在夜深人静之时,常常一醉归来,独自卧于床榻之上,那种隐隐的伤痛在酒力的翻涌中,让他有种不可抵御的荒凉凄楚之感,一床薄被掩头,大哭不止。

而在认识钟嗣成这位小兄弟之前,关于其善饮嗜酒直如命之说已不绝于耳。最具代表性的则是发生在钟嗣成身上的一则小故事。

据说某年隆冬,杭州普降瑞雪,寒风刺骨,天气奇冷。嗜酒如命的钟嗣成在夜里做了一个梦,梦里得了一大壶楚地上好佳酿,内心自是大喜,便一骨碌从被窝里赤条条爬出来,顾不得寒气袭身,将大坛酒置于炭火盆上,略略温热再喝。在温热的过程中,钟嗣成就整夜守在火盆旁,闻着渐渐浓郁的酒香快活地哼着曲儿。不想房梁上掉落大团雪,一下子将他的梦惊醒了。钟嗣成一跃而起,愣怔半响,突然连连击拍床栏,满腹懊恼,大声道:"老天,不该热也。早知如此,岂如冷着喝了它,也是痛快!"

不善饮却喜酒,实在是郑光祖至今无法疏解的矛盾之处。当年一次富春江严子陵钓鱼台远足之行,让他对隐士生活有了莫名的向往之情。不过,论隐实非时下流行的术士仙道之隐,而是避于俗世之外、流落江湖乡里的怡淡生活,诸如"不为五斗米折腰"的陶渊明,"付之瑟与琴"的刘伶。

世人皆醉,独醒岂如一生醉?当年自沉汨罗江的屈原虽有此慷然长叹,但在郑光祖看来,他并不认同。所谓世之皆醉,一醒孤处,四顾苍茫,实非立世之法,何异于重回混沌初开之蛮荒世界。醉,实非大窘,反倒不失为解脱避世之法。虽有苦痛,但世之诸事即是如此无可理喻,心痛之后往往是一种难言的大欢乐。

醉也醒也,得也失也,痛也乐也,郑光祖唯有苦苦一笑。

可惜柴桑太远,庐山云雾缭绕,实在难觅陶老其踪。但这条路无论如何也会走一趟,闻不得南山秋菊之清香,听不得飞瀑如练之壮阔,触不到柔草田畦之柴门,岂得五柳先生之熏陶也。

醉刘伶也好,刘伶醉也罢,郑光祖总算在一年前圆了这个梦。而触发寻找刘伶踪迹之想,跟那个奇异而不乏刺激的"醉"有着莫大关联。也正是从那时起,也说不清何种缘由,郑光祖对这种可以让人体验类似于超凡脱俗的,散发着脉脉清香的透明水状物有了某种疼怜之感。是的,非是他感,就是疼怜。他倏忽想起并逐渐明白,如此与开辟鸿蒙几乎同步产生的水酒,何以受到古往今来无数文人墨客的垂爱,并写下了同样无以数计品评鉴赏美酒佳酿的累累著述,且留下斗酒、写诗、作画、养生、宴会、饯行等酒神佳话,对文学艺术、工农业生产,乃至政治经济等各方面都有巨大影响。数千年华夏文明,酒几乎渗透到社会的各个领域。品饮之义,已非生理性消费,已非口腹之乐,事实上它已经成为某种文化符号,一种文化消费，用来显示一种礼仪、一种气氛、一种情趣、一种心境。尤其是酒与诗，其不解之缘，如同一对孪生兄弟。

郑光祖开始尝试着品酒，而不是喝酒。它时而炽热似火，冷酷如冰；时而缠绵如入梦萦，狠毒如恶魔；时而柔软如锦缎，锋利如钢刀。酒无处不在，力大无穷，酒可敬可泣，该杀该戮；它能让人超脱旷达，才华横溢，放浪无常。它能让人忘却尘世的一切痛苦忧愁和烦恼，并可在自由的时空中尽情翱翔。它也可让人肆行无忌，无所畏惧地沉沦到深渊的底层，让人丢掉一切尘世面具，回归本真。

酒，实是人间难得的尤物也。

既然是人间尤物，首先得学会赏。在郑光祖看来，得酒之真谛者，岂能脱开一个醉字？真正的醉字，非在形态，非在放纵，而在汲取精华，得其深邃。世上痴酒者多矣，醉酒者多也，独得酒之大意境者，刘伶也！

如若说创作是一种万金不可置换的自由，那么在创作的途中寻找，则是在目标明确走向明确道路上体味这种自由的苦砺，也是享受。

比如，寻找刘伶。

"泱漭望舒隐，黤黮玄夜阴。寒鸡思天曙，振翅吹长音。蚑蚋归丰草，枯叶散萧林。陈醴发悴颜，色歙畅真心。缊被终不晓，斯叹信难任。何以除斯叹，付之与瑟琴。长笛响中夕，闻此消胸襟。"

郑光祖背起一个酒葫芦，高声吟唱着刘伶的《北邙客舍》踏上了寻找刘伶的漫漫长途。

他相信，远方有酒有诗还有歌。

嗜酒如命　梦醉若生

遍观郑光祖存世仅有的几首小令套曲及杂剧中，或抒厌世情怀，或羡归隐之意，或迷恋伎艺，或鞭挞黑暗，或讴颂至纯至善，其字里行间运用了大量历史人文典故。站在郑光祖所处时代及个人环境的角度，依照常理，我们完全可以对他所选择的这些人文典故历史遗事做一番大略分类：一类是由广泛涉略史书文简获得，诸如伊尹、周公及三战吕布等；一类即可能完全是他仰慕声名，亲自走进广阔的天地，一步一步到实地考察凭吊所得，诸如严子陵垂钓七里滩、富春江、西湖、灵隐寺、柴桑陶渊明故地以及刘伶墓等。

举凡天下文人墨客，莫不将亲自走近所仰慕者曾生活过或长眠之地，憋紧呼吸深切感受那种仿佛来自咫尺之遥的亲近氛围，并与他们做一番相隔时空相隔地域的心灵恳谈视为其巨大而丰硕的精神收获。也正是在那个独一无二的氛围中，恳谈必定是诚挚的，交流必定是平和的。在苍茫的天穹之下，在万籁俱寂的秘境中，风云退却，世事遁隐，彼此之间甚至可以看到心里早已描绘了多次熟悉至久的面容。他们就像多年未见的知音，或隔一道浅浅的溪流，檀香袅袅，流水淙淙，不禁醉吟其间。那种醉，也许与饮尽天下佳酿毫无二致。

醉至尽头，便是身心空灵，天地无物，唯有无穷无尽的绵延不绝的诗性文章轻悠悠地款款而来。

郑光祖与刘伶就有过这般亲密无间的心灵恳谈。那种迷离恍惚之感，可能源于郑光祖的酒，也可能源于刘伶的醉，抑或兼而有之。

郑光祖走进位于峄州城刘伶墓地（今属山东峄县城东北刘耀村），时正值初秋时节，四野已略显萧瑟之色。刘伶名垂后世者，即是他的《酒德颂》。

皓月当空，星宿迷离，山风飒飒。郑光祖站在凌驾于半山的峻岩上，四肢伸展，一任时而疾烈迅猛时而鼓荡粗粝的劲风从身上掠过，那种说不出的惬意畅快决然是无法用言语可表述的。脚下刘伶河不时拍击在两岸陡立的岩壁上，声响轰然。对岸山野村落间某处从茅舍里透出隐隐约约的光影,在迷茫的视野中时而荧亮如豆,时而又散射出足以与当头明月媲美的夺目烈焰。幻觉也好想象也罢,实际上都不重要,重要的是郑光祖在这种虚实交织、明灭交织的状态中,当他微闭双目直面山河莽野从丹田之中积聚起的气流,一遍遍大声吟诵着刘伶的《酒德颂》时,分明闻到了一股柔腻轻滑的莫名酒香从遥远的黑暗苍穹中扑面而来。那种味道在接近唇角的刹那,犹如消融的冰雪抑或盛开的雨荷,由味而成为汽,由汽而成为水,更由水而成为一丝清凌凌的醇香玉液。吟诵后嗓喉必然干涩,由干涩引起的某种不适稍稍显现,立时被那股适时的醇香玉液覆没了掩盖了滋润了。如此往复,吟诵的声力非但没有半点减弱,反而吐出的每一个字,由其意而引发的感触衍生出了大大出乎意料的另一种滋味。这种滋味该怎么描述呢?郑光祖极为自信地认定,或者即是刘伶本人在做这篇文章时,亦未必体味过这种意境。

从汾酒之乡走出来的郑光祖,若干年之后站在数千里之遥以醉名垂后世的刘伶墓前,他倏忽发觉,刘伶够洒脱了,够不羁了,够狂妄了,但同时不得不承认,刘伶也够聪慧了。遍观史册,多少人因酒而累及了功业,累及了青春,甚至累及了生命。即便是那些将酒赋予了奇妙含义,焕发出同样奇妙的容颜和光彩,为后人后世留下足可耀映史简的名文名篇。但若细细想来,无数以酒为诗为文者,因酒而醉,借醉而大发感慨者,其意无不精确地最终指向了解愁释怀这个用滥了的题材上。人生于世,愁惑何其多也,想想吧,无数人或站在旷野上,或俯在案头边,或走在风沙四起的荒漠上,万调一词惆怅也孤独也落寞也,显得何其矫情做作。而当纵贯上下数千年的场景一旦同时出现,实已成人间罕有的滑稽。

酒则酒矣,醉者醉矣,酒入枯肠,涌出了万千的离情别恨,也同样造做出万千的扭捏姿态。姿态虽撩人,亦是让人尴尬,让人茫然,乃至让人恶心。

郑光祖清楚,天下文士真正之醉,非是为文为诗,而是一醉疏解千愁，一醉营造精神家园，一醉通达人生之巅。

郑光祖忽地心里大颤，他乍然悟到，刘伶当年那一杯酒里所蕴藏着多少绝妙的奇谋良策，蕴藏着多少耐解的智慧光芒，更蕴藏着多少常人无法想象的人生攻略。可以说，刘伶非但窥透勘破了是非、得失、荣辱，而且居然寻找到了实际上可适用于所有人身上的破解之法。他的醉本身就是一首诗，一个计谋，一部显露着狡黠意味的可名垂千古的大论篇。可惜的是，人们只看到了刘伶醉眼朦胧的迷糊，却没发觉迷糊之后那阵诡异而不失天真的笑。

又是一个连续数日，郑光祖就仰睡在光滑而清凉的刘伶石上，手执酒壶，渴了就饮，饮了就睡，睡醒再喝，数壶酒悉数干尽。随后，他干脆以清澈的河水灌于壶中，在他看来与刘伶一道，饮之入腹的都是酒。他已无法分辨酒水之味，显然那是毫无必要的也是毫无意义的。他所需要体验的是那种由酒而醉的飘逸洒脱，由醉而醒的淋漓舒畅，更需要那种不羁，那种忘却之后的至境至况。

世俗红尘，一切烦忧劳累，莫不在于了无意义的牵挂，真正的出世正在于利利索索的忘记。

朦朦胧胧中，郑光祖开始了自由自在的大剔除，与生命无关缠绕勾连的诸事诸人全部甩弃，与创作无关的亲朋故交现下想来多数不过是一面之缘的过客罢了，想他做甚记他做甚？耳畔唯留着一种如歌如咏如泣如诉如云如梦般的笙乐丝竹之声，清流般地轻击抚摸着他的肌肤他的心。这就够了，一生都够了。

倏忽，柔曼的歌声中，一袭红绿相间的舞者长袖挥洒，体态纤盈，从遥远的云端向他款款而来。

时而欢快时而柔缓的舞步中，郑光祖隐约看到了那张纵使睁大双眼仍然无法准确定位其轮廓的面容。那张面容何其熟悉，又何其陌生。目光似笑非笑似怨非怨似嗔非嗔，疏淡而黝黑的长长睫毛之下，秀目反射的光影中分明显现出如此一幕场景：

郑光祖从山岩上一跃而起，醉眼迷离，他的嘴巴大张，手臂前伸，他好似在声嘶力竭地呼喊着一个人的名字，却只见其形，不闻其音。

唯有月光缥缈，影影绰绰，松林婆娑，河水从山岩下清冽冽地流过，潺潺淙淙，叮叮咚咚……

第十八章　春暖墨痕香

西湖晴霁　知音何觅
御车郊原　舞剑尊席
将浊酒沽　破兴亡数

西湖晴霁　知音何觅

酒，以全新的面目悄然步入郑光祖的精神视野，那非是单纯的感官上的接触，而是直达内心的深层交融。与酒一起步入郑光祖生活的，还有钟嗣成。

钟嗣成走进郑光祖的生活，尚属第一人。之所以如此，并非前文所说的钟嗣成嗜酒如命，亦非郑光祖刘伶之醉而爱屋及乌。郑光祖对这位比自己小十余岁的后生在首次谋面之后就产生了突如其来的好感，实际上源于三大因素。

第一个因素，是钟嗣成的师承关系。两人相识之前，年轻的钟嗣成曾在杭州官学求学，师承邓文原、曹鉴、刘濩。其中，邓文原被时人称为"邓巴西"，擅行、草书，与赵孟頫、鲜于枢齐名，后人称为"元初三大书法家"。而除此三人之外，钟嗣成还有一位师长，就是沈和。郑光祖对这位首将南北诸宫调合套的先辈历来至为仰慕，且他与钟嗣成首次在一次小范围文士聚会中，话题自然论及杂剧创作，钟嗣成称沈和为其老师。论及师尊，年轻的钟嗣成所表现出的一种恭敬之意让郑光祖大起好感。第二个因素，即在聚会者中，钟嗣成年纪最小，同样喜好剧曲创作。但郑光祖发现，钟嗣成并未表现出任何与同龄人一样的慷慨激昂、意气风发之状，更不参与剧作家们之间的任何讨论，恍如幼塾学子，举止端庄，态度甚为认真。无论他人辩论何般激烈，钟嗣成总随身带着笔墨，一边聆听一边默默伏案做着某种记录。由此，引起了郑光祖极大关注。第三个因素，不能不谈到酒。钟嗣成虽为血气方刚后生，但在以善饮著称的文士圈子内，其酒量之大嗜酒之性让诸人不禁咋舌称羡不已。尤为关键的是，钟嗣成一旦三杯酒落肚，其表面上内敛之性骤然消失，仿佛换作了另一个人。每每话题涉及诸人作品，钟嗣成必能引吭高歌，其超乎寻常的记忆力让在座文士包括郑光祖喟叹不已。所吟唱之剧目曲作，非但无一处偏差，且能一一列出剧目曲作者、出处及简略事迹。郑光祖暗中为北瓦"游棚"受害者捐助钱财之事即在当时当场由钟嗣成在那次聚会上公之于众，诸人方恍然而悟。郑光祖所惊诧者，非是因此事所受到的仰崇之意，恰恰相反，这实非他的本愿，一旦公然示之，他反而有些不好意思起来。让他实在困惑不解的是，当初他暗中资助"游棚"受害主家钱财之事并无告知任何人，钟嗣成这位后生究竟从何得知？除此之外，还有一个重要因素，与郑光祖的乡谊亦是与故交孔文卿有关。大约就在那一年，孔文卿亦渡河南下来到杭州，人生地不熟，孔文卿遍寻郑光祖不着，处于举目无亲之地，偏又遭了贼劫，险些饿毙街头，套用后来孔文卿之言"险些一头扎进西湖，做一饿屈鬼也"。就在孔文卿走投无路之时，恰遇钟嗣成。由钟嗣成资助五十文钱，这才得以辗转寻了处落脚之地，在杭州城安顿下来。

由此，年轻的钟嗣成非是在郑光祖心中留下极为深刻的印象，而是对他产生了极强的好感。

是年初秋，郑光祖、孔文卿与钟嗣成三人结伴同游西湖。

西湖，对那时寓居杭州十余年的郑光祖而言早已熟悉不过。西湖实际上已成为他疏解郁闷、排泄忧烦、豁朗思路的精神后花园。他已记不清在这十余年来他的脚步丈量了西湖多少次，且多数是踽踽独行。在四野静寂的时节，稍稍屏紧呼吸，就可在微微荡漾的水波轻击岸畔的声响中，或目光集中于远处云雾中隐约在孤岛中心的某处石塔，或微闭双目，双手后负，以一种看上去漫不经心毫无方向感的方式沿着湖岸悠然散步。那时，散居在西湖周边村落的老百姓经常看到一位头扎灰色角巾、身穿青布长袍的中年汉子出现在西湖河畔。让他们惊诧不已的是，这位中年汉子多数情况下沿湖岸行走的距离并不长，沿着某段距离来回不住踱步。若逢绵绵细雨或漫天飞雪之时，中年汉子的散步距离则远不止于此，他会沿着西湖岸畔从风波亭一带由北向南逐渐消失在远处白堤茫茫的林木中。正当人们大惑不解之时，直到夕阳西下，晚霞万道彤红的光芒铺陈在一望无垠的湖面上时，身影突然从反方向的涌金门外又隐隐出现。

老天！这位中年汉子一天之内竟绕了西湖整整一圈。那时，消失了一天出现在人们视野之中的影子，或是浑身湿透，或是宛如天界神仙。

对西湖的雨雪，郑光祖内心里有一种说不出的灼烫和隐痛。那种灼烫和隐痛是无法言说的，也是藏在心底某处一根锋芒毕露的尖柄利刃，不经意就会闪耀着刺目的寒光，让他无法抑制得想落泪想滴血。这种感觉恰恰就出现在雨雾昏茫的霏霏细雨与四野凋敝漫天飞雪的银装素裹世界中，多少年了，郑光祖至为清楚，就在这样的时节，恰恰是那阵寒光出现之时。而寒光出现的地点非在他处，就在西湖沿岸长达六十余里的山道上。也恰恰是每逢雨雪之时，无论郑光祖在做什么，往往二话不说，哪怕置文思奔涌于不顾,也必然毫不顾忌地将笔置于案头,大步走进茫茫的雨雪世界,寻找那根寒光闪闪的针芒,寻找由针芒刺遍浑身的灼烫和隐痛,或者干脆不如说,那种灼烫和隐痛之后,包含着某种潜意识的温馨,甚至残忍的滋味。

长达六十里的西湖水,在郑光祖眼里,沿岸的沟沟坎坎非是一条令人生畏乃至生厌的崎岖道路,而是一条能洗涤心灵、思绪纷飞、自由豁达的圣洁旅程。即便是在这条旅程上,那阵灼烫感和隐痛感往往铺天盖地不期而至,可他非但毫无惧意,反留恋其中痴迷其中,甚至怀有某种类似于莫名的向往和期待。也正是这种亢奋带给他的,是凄楚后的沉思,落泪后的振奋。

但凡为文者,或缺的正是沉思与振奋。尽管这种代价对郑光祖而言是心态上的重重矛盾,直至由痛楚引发心境的大面积沉沦,常常欲哭无泪,又常常泪如雨下,又常常撕心裂肺!但是,他并不后悔这种异于他人的独处方式,亦同样不后悔如同自虐般的自讨苦吃。而恰恰在这种他人百思难解的苦旅中,郑光祖找到了一个清清爽爽完完整整的自己,抑或不如说,正是在这样的苦旅中,他不断收获着一种高贵的尊严。无论这种尊严的收获途径残忍也好狂妄也罢,每一次凄风苦雨后的长途跋涉,回到住处静静地躺在木榻上,仰望着黑蒙蒙的天空——他必须承认,那是他一天中最为舒爽的时刻。在那个时刻里,连日来在脑海里模糊不清如乱麻般的剧作思路蓦然启开了一道门,门外有耀眼的光影一跃而进。更为重要的是,也正是在漫天苦雨和飞雪中,他看到了那个魂牵梦萦的熟悉身影,闻到了一头秀发上飘逸的幽香,听到了空灵婉转的歌声。

苦旅结束的夜晚,郑光祖的睡梦都至为宽松至为舒坦,尽管每个梦都被汹涌的泪水浸泡,湿枕阴冷,木榻阴冷……

御车郊原　舞剑尊席

视角必须再次回到西湖。

郑光祖、孔文卿、钟嗣成三人相约的西湖之行，既无丝雨更无飞雪。初秋的西子湖满眼都是另一种萧瑟色调，远远近近桂树上，粉嫩嫩红黄相间的桂花在秋风中徐徐拂落。坚硬的青石板路上，阳光下泛着刺目光芒的土径，高大茂盛的林荫大道上方的半空里到处是纷纷扬扬的漫天花蕊，四野一片乳黄，香味弥散。

那次远足是郑光祖时隔十多年后与孔文卿的再度相逢，也是郑光祖与日后他的身世得以传之后世的撰作者钟嗣成的首次出游。他们出游的路线是出涌金门沿西湖由东向西，过风波亭上断桥，顺笔直的白堤一直到孤山岛。后从苏小小墓折而东南方向，沿同样笔直坚实的苏堤一路向东。这条路线与郑光祖独行漫步西湖的路径何其相似，几无分别。而这条路线并不是郑光祖提出来的，其始作俑者正是自诩为杭州土著的钟嗣成。

两大坛上好的西子佳酿，数盒预定的菜食，三个人向西子湖进发。

就在落满厚厚一层桂花香蕊的白堤之上，他们围聚在一处，以石为桌，履鞋一律脱得干干净净，腿脚浸在微显沁凉之意的西子湖里，一边开怀慢饮，一边畅谈。

年龄最小的钟嗣成原本沉默寡言，他立时担当起取食置酒的角色。郑光祖亦不为意，事实上他已经逐渐了解了这位看上去品性沉稳却极善察言观色的后生，而这一切不过是饮酒之前的表象。一旦饮酒，此人非但极善言辞且聪慧伶俐远在孔文卿之上。郑光祖注意到聚会时钟嗣成一反常态默默地做着某种笔记，边聆听边记录。郑光祖对他的异于常人之处深觉好奇。凭直觉，这个后生必然在做着一件在他看来极其重要的事。更让郑光祖颇觉有趣的是，即便是畅饮美酒之后血气上涌俨然换作另一个人，并且以全新的面目积极参与到高谈阔论之中，其谈吐得法，极善控制自己的情绪，无非是旁若无人的高调当场吟诵他喜欢的剧目套曲，而涉及他本人所做之事依然守口如瓶只字不提。

年轻的钟嗣成在郑光祖眼中愈发成了一个值得让他费力破解的有趣的谜。而这道谜的全部趣味就在于，郑光祖并不急于一睹谜底。世上很多事需要你去猜，你去自然地贴近，而不是目的性极强地长驱直入揭开那道隐藏着或许是个人秘密的盖子。真若那样，有趣便成了无趣，甚至成了无聊，破解就毫无意义。

诸如此次三人聚会，首提之人非郑光祖更非孔文卿，而是钟嗣成。

话题自然从孔文卿这些年的经历开始慢慢铺开。

事实上，郑光祖在时隔十多年之后第一次在异地见到孔文卿，从他脸上游离的沧桑就大致猜到这些年颠簸的坎坷经历。当年在襄陵黄崖村时的激情豪气已从稚嫩的脸上消褪得了无痕迹，取而代之的是刻满耐人寻味的故事。虽则无法得见，但郑光祖至为清楚，那种沧桑在自己脸上何尝又不是纹路毕显。一则源于自然风霜，任谁都无力阻止的自然趋势；二则从这些深深浅浅的沧桑刻痕中足以显现某种残忍的难以言说的味道。而更多的则是来源于岁月和尘世的双重磨砺，这些无法预测的磨砺即包括人生的凄风苦雨命运的百般挫折乃至足以杀人于无形的不尽羞辱。

一杯酒下肚，孔文卿叹了口气，打开了话匣子。

那次聚会的内容，尤其是与孔文卿那十余年来的人生经历息息相关的内容，勿论多年之后，事实上仅仅在半年之后郑光祖已然模糊难辨。唯剩一些残破的片段，正是靠这些斑斑驳驳的碎片，郑光祖才能够较为费力地将内容得以衔接，从而理顺并尽可能地还原：

孔文卿当年从平阳南下时，原本循着郑光祖的足迹汇入南下的大流中，在江南寻求一方可大展作为之地。毫不怀疑，十多年前，胸怀一腔年轻热血的孔文卿与郑光祖何其相似。那时,山清水秀的江南大地,是他们梦想中可任意施展拳脚的大舞台。

郑光祖在接到孔文卿即将南下的信时,孔文卿已在路上。谁料世事变幻无常实非人力可定,郑光祖站在江南的土地上苦苦等待,他甚至扳着指头数着这位少年挚友到达的日子,即便再慢,也断不会超过两个月。谁能想到,这一等足足等了十多年!

这十多年里,在这位昔日的少年挚友身上到底发生了什么?事实上无须过多猜测,郑光祖已完全能料想到,从他脸上密布的刻痕中就可以读出他所有的遭际。果不其然,当年孔文卿渡河南下到达大名时,原本坚定南下的信心发生了动摇。而造成其信心发生动摇的原因正是盛传在大名一带关于北境杂剧界各大行院才人作家们让人眼热的丰殷收入。其时,在大名各界,当初那些入仕无门、进退无路的儒士文人们虽丧失了入仕为官、光宗耀祖的资格,不得已才混入社会底层,与以往羞于为伍的行院勾栏歌伎们混迹一处。但是老天弄人何其不可料也,当真应了福祸相依之说,没想到却在他们曾经最看不起的行当里非但一展平生文才,取得了世所公认的不菲成就。更为让人不可思议的是,与名随之而来的是滚滚大利。古往今来,多少清高的文人雅士口里所谓的名利为粪土之说,不过是脸上的一块遮羞布罢了。孔文卿承认,他就属于此类。

在大名,孔文卿站在人生的十字路口,开始了艰难的思考。恰在此时,他听到了先期南下郑光祖在杭州府任路吏的消息,犹如当头一棒,对他形成了极大的刺激,反坚定了他放弃南下折而取道北上之心。同大多数人一样,在孔文卿看来,时人虽无科举入仕之途,而入官府为吏在眼中即是为官。回想自己一身穷困落魄,孔文卿更觉羞于见人,更无颜面见昔日好友,仰天长叹一声,掉头北上。

孔文卿一路辗转,先到达真定城,前后待了约两年有余。北上路途中,想象着前方杂剧日夜轮番上演热热闹闹的真定城几乎遍地都是白花花的银钱，凭自己一身才学和一手漂漂亮亮的行草，无须费多大心思精力，只要能创作出几部质量上乘的剧目，短则一年长则两三年，非但在北境有一方立足之地，且能挣得大笔银钱。也许三五年之后，就可腰缠万贯，然后揣着这些乡人几辈子都无缘得见的巨额银钱南下，在处处景色怡人的江南游山玩水，岂不快活惬意。耳畔甚至已听到远方重重叠叠的屋脊之后，四面有嘹亮的唱腔声传来，每一处瓦市勾栏里都有自己的剧作上演；睡梦中，他看到源源不断的银钱如流水般向他袭来，他禁不住哈哈大笑。

历来梦想何其完满美妙，现实冷漠残酷得骇人。两年多的真定寓居，孔文卿虽则精神饱满热情高涨确实埋头下足了苦功夫，经他精雕细琢创作出几部在他看来颇为满意的剧作，并满怀信心地走进各大瓦市勾栏，期望以一部作品即可登堂入室。岂料，他的作品非但没有得到行院班主的认可，甚至连人家的面也见不上。数日之内，他连奔数家，不是被拒之门外，就是一番热嘲冷讽。

真定碰了一鼻子灰后，孔文卿不死心，又北上大都。他认为，大都为人文荟萃之地，较之于一个小小的真定城，无论城市规模、瓦舍勾栏、歌楼伎馆，其数何止万千之计，出人头地的机会必定俯拾皆是。

大都与真定城并无二致。在真定只是被人拒之门外，而在皇皇朝廷脚下，孔文卿却遭受到一生都不堪回首的屈辱。他受尽了冷落白眼，甚至在一处瓦舍大门外招至当地蒙古无赖的羞辱毒打。

孔文卿一气之下，险些投了永定河。

走投无路之时，一位与他同样来自三晋太原府的老才人将他拉到僻静处，不无苦笑地对他伸出五根手指。慢慢闲聊中才得知，这位老才人当年和孔文卿一样，怀揣精心创作的剧本奔走了五年之久，却始终无法受到瓦市勾栏行院班主们的青睐。原因无他，杂剧盛行不假，可人家的眼睛盯得都是诸如关汉卿、白朴、马致远、王实甫等一班名家作品。余人皆不足观矣。

孔文卿欲哭无泪，为了生存，不得不放下所谓的文人尊严，先是在酒肆后厨内帮工，后在歌楼伎馆内打杂，领略尽了人情冷暖，感受尽了世态炎凉。

一眨眼，十余年恍如烟云掠过。

对于孔文卿的经历，郑光祖一点也不感到意外。人世原本沧桑至凶至险，事实上坎坷何其相似，曲折何其相似，磨难何其相似，人人都是从龌龊恶浊的泥塘子里摸爬滚打而出，提他做甚，喝酒！

郑光祖不想再延续这个艰难的话题，他之所以做认真聆听状，无非是希望这位昔年挚友有一个在朋友面前可以尽情倾诉尽情发泄的机会。人非自立自强，任谁也帮不上任何忙，唯一可做的就是说说听听罢了。

说完了，听完了，孔文卿心情大好。

心情大好的孔文卿脸上隐隐湿润，他仰脖干尽杯中酒，道："德辉兄，小弟这次从大都南下，你猜带来个甚好消息？"

一直沉默不语的钟嗣成突地嘿嘿一笑，道："孔兄所指，莫非朝廷科考有望重启之事乎！"

将浊酒沽　破兴亡数

关于科考废启之事。

前文早已提及，杂剧率先在北境兴盛、北剧南迁以及南北剧合套，最终成为中国古典戏剧的雏形，在随后近千年的不断发展创新过程中，最终定型为现下流传甚广的现代戏曲，无数沦落民间融入社会最底层的儒士文人可谓功不可没。而形成这种史所罕见的高雅与俗世阶层大融和趋势的深因，就在于科考之废。

科举制，又称科举、科举制度，为中国古代通过考试选拔官吏之制。

起始于隋朝（一说为唐初），至清光绪三十一年（1905）举行最后一科进士考试止，前后历经一千三百余年。

科举最早萌发于南北朝时期，真正成型则在是唐代。

蒙古皇帝窝阔台九年（1237），诏中原诸路以论、经义、辞赋三种考试儒生，诸路考试，均于次年（戊戌年）举行，故称戊戌选试。自金朝灭亡，北方停科，迄于元代中叶元仁宗皇庆二年（1313）复科，科举取士制度在蒙元政权下停废了长达八十年之久，是科举制度推行一千三百余年间停废最久的时期。

事实上，在这八十余年之间，在蒙元朝廷内部，关于科举复科的呼声和争论一直没有消失过。

巧合的是，就在郑光祖出生之年，即至元初年（1264），《元史·选举志》中载："世祖至元初年，有旨命丞相史天泽条具当行大事，尝及科举，而未果行。四年（1267）九月，翰林学士承旨王鹗等，请行选举法，远述周制，次及汉、隋、唐取士科目，近举辽、金选举用人，与本朝太宗得人之效。"

至元二十一年（1284）九月，丞相火鲁火孙与留梦炎等上书："皆以为天下习儒者少，而由刀笔吏得官者多。"皇帝准其奏，"继而许衡亦议学校科举之法，罢诗赋，重经学，定为新制。事虽未及行，而选举之制已立"。

三十一年后，即延祐二年（1315），科举正式复科。

关于科举复科之事虽为后话，但实际上距郑光祖在西湖岸边首次听到从孔文卿透露出来的消息之前后已不足十年。

十余年的漂泊无定、颠沛流离的困窘生活虽已将孔文卿的英年锐气磨耗得消失殆尽，年华似水，青春不再，但是当他猛然才想起来并迫不及待地大声说出这则消息时，一直沉浸在对少年知音的磨难经历和自己同样跌宕起伏人生与其说充满无尽哀伤倒不如说感慨世事无常的郑光祖倏地犹如被凌空浇落大盆冰水，震惊了。当然，郑光祖的震惊并非来自孔文卿所说的那则真假难辨的传闻，而是孔文卿前后陡然判若两人的神态：原有的落魄卑微瞬间消失，代之而来的则是似曾相识的轩昂之气，像极了十多年前襄陵县那位蓬勃风发的少年，像极了十多年前在龙澍峪黄崖村外大闹戏园子的青春斗士，像极了十多年前在波涛汹涌的汾河岸边对着无尽苍穹大声疾呼的热血儿郎。

但让郑光祖极为沮丧的是，当年的少年知音好不容易找到了，自己的内心沉闷压抑之惑非但没有强势反弹回归平静，反觉得愈发向深不见底的某处深渊沉沦！

孔文卿兴奋地端杯大饮，憔悴的面容焕发出跃动的色彩。清酒佳酿一入口，可清晰地看到喉结上下快活地耸动，犹如草原上飞驰的马蹄。又是满满一大杯下肚，孔文卿兴奋地抹抹嘴唇，当他抬头时，蓦地愣住了。

郑光祖目光炯炯地看着他，脸上搜索不到半点或喜或忧的表情，额头上的细微皱纹显得老练而处变不惊。偶或，他的唇角浮起不易察觉的一丝笑意，但稍纵即逝。

"来，咱们喝酒！"郑光祖端杯心平气静地示意两人，"西湖之秋，醉人者非在其山水天光，而在其萧瑟苍凉之美景佳境也。"

孔文卿有一种毫无来由的不知所措之感，数次欲言又止。回头见年轻的钟嗣成诡异地对他一笑，不言声端起大杯犹如饮水，仰脖干净，大声道："德辉兄，文卿兄，兄弟为两位哥哥吟一首曲子如何？"

"好，好！"孔文卿即时响应，鼓掌而起。

钟嗣成面容庄重，对着一汪无尽碧水，大声道："门前五柳江侵路，庄儿紧靠白苹渡。除彭泽县令无心做，渊明老子达时务。频将浊酒沽，识破兴亡数，醉时节笑捻着黄花去。雨余梨雪开香玉，风和柳线摇新绿。日融桃锦堆红树，烟迷苔色铺青褥。王维旧画图，杜甫新诗句。怎相逢不饮空归去。金谷园那得三生富，铁门限柱作千年妒。汨罗江空把三闾污，北邙山谁是千钟禄？想应陶令杯，不到刘伶墓。怎相逢不饮空归去。"

孔文卿边听边慢慢品咂，道："好一派寄酒诗酒、旷达脱世之作，功名利禄原是尘世粪土，好胸襟也！钟家兄弟，敢问此曲出自何人之手？"

钟嗣成又是一杯进肚，倏地哈哈大笑道："实不相瞒孔兄，此曲作者远在天边，近在眼前！"

第十九章 殊途可同归

俗世俗事　人生人性
君子淡亲　小人甘绝
士林火花　文坛光彩

俗世俗事　人生人性

时光与经历所蕴藏的力量其不可思议之处就在于，它非但能磨耗掉尘世所有的锋芒棱角，而且能熄灭狂热奔腾的火焰，平息轰响滔天的骇浪，更为关键的是，这种力量诡异而隐秘，且不动声色。

由新奇到痴恋，由痴恋到困惑，由困惑到愤恨，再由愤恨到静如止水，一切都猝不及防。蓦然回首时，一切都面目全非。抑或有某种将这个秩序颠倒逆流而上的心思，却又发觉比登天还难，包括人世的态度和彼此之间的情义。

对于时近不惑之年的郑光祖，当时因其数部作品在杭州城各大瓦市勾栏及酒肆歌楼的传唱，已渐有名气。但这种在数年前昼夜莫不渴慕的愿景一旦达成，郑光祖似乎并没有感觉到如期而至的欣慰与满足，反而在稍纵即逝的莫名亢奋之后遂生味同嚼蜡之感。眼前复归迷茫，这种迷茫的意味与最初的迷茫在表象的感触上似乎如出一辙，实际上却截然相反。最初的迷茫是一种对前途未来对脚下走向的强烈不确定，说到底是一种无从着手更无从施力的来自于内心深处的痛苦；而声名渐起的迷茫，则是骤然如同站在某处已跃出地面若干高度的台阶之上，由自己的本身包括创作，所产生的莫名压力所致，如此压力用现代的话语可以解释为一种自我审视或者自甘重负。这种迷茫的覆盖面是大范围、多角度的，除了一如既往的作品创作之外，还有俗世俗事、人生人性。

　　需要一段不长不短的时间来加以过滤，过滤之后即是毫不吝啬的舍繁就简大动干戈，否则，心就会迷失在荒漠之中无法自拔。妥善解决之法，就在分层梳理，就在运用取舍。

　　事实上，这个过程并不复杂，郑光祖迅速将目光锁定在三个方面，他需要在这三个方面真真切切地看到自己的态度，并解读自己的态度。

　　第一，就是科考制复科之事。若说孔文卿所言大都朝内关于科考的内部消息在郑光祖内心没有引起丝毫波澜的话，显然不合实际。但那种波澜应该说是在心理和年龄割裂的某个环节上所引起的。换言之，陡然听到这则不亚于一声重雷的信息时，郑光祖的记忆之门豁然洞开，迅即回到二十年前那个春日午后，在襄陵院落里满天杏蕊下的读书习字时代。无须怀疑，那个少年必定会欢呼雀跃，必定会热血喷涌，必定会萌生寒窗苦读、光宗耀祖的慷慨大誓。事实上，誓言并不可笑。郑光祖欣赏那个少年，同样也欣赏那个时代。可惜的是，那个少年和那个时代业已成一去不复返的烟云，已经成了根本不存在的过往。烟云和过往都与如今的郑光祖毫不相干，科考的废除与复科都是别人的事，都是类似于二十年前那个青春少年的事。特别值得一提的是，郑光祖所表现出来无动于衷乃至冷漠的态度，还有两大因素。一则是在路吏数年的经历中，他尝遍了来自官府上下被鄙弃被羞辱的味道，他早已由恨生厌，直至由厌而彻底遗忘。二则即便科考复科之事在未来的某一天成为事实，那也是对饱读诗书的儒士而言。郑光祖亦不得不承认，多年来为生计奔波为创作而求存，出入各大瓦市行院，通身上下所有精力和所谓的才识都倾注在杂剧创作之上。换言之，承认也好不承认也罢，他自觉已沾染了浓浓的铜臭气，已非儒生。世人眼中的文人清高历来与铜臭并不矛盾，那些流行于世的文人不遗余力地自我标榜本身就是一种近乎病态的掩盖，就是一种彻头彻尾的虚伪。科考乎，龙门乎，光耀门庭乎，归根结底，无非是期望获宽裕的生活、丰殷可观的收入以及人前人后的尊荣罢了。实言讲，郑光祖并不避讳钱财，他需要稳定的生居，需要厚重的资财，由此方有自由的创作基础。很难想象，一个穷困潦倒濒于末路者，再有才华再有志向，能创作出甚作品。应该说，郑光祖在南下十多年来，当年的困窘已成历史，他坚信并预感到通过不断努力，他会过上真正意义上的自由自在的生活。人生所贵者，自由也。创作的自由精神的自由，两者兼有，何乐之事也。由此，科考复不复，于他而言已毫无意义。

第二，是故友情谊的感触。平心而论，这个话题未免有些残酷，一旦扯开，有可能是对历来传统人情事故的彻底颠覆，但又不得不冷静面对。这个话题的产生，应该说完全来自于时隔十多年之后，也是郑光祖苦苦等待十多年之后蓦然出现的孔文卿。孔文卿作为郑光祖少年时代，在完全纯真情怀基础上建起来的情谊，与这些年同样深深根存在心底深处这辈子都抹不掉的影子一样，郑光祖承认，情也好人也罢，多年来已成为精神世界的一道软肋，也是一道坚硬厚实的盔甲。西子湖畔的聚会，就在当时当地，郑光祖甚至产生过一种莫名其妙的假设，如若谈及科考有可能复科的话题非出自孔文卿之口，而是他人，且表现出亢奋之情，郑光祖将毫不迟疑地将这种情绪归之为浅薄之类，并毫不客气地将其从认识的范围内大力剔除。在郑光祖看来，人生并非完整意义上的一条笔直大道，而是由若干截看似无隙衔接实则完全割裂的片段组合而成。在这些片段之内，需要做出什么样的取舍抉择事实上都有一个合乎现实合乎人心合乎品性道义的规则。比如，在最初的接近真正人生世俗大流的片段上，在情谊的关系上，就需要大量的积累和获取，人人概莫能外，这完全取决于人性本真的欲求。而在其后的某个片段之后，即如郑光祖目下所处之时，则是截然相反的处理方式，此时需要的是大刀阔斧的削减，而非积累和获取。以渐近不惑之年为界限，一个至为浅显且残酷的道理应该明白：当初几乎不加任何过滤统统揽于生活范围之内的人和事绝大多数都毫无意义。绝大多数人，无论亲疏都是过客。至于事，更是不屑一提，多少如重石般压在心里纠缠不清撕扯不开，并由此生发的种种苦不堪言的烦恼，也许一觉之后，就豁然清楚，原都是不足惜的身外之事。所谓烦恼者，唯人自招也。与孔文卿的异地相逢，触发了郑光祖对于人间情谊庄重的思考。退一步讲，郑光祖仍然毫不避讳地认清一个事实，并同样做了一个假设：如若没有两人的异地重逢，那么无论在他还是在孔文卿眼里，彼此在经历了少年时代那个非常值得留恋和品位的片段之后，他们从此也许直到生命终点，也都是过客。好在，孔文卿出现了，在几乎丧失了这种可能性后的突然相逢，郑光祖有种想伏案痛哭的冲动。这种情谊在断裂了十余之后再度续接，毫无疑问，必将朝着愈发深厚的方向发展。事实证明，他们不是擦肩而过的过客，乃是上天的特意布置。于是，郑光祖不动声色地帮助孔文卿解决了在杭州城的立身难题。上苍造弄人何其温馨又何其残酷也，郑光祖期待着另一个设置场景的来临，他想象着，或许在西子湖畔，或许在钱塘江的短墙之后，抑或在残雪皑皑的断桥之后。

  第三，对新朋情谊的感触。十多年的杭州寓居生活，郑光祖实际上已同杭州土著无异。无论在当初"路吏"职位上的生活圈还是此后"混迹勾栏"悉心创作杂剧这一更为广阔的社会交往层，郑光祖因各种原因认识并结交的人当不在少数，且大部分属杂剧创作这个圈子里的。而在身边旧识包括孔文卿在内看来，在杭州城渐有声名的郑光祖并非他们想象的那样身边朋交云集热闹非凡，郑光祖显得极其另类，甚至孤独。事实上，这种来自周遭大惑不解的态度郑光祖早已知晓，他的态度是不点破也不解释。不乏通晓尘世俗理的精明聪慧之士，他们一眼就窥破了郑光祖的生存之道交友之道：这恰恰是郑光祖行世成熟的独到之处。所谓朋交之谊者，莫不建立在一个有交集或利益相关的平台之上。平台决定着个人身份，而不是相反。一旦这个平台消失，个人的身份由此转变，相应的圈子必然发生改变。这就不难解释，郑光祖离开"路吏"一职时，立时从那个圈子中脱身，通往昔日圈子的渠道立时自行封闭。事实证明，曾经所谓亲热的朋交到头来都是过客，甚至完全陌路。同样在杂剧创作的圈子中，郑光祖的处世方式和态度同样让常人难以理喻，他同所有人的交往，即便是自认为志同道合者，首先必须保持在一定距离之外。如此一来，郑光祖反而更具有了一种交往相处的主动性，这种可主动择人择情择谊率性而交方式的重要意义就在于，避免陷入规模庞大、头绪繁杂、纠绕不清的无谓应酬中虚度时光空耗青春直至浪费生命！

可以大踏步地退却，同样也可以大踏步地前进。比如，郑光祖在钟嗣成的身上看到一束异于他人的光芒。

这种光芒来自于他对社会、对生命、对他挚爱文学创作的谨慎和敬畏。

君子淡亲　小人甘绝

未见其人，先闻其声。

前文已提及，郑光祖私底下秘密资助他人，正是由钟嗣成在某次文士聚会上公然爆出。那时，两人之间尚是路人。

此事传至郑光祖耳内，他默默记住了钟嗣成这三个字。两人第一次谋面同样也是在一次小范围的文士聚会上，席角边缘角落里一位后生引起了郑光祖的注意。与席间高谈阔论形成极大反差的是，后生不时在手中的便条上默默记载。其后便知，此后生正是钟嗣成。尤为让郑光祖抛却年龄与经历等界限将钟嗣成引为心灵知己，源于某次酒后钟嗣成一反沉默寡言之态，神态严肃，言辞犀利，针对朋交引发的大论。

印象中，钟嗣成在那次小范围的聚宴上展示了超凡的酒量，一人当在一坛之上，却无半点醉态。

"天下人所谓的朋交者，不过以势交也，以利交也。势倾则交情绝，利穷则交情散也。老庄子云，君子之交淡若水，小人之交甘若醴；君子淡以亲，小人甘以绝。彼无故以合者，则无故以离。诸如这日日可见酒席肉宴，何其多也；杯盏交错，谈笑无间，何其融洽，让人称羡也。"这话里意味浓厚，听来极为刺耳，钟嗣成毫不在意，抱坛即是大口豪饮。饮毕，大声道，"君子先择而后交，小人先交而后择。故君子寡忧，君子与君子以同道为期，小人与小人同利为友。故古人云：道义相砥，过失相规，畏友也；缓急可共，死生可托，密友也；甘言如饴，游征逐，昵友也；和则相攘，患则相倾，贼友也。在下虽是后生晚辈，才疏学浅，当不得这场面上放肆狂言，非他，实见不得虚言伪善，误人子弟也。天下可谓真正朋交者，纵在座诸公寿比南山者，平心而论，倾其一生可堪倾诉相托者，有屈指可数之数没！"

座中诸人皆惊，一位长须老者霍地起身，怒喝道："放肆，后生一派胡言。如你所说，莫非我等都是酒肉之交势利之交乎！"

钟嗣成面无惧色，反哈哈大笑，紧盯着那位老者，"这位前辈，何谓酒肉之交势利之交，拍拍你的胸口扪心自问即可。一部剧作，莫不是作者呕心沥血所著。可惜的是，天下就有那种忘恩负义之徒，欺世盗名之辈，居然面不红心不跳、无廉无耻剽窃他人之作,据为己有,到处宣扬,不惜以攻为守,陷害曾经无私资助过他,并将他视为知己之人。好大友情也,势前利前,尚如一堆粪团乎!"

老者冷冷道:"后生晚辈,你在指着桑怕是骂着槐。说出来,老夫倒想领教领教。"

钟嗣成嘿嘿一笑,又是大干一碗,语调平缓,却一字一顿道:"前辈,尚记得八年前临安城外五道庙两碗粥饭百文钱乎?尚记得四年前迎和楼台前当场索要百两纹银一事乎?尚记得两年前西子湖畔连天的挽幛乎?老天爷睁着眼,它断然看不瞎一个人!"

老者陡然脸上红一阵紫一阵,身体摇晃着几欲跌倒,强自站稳,颤声道:"你是沈和甫何人?"

钟嗣成理也不理他,道:"在下是何人无足轻重也,前辈是何人无足轻重也,至于在下与沈和甫是甚关系亦无足轻重。在下只记得,但凡为人,欲要知人必先自知,这个道理怕是无人不晓。人之于世,必得立足方为人也,立足者唯信也义也德也,古人云滴水之恩唯涌泉为报亦难表感恩之心。可偏偏就有那么些无感恩更无廉耻之徒,不思报恩报德,却如披了羊皮的野兽,吃了他娘的奶不思报答反咬他娘的奶头,当那彻头彻尾的忘恩负义勿论为人即是为兽亦是不齿的无耻之人。在下说错一个字吗?"

话音刚落,那老者蓦地将酒杯往桌上一墩,头也不抬,也看不清脸色,撂了句,"伶牙俐齿,后生可畏也,老夫领教了。"

说罢,回身急走,却结结实实撞在门框上,咚地震响,仰尘上刷啦啦地掉落大片飞土。土雾散尽,老者亦不见终影。

有人趴在窗边指着闷头飞奔的老者,大声道:"沈老前辈当年救助的就是他啊?"

有人破口大骂道:"真真解气。当年沈老前辈病卧在榻又不能理事,此人居然搬出官家后台,同沈老前辈争两部剧作的报酬,据说为了五十两银子与沈前辈曾对簿公堂。沈老前辈原是被此事活活气倒的，万没想到他竟是当年沈老前辈从临安城外五道庙施舍救助的人，知恩不图报，小人都不齿为伍！"

"这老家伙，看他日后还敢在杭州城露面，破鞋片烂泥坨子怕也劈头盖脸砸死他了！"

"嘿嘿，我早就看出这老杂毛不是个好东西！"

"杭州城内，明日多一只过街老鼠罢了。休要提如此无耻之徒，扫了大家的酒兴！"

众人所说实为数年前发生在沈和甫与他人之间一桩因剧作分成收入的公案，在杂剧界私下传得沸沸扬扬，郑光祖亦略知一二。此事始终让人摸不着头脑的是，沈和甫卧病在床，至死都没有对他人提及此事更没有说出对手是谁，他在生命的最后时刻都在试图保全那位他曾救助过并在其落魄之时一直以师尊相称恭顺有加，一朝立稳脚跟为几十两银子便翻脸者的颜面。或许正如钟嗣成所言，孰对孰错，孰是孰非已无足轻重，沈老前辈已驾鹤西去，阴阳两隔。事实上这些年来，人们私底下虽早已猜测出沈老前辈这些年来不遗余力提携反在晚年遭其负义一击者的身份。但是，毕竟这是私底下的传闻，即便明知道与你邻座之人便是，却依然谈笑风生，杯来盏往，谁也不会点破。无利害之争，同处一席之上，人都是人。

岂料，人前木讷寡言、年轻气盛的钟嗣成公然捅破了这层窗户纸。一时群情激愤，指责声、痛骂声、不屑声此起彼伏，多少先知先觉事后诸葛孔明之辈纷纷登台亮相。

郑光祖微微一笑，此情此景见识多矣。都是芸芸众生，靠一颜之面苟延存活于世，纵有些合情不合理的小聪明小把戏，只要未逾越法规德行之界限，大可不必较真。

钟嗣成一番慷慨激昂无所畏惧的痛快陈辞，直接将一位厚颜无耻之徒剥得赤条条，其勇气其胆力非但没有让郑光祖产生任何诸如其他人不易察觉的莫名畏惧乃至隐隐的厌恶之意，反倒让他陡生莫名的敬崇之意：当真不怕虎的初生牛犊也！

郑光祖的这种敬崇之意是真实的，是完完全全发自内心的。在他看来，事实上那时的钟嗣成已非一位别人私底下嘲弄的"欠火候"的愣头小子，恰恰相反，同钟嗣成日常稳重冷静的城府相形之下，钟嗣成此番公然发作，痛陈别人心中不敢言说之辞，一来不排除为他的老师沈和甫鸣不平之意，二来则足显其公道正直、大义凛然之气。而恰恰是这股无所畏惧的凛然之气，正是对杂剧才人之间自视清高、道貌岸然，表面上恭敬有加，背地里却狰狞相对，恨不得置对方于死地而后快的虚伪做派以沉重一击。

当然，更为让郑光祖敬重且好奇心日益增强的是，他有一种强烈的预感，在这位年轻的一身正气的后生身上，分明还隐藏着他至今还未窥破的秘密。

这个秘密，让郑光祖越想越兴奋，越想越滋味浓郁，越想越无法抵挡。

郑光祖相信，同钟嗣成的忘年之谊，他交定了。

士林火花　文坛光彩

习惯也好，个人癖好也罢，年轻的钟嗣成在西湖之游后，与郑光祖的交往与相处亦同样日趋频繁密切。首先，作为有着共同志向情趣的为文者，这种行动与心理上的相互贴近自然有着内在的原因。北剧大批南下，地处原南宋地域上因为战争的破坏，一度沉寂甚至面临"消亡"状态的文学艺术创作一夜间焕发出勃勃生机。北剧的规模化引入同时也催生了大量南剧本土作家及作品的兴起。无论本土成长起来的钟嗣成还是早期南下的郑光祖，他们在经历了"入仕无门""报国无路"乃至壮志难酬短暂的颓废期之后，迅速在心理上做出调整，面对关闭的一扇门立时寻找另一扇窗。窗外的世界，原来如此广阔而博大，凭才智和学识大有可为之地、可为之处。对实践个人价值的传统之路失去最后的希望，他们几乎不约而同掉头转向社会底层，贴近百姓生活，投入到无论对当时还是后世意义更为非凡影响更为深远的创作之路。

  事实上，这条路才是适合儒士文人实际的发展之路创新之路乃至生存之路。从这个意义上稍做剖析，人们不难发现，儒士文人本身外柔内刚的行为特性和心理特性、广阔的人生视野以及卓越而厚实的学识财富，也只有在这条路上才能得以更为自由的施展。置身其间，身为儒士文人的郑光祖与钟嗣成等人莫不感触到那种无比舒畅无比痛快无羁无绊的心灵大释放，这是在充满凶险和荣辱莫测、生死莫测、无论言语还是行动都大受禁锢的仕途上混迹者难以想象的。

  历史似乎从来都不会抛弃这些志向远大、信念笃定、毅力坚韧的知识分子。在他们面前，总会出现"山重水复疑无路、柳暗花明又一村"的戏剧性变化，也恰恰是这种变化，为他们指向一条通往全新世界的坦途，而且往往为后人后世创立起一通任谁都难仰其项背的学术丰碑。

  这通丰碑，皇皇巍立，万古难配。

  也正是这通丰碑，让广大儒士文人们莫不以将满腔心血和才识潜心创作出来的作品与自己的名字永远镌刻于上为荣。对这种荣耀的心理趋向和不懈追求，实际上已远甚于对生存过程本身的权衡和规划，所谓不自由毋宁死；自由者，志向也，追求也。

  那时，年轻的钟嗣成心里，正是将这种荣耀视为人生的远大理想。在杭州杂剧界已颇具名望的郑光祖已成为初涉文坛的钟嗣成文学创作的师尊和前辈。而愈发让他暗自窃喜不已的是，他在数次杭州文人或以书会名义或以个人团体名义大大小小的聚会中，习惯于以旁观者的角度观察整个文坛动向。钟嗣成发现，席间那些或围绕杂剧作品或围绕个体作者等话题，往往高谈阔论、指点评判、莫名激愤者大多是些不可一世的狂士。他们口无遮拦、面无愧色、毫不留情地指点江山，激昂文字，大言不惭地俨然以文坛尊老之辈自居。而恰恰是那些作品深入人心、作者大受尊崇、在杂剧界已做出非凡之举的资深前辈却一反常态，他们沉默泰然，他们远避尘嚣，他们自我隐遁，他们以一种完全出世的冷清态度却又在某种程度上显现着积极的入世的火热态度。他们间或而出的作品，既宣告着这种态度，也同样宣告着这种存在。

比如，郑光祖之辈。

钟嗣成终"亦不屑就"，其态度和做派与初为"杭州路吏"的郑光祖同出一辙。钟嗣成一生的志向亦在杂剧创作上，那时他心里至为敬佩的名家有两位：一位即是业已仙逝的沈和甫，另一位正是郑光祖。

关于杂剧创作，拥有相同的志向者可谓多矣，而情趣相同、性格相近者则较为鲜见。钟嗣成心里暗自庆幸不已之处恰在于此。与其说他隐隐感觉到在郑光祖的身上看到了自己的影子，倒不如说在自己的身上影影绰绰地印证着郑光祖的影子。这个足以让他震撼不已、兴奋不已，同时又庆幸不已的重大发现从某种程度上使得他愈来愈难以抑制地将自己同沉默不语的郑光祖做着比对。在他看来，累次聚会中，郑光祖所表现出的沉默和旁观之态莫不显示着他内在的沉稳和低调，平和且谦逊的文化品格莫不隐约彰示着如他的字号一样耀眼的德行光辉。钟嗣成的迷恋和敬仰由此日益剧增。

年轻的钟嗣成之所以有意识地积极向郑光祖靠拢，除了以上因素之外，事实上在他内心还有一个在憋屈至久终能得释的、与文学创作有着极大关系的不解之惑。让钟嗣成始料不及的是，表面上沉寂寡言的郑光祖的眼光实际上在他身上早已盯注多时，同样正存在向他靠拢的趋势。

这种双向的一致选择和共同的由于艺术产生的强烈吸附力必然会产生一个有趣的现象，诸如互生爱慕之情的饮食男女，在起初彼此间毫不知情的情况下，或许由于一个眼神，一个微笑，一句若有若无的言辞，在某个完全成熟的时刻，定然会绽放出奇异的光彩，并最终迸发出耀眼的火花。

光彩和火花与名望无关，与年龄无关，更与创作本身无关，而是人格内心的偶然碰撞所引发的诱惑力。

当那个历史性的契机真正到了瓜熟蒂落之际，两位杂剧界的伟大人物自然会有一番让后世后人称羡不已、仰慕不已、赞叹不已的亲密接触。曾经同为江浙省官府之"吏"，后殊途同归的一南一北，一老一少，当两双大手紧紧握在一起的时候，两个规模庞大的话题由此而生，两座日后称雄蒙元杂剧文坛同样至伟至大的碑铭已在悄然镌雕。

这两个话题与两座"碑铭"，形式虽有着某种差异，但其意义却有着深深的骨肉关联。

一个是由后世明人总结的"本色文采"；一个就是几乎囊括杂剧繁盛所有才人文士与其作品，让后世后人颂扬不止的皇皇名著《录鬼簿》。

第二十章　相交岂忘年

士子士才　录鬼录人
孤傲品格　谦逊德行
不论本色　何言文采

士子士才　录鬼录人

先说钟嗣成。

钟嗣成所著约成书于元至顺元年（1330），后经两次修订的《录鬼簿》，其目的就是为了替一代经史不传、而又高才博识的戏曲家作传，且"冀乎初学之士，刻意辞章，使水寒乎冰，青胜于蓝"，以引激励后学，推动杂剧的继承与发展。

蒙元时期的文学艺术大家们创作出一部部享誉当时、并为后世的戏曲发展趟开了一条宽阔大道的优秀作品，成为中国文学史上的一朵奇异之花。无数穷困潦倒却激情满满的文学家们一方面在本身坎坷曲折的生活中经历着难以想象的痛苦磨难,而另一方面则始终保持着对杂剧的挚爱,并全身心投入创作。那个激情似火的年代,无数作品和创作出这些作品的作家们之所以面目清晰地留传后世,历朝历代的后人在研究中得以准确无误地查找到相关信息,正得益于《录鬼簿》。钟嗣成功不可没。

钟嗣成与郑光祖之间的个人关系突破世俗的藩篱,真正达到知交这一层面上时,一切都隔阂都不复存在。

让郑光祖对钟嗣成这位年轻的后辈由好奇逐渐产生敬佩的,倒非是钟嗣成异于同龄人的文学才华,亦非满溢血性气色的情怀,而是他在艺术创作过程中别具一格的眼界与胸襟。

莫说郑光祖本人,即便是整个杭州杂剧界,郑光祖坚信,任谁都不会想到年轻的钟嗣成竟然在悄无声息地悉心沉溺在一件前无古人的大事上:钟嗣成在默默地用笔记载着身边的人和身边的事。一切都以杂剧散曲创作为核心,在他日常随身携带的小册子中,关于杭州杂剧界日日所发生的,无论作品本身还是作者本人的经历,凡亲眼见到或亲耳听到,钟嗣成必在簿子上一笔一笔记载下来。

这个秘密是属于钟嗣成一个人的,他率直无私的性格,疾恶如仇的品德,谨慎且从容的言行,甚至其豪迈慷慨的酒量,事实上莫不显示出他内心的自信与强大。这一切与年龄无关,与资历无关,更与声望无关。属于他的所有秘密,他有一个同样足够开阔宏大的精神世界予以贮存。

郑光祖清楚记得,钟嗣成满怀谦逊之心,甚至不无羞愧神态首次向外人吐露出他的人生一大志向,并展示出数本记载得密密麻麻的笔记时,非但没有受到预想中可能出现的质疑和嘲弄,反而得到郑光祖的无尽赞叹。

"继先弟心思缜密、眼光独到、视野开阔之处,为兄不胜佩服之至!"

钟嗣成闻言大震。他完全听出郑光祖的如此评价语气是炽热的,态度是真诚的,并无半点客套虚应。

那时,两人就坐在西子湖畔断桥边的石亭内,隔一张石桌,桌上堆着足有一尺余厚的笔记，那是钟嗣成数年前利用各种渠道记载下来与文学创作密切相关的人与事。杭州已步入隆冬，西子湖畔降下了首场纷纷扬扬的瑞雪。虽则规模不大，细密若飞絮的雪粉却弥漫整个苍茫的西湖。远山近水置于一片朦朦胧胧如画如诗的空灵意境之内，异常静谧又异常空旷。

一尊手炉，窄小而圆润的炉膛内烈火熊熊，通红的木炭散发着灼热的光影。由于炉火映照，抑或莫名激动，又抑或清酒之力，年轻的钟嗣成脸上显出孩子般的闪闪红光。他不敢抬头，他觉得有种受宠若惊之感。隔桌而坐的郑光祖是他心目中的尊师，更是他心灵上早已视为知音的大家。但他分明还有一种无须拨点的灵犀，若映照天地的朗月光芒——对面郑光祖的一举一动都没有逃过他的感触，他听到了细微的翻卷纸张清脆的声响。在翻卷纸张的间隔他准确无误地判断出，郑光祖的阅读是细致而认真的，而不是虚应般的做作。甚至可以感觉到郑光祖在阅读的过程中，或许遇到疑惑，不得不联系上下文重新翻回上一页细寻详解，不厌其烦。尤为让钟嗣成心潮澎湃的是，他的听觉从未有过如此灵敏，任何细微的动作都决然逃不过他的耳朵。

纷纷扬扬的雪将西湖山水全部笼罩，密布半空的云层逐渐拉开，西方群峦边缘隐隐约约已有天光缓缓露出。虽为雪天，却并无寒气，这与江北的寒冬大为不同。在中原黄河以北雁门关一带此时早已黄沙满天寒风刺骨。自幼在中原长大（钟嗣成为大梁人），关于塞北冬季严寒之事只是源于传闻。奇怪的是，就在西子湖畔，钟嗣成竟然莫名其妙地感觉到一丝丝寒气。当然，他清楚，寒气非是来自漫天飞雪更非来自湖面上随风而来湿湿的水汽，而是来自内心深处说不出的隐约震颤。

钟嗣成几乎下意识地屏紧了呼吸，来自对桌郑光祖粗重的呼吸声让他通身神经莫名紧绷。他故作轻松地一边煨弄火炉，一边焦急而地等待着。

良久，第三本词簿放在桌上，郑光祖长舒了口气，仿佛在思考，又仿佛在揣度着自己的心思。

"继先老弟，既做如此琐记，必有你的深意蕴藏其中，可否说来一听？"

钟嗣成这才长舒了一口气，将木炭加满手炉，端起桌上炉边的酒盅，盅壁温热，双手恭恭敬敬奉上。

郑光祖亦不推辞，接过酒盅，满脸是笑，眼见钟嗣成持另一盅仰脖大口饮尽。

"说来话长，实不相瞒德辉兄长，在下虽说对诸剧创作也是喜欢，只是才疏学浅，纵拼尽一生也未必能做出几部有模有样的东西，以足世人一观。心思故走了偏锋，北剧也好，南曲也罢，听着念着总是心情舒畅。与其绞尽脑汁笔下生涩，倒不如记些大家们的言论，闲暇时好从中汲取滋养，学些作文为文的本事，好歹也能长些识见，有益创作，亦未可知呢。"

郑光祖不时点头，道："曲剧之作原无一定技巧可言，多在人之阅历感触，熟知市井人事罢了。"顿了顿，又道，"你我都生于此乱世，受制于蛮族之手，夫复何言。只可怜天下多少读书人，纵腹有才学却无用武之地，憾事也不幸也，谁能解得吾辈之体味？不过，话返回来讲，我倒又认为当此之时有可能恰恰为读书人大幸之时！"

钟嗣成大奇，入仕无门，酬志无路，读书无用已成读书人之痛，眼前这位尊长何言为读书人大幸之时？

"郑兄，此话兄弟实在没听明白。"

郑光祖一笑，起身望着迷茫山水，遥遥指着北方，道："自三皇五帝始，圣贤之道，读书人一生寒窗之才智学识历来奉为修身齐家治国平天下之治政大理大道。所谓彼一利也亦此一害也，才智学识既可理政治国同样可覆国灭政。执天下权柄者，对读书人何种态度，自古圣才贤人之悲惨经历足可见证，史简书册之命运亦可为证。读书人从来都是在刀刃上奔走，稍有失衡，即有性命之忧举族之祸。始皇帝嬴政一灭六国，首要之事便是焚书坑儒，理政治国之最大威胁非在险固山河，亦非兵伍财源，而就在才智学识也。这才是执权柄者最大的心腹之患，亦同为自相矛盾之处。无才智学识者辅佐，国政必一团乱麻，岂有稳定可言？若才智学识不为其所用，则为潜在祸患，必除之而后快。王朝更迭，风云大起之时，真正建立功业者非勇士也，乃才智学识也，一旦局势稳定，遭飞鸟尽良弓藏狡兔死良狗烹之下场亦是才智学识者。眼下虽有鞑子当政，不过一群有勇无谋之辈，废除科举之试，堵绝天下士子入仕之路，岂不知马上得天下者何以能马上治理天下？此天下必脆弱不堪，命不久矣。鞑子何有如此下策，实畏我皇皇几千年中华文明之厚重之力也，较之北蛮无知无识之徒，他们所惧者亦在于此，亦在我华夏文明。何有四等人制，明则拒我天下汉人于朝政核心之外，实畏我文化融合之力消化之力。想想可知，北蛮纵有千军万马，一旦与我华夏相融，即如滴水如海。古来多少征战之后，无数蛮族最终消失于我华夏泱泱之海，踪影皆无，即是明证。与其畏其结局，何若压根就不开此端，此乃鞑子执政目光短浅胸无天下致命之处。"郑光祖端起酒盅，又是仰头一口，"不过，如此一来恰恰为天下读书者未有之自由盛世。蒙古鞑子关注武力，不重文治，天下读书人便无须受那规制约束，更不必受权力所限，身在芸芸大世，想吃就吃想喝便喝，想说就说想骂就骂，何其痛快也。无所羁绊，就是绝大自由。你且看，这些年来剧作兴盛若此，视野涉略之广，内容囊括之全，情怀宣泄之烈，畅所欲言，言论自在，历朝历代何曾有也！岂非读书人之幸！"

郑光祖说得慷慨激昂，钟嗣成听得茅塞顿开。略略一想，整个杭州，勿论剧曲创作，遍布瓦市勾栏酒肆歌馆，莫不畅论天下，纵谈时世，蒙古人也好，色目官员也罢，从不过问。非是与历朝历代相形，就是与前朝相比，亦是难得奇景。

言者无忧无惑亦无罪，当真自由大世。

钟嗣成不禁大为叹服，起身一躬，"德辉兄眼界当真非同一般，在下今日受教，一席话胜过十年书也！从今往后，在下必认真学习圣贤，贴近民众，历练才智，力争也做些拿得出手的作品来，才不枉郑兄教诲！"

郑光祖摇摇头，语气郑重道："才识千面，岂可同装一框。照我看来，继先兄弟不辞辛劳不怕琐碎记载人文轶事，他年之后，怕是其价非创作曲剧本身可比也。"

钟嗣成闻言一怔，不禁摇头苦笑。

郑光祖正色道："继先兄弟，执此一念，持之以恒者，即可能恰恰是条前人未走之路也！"

钟嗣成尚自愣怔，郑光祖已端盅而起："历来诗家大唱雨雾西湖，岂不知雪境西子更妙不可言，苍茫世界，自有一种寻寻觅觅的诱惑况味，岂非至真至美也。干尽此盅酒，咱们且踏雪寻路。有路则罢，无路咱们便用这两双破履鞋踩出条路来！"

孤傲品格　谦逊德行

再说郑光祖。

在郑光祖身上，让钟嗣成痴迷不已之处除了学识才华、孤傲品格、谦逊德行外，最让他困惑难解的则是他模棱两可的态度。当然，这种态度是特指郑光祖对于在曲剧创作走向、创作格局以及其时整个杭州文坛作为一家之见的认知和评判。问题的关键就在于，无论集体讨论或是私人聚会，迄今为止，钟嗣成都没有发现郑光祖有过任何可代表他私人意见的表述。他就像个局外人，但你不得不承认，但凡郑光祖在场，他的态度是认真的，聆听是庄重的，却从不发表意见。若是放在他人身上，钟嗣成自不会在意，可郑光祖不同。这位来自黄河以北三晋平阳路襄陵镇的饱学之士，南下江浙已达十多年，无论创作还是生活早已融入杭州土著。在杭州本土作家群眼里，亦同样视郑光祖为乡谊，与对待后期南下的北方作家的态度迥然不同。非是让钟嗣成大感不解，事实上在多数杭州本土作家看来，郑光祖所表现出的特立独行同样让他们大感不解。关键的原因就在于，其时郑光祖所创作的散曲所体现出的隐逸及风情之色别具一格，在各大歌馆勾栏间大为传唱；其创作的数部杂剧作品，因其文辞优美，大气豪壮，被多家勾栏行院排练上演。凡有郑戏上演，必受欢迎，渐成各瓦市招揽人士的一块招牌。数年前，郑光祖所创作的《醉思乡王粲登楼》在杭州城的一炮而红，迅速南下至绍兴温州一带。郑剧所到之处，观者如云。尤其是《醉思乡》一剧借王粲之口，抒发豪情壮志之数套曲调已成为文坛士子朗朗争诵之名言佳句。

　　自古因作品而声望倍增，声望与作品乃至作者本人一应尊崇度社会地位相应攀升已为不争之实。以此为基，最终体现在作者本人身上，无不有着自在情理之中的分层之感，意即作者本人随着声望的日益变化，他的生活层面和创作层面必然与当初起步之时的位置发生错位与落差——即便如此，在普通百姓眼中，即便是文坛广大士子看来，这种变化是显而易见亦是符合情理的——大家自有大家的风范，岂能混迹原位无所追求。但让人惊诧不已的恰在此处，似乎"功成名就"的郑光祖在杭州本土杂剧界已是一位极具影响力的权威。他的言行举止、创作风格乃至创作走向已潜移默化日趋成为各大书会才人追慕的标杆。

　　但此时的郑光祖仍是彼时的郑光祖，不管声名如何，作品受追捧如何，他似乎从未以杂剧名家或前辈自居，仿佛他只是一个若隐若现的影子。除了作品，他的低调谦和特立独行之风正日渐成为另一种"隐"的方式——浑然被人所忘却。郑光祖毫不在意，而且似乎还非常乐意享受这种生活方式和创作方式。

　　钟嗣成的不解最终演变为愤愤不平，而引发愤愤不平的原因至为简单也至为稀疏平常，至少在历来不乏争论乃至门派之争的文坛看来最是正常不过。

那时，北剧南下、南北剧融合已成为一股席卷整个江南文坛的宏大潮流。在这股走向明确、不乏滔天浪涛的潮流中，创作流派之争，近而延伸为作家本人的归属派别之争亦热闹非凡。

矛头直指郑光祖。不管出于何种目的，文坛之内自古就不曾绝迹也不会绝迹的嫉妒和踩踏，抑或纯属干净利落无任何私欲理念的良性争论——但这种争论能容纳多少真实性，实在令人怀疑——总之，一直沉默不语的郑光祖突然被抛到风口浪尖上，成为众人评判的靶子。起初，尚在部分私下聚会中引发热议和讨论，名人效应的话题至为敏感，不多时便成为整个杭州文坛的共同话题。虽是话题，却充斥着太多火药味，其中不乏赤裸裸的人身攻击。

如此争论源于两个流派，即本色派和文采派。

其实，早在此两大派别大致成型之前，关于元曲的数种派别归属业已在坊间流传。元代与郑光祖同为杂剧名家的贯云石在其《阳春白雪序》即对当时元散曲作家的艺术风格进行了简要总结："比来徐子芳滑雅，杨西庵平熟，已有知者。近代疏斋媚妩，如仙女寻春，自然笑傲；冯海粟豪辣灏烂，不断古今，心事天与，斋翁不可同舌共谈。关汉卿、庚吉甫，造语妖娇，适如小女临怀，使人不忍对殢。"贯云石连续提出"滑雅""平熟""媚妩""豪辣灏烂""妖娇"等概念，一则说明了诸家的风格差异；二则也率先将这种差异进行了简要分类。而在其后，明太祖朱元璋第十七子宁王朱权，在其《太和正音谱》中更是提出十五家"乐府体式"，确定了不同的艺术风格。

事实上，无论何种分派，最终均归于本色、文采之两大类。

不论本色　何言文采

本色、文采之词,最早约见于南朝文学理论家刘勰创作的《文心雕龙》卷,在其《通变第二十九》云:"今才颖之士,刻意学文,多略汉篇,师范宋集,虽古今备阅,然近附而远疏矣。夫青生于蓝,绛生于蒨,虽逾本色,不能复化。桓君山云:'予见新进丽文,美而无采;及见刘、扬言辞,常辄有得。'此其验也。故练青濯绛,必归蓝蒨;矫讹翻浅,还经诰。斯斟酌乎质文之间,而櫽括乎雅俗之际,可与言通变矣。"刘勰所言"本色",即指事物之固有颜色,即质与俗;所言"丽文",即指文采,即"文"与"雅"。

后世后人在评判元曲流派,其中本色派多以杂剧班头关汉卿为代表人物,其麾下包括高文秀、郑廷玉、石君宝、李文蔚、李直夫、杨显之、纪君祥、萧德祥等元曲大家。其时均为蒙元时期的曲家,且盛行地域就在长江以北,足迹囊括了北方元曲六大中心(一说为四大中心)。这些本色派元曲作家所创作的作品从题材上看较为多样,主要擅长为公案、水浒等剧作。本色派作品多关注市井底层,所择取素材多直面普通人普通事,对社会上存在的不平与黑暗多采取揭露批判态度,塑造出一大批不满现状、勇于反抗平民化的艺术形象。在艺术风格及创作方式上,本色派用语多通俗浅显,却激情豪迈,多慷慨昂扬之势,特点极为明显。而文采派则多关注个人情感宣泄,如闺阁风流、田园隐逸等。

本色、文采这两大流派的评判之辞,事实上最终成型于明初,在蒙元之时至今尚未发现如此明显的分际。但依照宋末词曲并行时代已有豪放、婉约之别,元曲当然概莫能外。

北剧南下后,虽则其时执元曲之牛耳者在北方,但在北曲中普遍盛行的，最为贴近下层劳动人民生活本质的语言方式，在南方人看来，剧中多"俚俗口语"，实为不雅，故从地域本源与创作手法上颇为不屑。反之，在青山秀水里成长起来的南剧作家们，他们在艺术创作上谨守为文自当以雅为主，在语法结构、文辞修养及抒发情感上颇为讲究，他们注重作品的创作技巧，而不是如本色派那样犹如现行捡拾般的直爽与豁达。

这种争论事实上从北剧南下，与南曲相互交融的过程中就开始了无休止的争论。就在争论的过程中，习惯性地将作品与作者进行归类。类别之争，表面上名为本色派与文采派之辩，实际上是南北两派的大辩论。

这场无休无止的大辩论贯穿了整个杭州从战火熄灭后直到元帝国的消亡时期，并未形成一个确凿的定论。这种辩论的全部意义非在于孰是孰非、孰俗孰雅、孰优孰劣，而是从另一个角度加速了南北剧曲的交流融合，为最终形成中国戏曲的发展成型注入了源源推进之力。

在杭州文坛，事实上包括整个江南士林，已连续创作出较有影响力作品的郑光祖无论愿意与否自然被卷入与此有关的大辩论中。不过，稍有区别的是，辩论的主角并非郑光祖本人，而是他的作品与作为作者名义上的"郑光祖"现象。

争论分为两大派别，且水火不相容，谁也说服不了谁。一派以杭州本土文坛上的后起之秀为主力，他们以不可争议的态度将郑光祖列为"本色"派，言外之意，即俚俗之派。这种定位实际上掺杂了明言人一望便知的地域性的"排外"因素。除此之外，尚有说不清道不明、甚至在文坛诸公面前彼此间心照不宣的缘由。总之在他们眼里，这位来自黄河南岸蒙古鞑子铁蹄下苟且生存的"蛮族之辈"，虽混迹江南，但渗透至骨血里的"蛮荒"气息与生俱来，他的所谓的作品里无不充斥着难登大雅之堂的俚俗鄙语，属典型的市井之作，不足为观也。另一派则完全相反，他们公开宣称，以郑光祖这些年来取得的不菲成就，尤其是在他的散曲剧作里，文采斐然，风格绚丽，如珠走盘，格调高雅，足以显示出他远超于其他剧作家之上的才气智慧，当属文采派无疑也。持此类说法者，多为包括南下作家及部分江南本土前辈作家，他们的人生视野、个人阅历及丰富学识注定他们的立场是客观的不偏不倚的，他们审视派别的立足点在于作品的风格流派而与作者本人无关。

辩论归辩论，争执归争执，属派归属派，无论口水仗打得如何激烈，火药味如何弥漫，整个江浙文坛却独独忽略了一个存在的基本事实，那就是，作为被争议者的主体——郑光祖本人却始终不予理睬，他照旧默默地来默默地去，大不了多喝几杯酒，之后便消失无形。

郑光祖以惯有的姿势，双手背负，挺拔起伟岸的身影走进杭州城南大街新近购置的一处宅院里，紧闭木门，仍旧一声不响地伏案做他的或"本色"或"文采"派文章去了。

文坛波澜不兴，年轻的钟嗣成却坐不住了。

钟嗣成无法容忍的是，他见不得一帮无所事事、以评论他人为由借机蹭名人声望为脸上涂光抹彩的无聊之辈，他们口无遮拦，出言不逊，甚至大放厥词。他听着刺耳，听着恼火，听着义愤填膺。

是可忍，孰不可忍也。

钟嗣成要为他所敬重的前辈师尊讨公道要说法！

第二十一章 红稀信尤稀

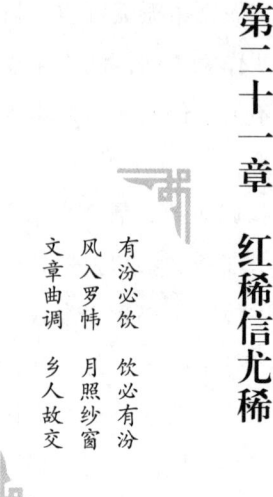

有汾必饮　饮必有汾
风入罗帏　月照纱窗
文章曲调　乡人故交

有汾必饮　饮必有汾

曾经举目无亲、备受鄙嗤、落魄不堪的郑光祖已今非昔比，杂剧创作为他带来日益声隆的名望，与名望同步而至的是滚滚的银钱。

郑光祖终于有了一幢完全属于自己的落脚之所，那是位于杭州南城外大街的一进三间独门院落。郑光祖之所以一眼看中此院，原因就在于距离西湖不过两三里，举步可达。

在江南最为繁华的都市，作为一位沦落天涯的异乡异客能拥有一席落脚之地，真是幸事，郑光祖至为知足。每天最惬意的时间段就在午后一盏香茗，黄昏一杯清酒，推开窗户，阶下两株茂密的梧桐树影婆娑，一派清幽。

杭州城各大瓦市行院，来自江南江北文坛士子才人们义正辞严热热闹闹展开派别之争的时候，郑光祖的院落门扉紧闭，恍如遗世而居。

秋阳悬顶，院门紧闭，四下里寂静无声。钟嗣成连推数下，院门纹丝不动。透过窄窄的门隙，里面被一道斜拉铁条紧紧坠扣。院内曲里拐弯的甬道尽头，距院门亦不足三两丈远。让钟嗣成哭笑不得的是，郑光祖就坐在门阶上，脑袋稳稳地放在膝盖上，手执一根细长的苇管，在地上扒拉着，脸上不时露出怪异的笑容。赤烈烈无所遮挡的阳光下，钟嗣成看见郑光祖的头顶已有灰白的华发，心下不由得一阵紧搔。郑光祖仿佛陷入痴迷，任钟嗣成院门拍得山响，竟是充耳不闻。想想这般情景，岂不好笑乎？一个人独坐院落，犹如遗忘了世界又若被整个世界遗忘，脸上露出孩子般的笑容。钟嗣成愈发大起兴趣，他从阶下被昨夜的风吹聚的草堆里捡了根细长的竹枝，从门隙间伸进，横在铁闩之下轻轻往上一挑，门环啪嗒应声而开。

"郑兄，郑兄！"钟嗣成连叫两声，郑光祖仍然毫无反应。

穿过甬道密密匝匝的花草，钟嗣成这才看清，郑光祖手持苇管竟然与台阶下的一群蚂蚁戏耍。黑乎乎小巧如豆籽的蚂蚁群顺着苇管在他手上乱窜，郑光祖浑然不觉。

钟嗣成走至三两步外，太阳将他修长的影子直直地投在蚂蚁洞上。郑光祖这才恍如梦醒，他看到了突然出现的黑影，眼睛竭力闪避着扑面而来的刺目光芒，半响才回过神来。大约蹲坐太久，郑光祖起身时险些跌倒，亏得钟嗣成一把托住才稳稳站定。

"钟家兄弟来了？"郑光祖边说边从耳朵里用力抠弄着，竟是塞了两团尚有湿气的棉花。

两人处得久了，钟嗣成亦不见外。况现下却是如此情形，肚里实在没憋得一口好气。

"郑兄，学生实在不解，听听外边吵成甚样子了，您竟然还有这份闲心玩蚂蚁吗？"

郑光祖一笑，也不辩解，"阳头底下岂是说话之地，来，先进屋。昨日刚好有乡人从北边捎来一坛上好的杏花清酒。好酒尚得识趣之人，这坛酒原正是给继先兄弟留的，杭州如此之大，有几人有福享我老郑家的清酒！"

此言一出，钟嗣成倒也不好意思。郑光祖此话确非虚言，这位南下的北客，放着多少流落南方士子求之不得羡慕不已的"路吏"不做，舍了好歹可算个"泥头饭碗"，却一门心思与瓦市勾栏行院诸色人等混作一处，作起了杂剧。在世人眼中，杂剧本为儒士文人闲来无事之一好，除了北方那些享誉一时的大家之外，此般营生岂能当得吃饭？比之家有三亩荒地的平头百姓亦是不如，这同样亦是共知之实。郑光祖弃吏不做，曾遭到昔日同为吏职同事的普遍讥讽嘲笑。有人公开扬言，郑德辉是扒拉开火寻灰，自讨苦吃。一年之后，纵不饿毙街头，亦当穷困潦倒，人做不得鬼做不得也。郑光祖脱吏，其深因正是不堪忍受官场内外那些让人作呕的龌龊卑劣之气，而倾轧之力最为疯狂恶毒者恰恰来自于身边最近的吏员同事。在他看来，吏职作为官场最为末节的也是最低层的环节，足以折射出整个官场的腐没朽暗之态。况蒙人当政，汉人受尽欺压，表面上拘谨懦弱内心实则刚毅坚韧的郑光祖断不能忍受。无尽的讥嘲也好，铺天盖地的羞辱也罢，郑光祖俨然是个聋子瞎子，身影消失在茫茫的市井人流中，倏忽不见。仅仅数年之后，郑光祖陡地一鸣惊人，所创作品唱响杭州城，由声望带来的财源更是让人既眼热又泛妒。俗世庸人最见不得人的沉渣心态再次轰轰然泛起，矛头直指郑光祖。所谓出檐的椽必遭雨沤、露头的鸟必遭枪打何出于此际此理？郑光祖是太熟悉这个虚伪的世道了，但世情人心若此，你能因此种险恶之存在就憎恨整个芸芸大世吗？显然，郑光祖自有他的应对之策，羞辱之人讥嘲之语，他是听多了也见多了，而愈是这样他既不恼不怨，也实在恼不起来怨不起来。真若随了此波逐流，岂非正着了俗世俗人围观看热闹的道，到头来不过是浪费了生命，耗费了时光，虚度了光阴，弥足珍贵的一生反活得人不人鬼不鬼，乃至人鬼不分！一处院落，就在西湖边上，隔绝了一切毫无必要的繁扰；甚至在自家的院落里，以湿棉塞耳，郑光祖简直活出了世人的另一种高规格的"隐"法！

钟嗣成大口畅饮着来自三晋杏花村的汾酒，感慨道："唐时杜牧老夫子轻轻巧巧一首诗，竟是为世人造出如此至味美酒，可知天下为文者之功力，实不可小觑也。依小弟看，三晋杏花村倒该花大笔银子为杜老夫子造一座大大的石碑。没有杜夫子，哪知杏花村？"

郑光祖微微一笑，不置可否，目光清和淡雅，看不出任何态度，反叹了口气道："汾酒与杜老夫子实无干矣。"

钟嗣成听了甚是疑惑，道："郑兄，莫非小弟说错了吗？"

郑光祖仿佛没听到，轻轻转着杯子，道："继先兄弟无错，杜老夫子亦无错，酒是酒水是水，湖是湖路是路。譬如，汾酒直如人心，原是混沌初开，女娲娘娘造人始，就一直存于这世上。若说首发之人，倒该是千百年来一代又一代那些不知名姓的先人。杜老夫子到杏花村时，此酒已在三晋大地香飘千年之久矣，非是汾酒该感谢杜老夫子，实是杜老夫子该感谢汾酒才是应当。总而言之，他是幸运的，居然幸运地品尝到这天下至味。"顿了一顿，又道，"尘世人心，代代相衍，同阶下春草秋花何有异处，该生的时候生该谢的时候自然要谢，原就实实在在地存在，人间一切祸患乱象归底结底莫不都是由那人心生出来造出来的，世无是非更无善恶，所谓是非善恶者非源自他人，实源自你自己罢了。诸如传闻，奉颂也好，贬斥也罢，你若认为是，就有了非；你若认为是善，自然也有了恶；你若认为荣，辱也便跟着来了。如此是非善恶荣辱集于一身，他人未做此想，你倒给自己身上心上压了累累重担，想利利落落清清爽爽地活亦成了大阻碍，到时何论他人，压垮你的正是你自己。一言以蔽之，万世烦恼由此而生，不绝的愁怨由此生；做自己该做的事，何必在乎他人说法。世上不缺的就是林林总总的嘴，你谁的嘴也堵不了，唯一可堵的是自己这张嘴而已矣。堵住了嘴，心自然也堵住了。钟兄弟，以为如何？"

钟嗣成恍然而悟，起身深深一揖，道："哥哥实是金玉良言，在下确有醍醐灌顶之警也。诸如哥哥所言，此生平坦也好坎坷也罢，路原都是自己走出来的，勿受他人左右，方是人生正态。否则，徒惹事端，于己不利也。"

郑光祖仍旧含笑不语。

钟嗣成心头豁然大亮，又想了想道："在下尚有一事不解。若论此生之梦想，自当抛却杂念及外在干扰，守得一颗平常自在心思，埋头做事即可。可杂音太乱，甚至刺耳不堪于闻，即稍有反击之声，未必不是奇效。郑兄何以谨慎至此？殊不知，畏乱迟必生乱，避祸迟必惹祸，郑兄何以一忍再忍一退再退，圣贤古人尚有忍无可忍无须再忍、退无可退无须再退之说。敢问哥哥如何见教？"

郑光祖执杯起身，缓步走至门沿边，望着院墙之外空空茫茫的一碧云空，道："谓之梦想，岂非你我之辈独有？天下人人皆有，勿论高下贵贱，不唯人人均有事可干，人人均有话可说而已。至少，要比什么都不干要强得多。"

钟嗣成半晌无语，默默体味着郑光祖听似含糊实则道理浅显明白之致的话，竟是被郑光祖连催三次方才醒悟过来。

"钟家兄弟，饮尽此坛汾酒如何？"

"饮必有汾，有汾必饮。干！"

钟嗣成酒量奇大，根本未将此坛汾酒放在眼里。两杯下去，院后北方的云空里隐隐有乐曲声传来，距离当在数里之外。虽听不清曲调歌词，但那清淌婉转的唱腔，一抑三迭，已勾起郑光祖的无尽遐思。钟嗣成看到，郑光祖原本平和舒展的眉峰渐渐凝起一道若隐若现的细线，棱角分明的唇角微微启合，执杯的手腕亦在不易察觉地合着曲调打起了节拍……

风入罗帏　月照纱窗

一场因"本色""文采"的大辩论席卷整个杭州文坛，争议最大、定位最不明确的郑光祖成为讨论焦点，其热闹非凡程度毫不亚于瓦肆勾栏行院上演的诸般大戏。

郑光祖走出静悄悄的院落，一头走进车水马龙、熙熙攘攘的瓦肆歌院。

在云板脆响，红袖绿裙，红翠相偎的歌堂上酒宴间，郑光祖与文坛文人的相聚形成鲜明对照的是，或欣赏轻歌曼舞，或聆听悠扬曲调。其实早在数年前，郑光祖就将这种独特的喧闹当作了自己舒缓心境、寻觅灵感、梳理思维神圣的创作殿堂。在这座无可代替的创作"殿堂"内，无形中修炼成一种可激活心绪、焕发激情的本领。同日夜不休的喧闹与尘世的嘈杂大为不同，它显得清纯而单一，执着而完整，无论诵词或调曲，隐约的意境之内总有一丝谁都看不见的盈盈线条将其紧紧相牵。只需顺着这丝线条，郑光祖微微闭起双目，瞬间就沉浸在某个浩瀚而庞大的空灵世界中。那里，烟雾弥散，山水明秀，花树缥缈，耳畔柔波荡漾，或许还有一叶墨如线条的扁舟浮游其上，从遥远的群峰山涧中悄无声息地飘来。船头之上，有一头戴蓑笠的老翁独然静坐，垂钓于江。

此般意境绝非出自梦中，而是这些年来郑光祖每次走进创作"殿堂"时，情不自禁坠入之地。

五步之外，高于地面半尺的平台上，数名装扮得袅袅婷婷的歌伎，轻展美妙的歌喉，歌声柔婉四起。

"相思借酒消，酒醒相思到，月夕花朝，容易伤怀抱。恹恹病转深，未否他知道。要得重生，除是他医疗。他行自有灵丹药。"

间或换作"骂玉郎北"：

"无端掘下相思窑，那里是蜂蝶阵、燕莺巢。痴心枉作千年调。不札实似风竹摇，无投奔似风絮飘，没出活似风花落。"

接着又是"东瓯令南"：

"情山远，意波遥，咫尺妆楼天样高。月圆苦被阴云罩，偏不把离愁照。玉人何处教吹箫，辜负了这良宵。噢呀匼，莫辜负了这良宵也……"

云板琵琶悠扬而起，曲调由和缓渐至凄怨，朦朦胧胧中，埋藏在郑光祖心底的那个熟悉影子从垂落的帘幕后蓦地出现。眉目发黛，明眸皓齿，素手如雪，嫣然而笑，不是她是谁！

郑光祖忽地精神大振，顿觉眼角微微润湿，似有晶亮滑腻的东西夺眶而出。他下意识地坐直了身姿，以袍袖拭目，瞪大了眼睛。当然，实际上他早有预感，一切都不过是梦中所忆之景罢了。但是即便是连绵的失望，这种失望给予他的非是沉闷的压抑和空落，反而密布着重重的温情和蜜意。眼泪并非伤痛，那个影子在郑光祖每每忆及的模糊视线里，总是若隐若现。算来那段短暂却让他至今刻骨铭心的经历已有十年之久。这十年来，每个月明星疏的晚间，他莫不渴望着一任泪水汹涌奔泻那样的畅快淋漓，但每次微觉眼角乃至浑身润湿之意，却总是蓦然惊醒，美妙的时光即被冲淡得无影无踪。无数次，郑光祖不得不喟然长叹：他竟是连与那个熟悉的身影完整相聚的时刻都不曾拥有。在他的思想中，那个熟悉的影子并未走远，她就在咫尺之遥的某个角落中，蹙着眉心，一脸焦急地等待着某个欢聚时刻。两人之间，绝非此生之诀别，而是离散经年的知己故交。

唱吧，或许眼前这位重叠的影子，会让他继续进入那个熟悉的梦乡，见到熟悉的那个身影，感受到那种熟悉的隐隐湿意……

那位让郑光祖由出梦又强迫入梦的歌伎水袖挥舞，如岫云如仙雾，缓缓唱响一曲同样是郑光祖刚刚新作的"双调蟾宫曲"：

"半窗幽梦微茫,歌罢钱塘,赋罢高塘。风入罗帏,爽入疏棂,月照纱窗。缥缈见梨花淡汝,依稀闻兰麝余香。唤起思量,待不思量,怎不思量。漂漂泊泊船揽定沙汀,悄悄冥冥。江树碧荧荧,半明不灭一点渔灯。冷冷清清潇湘景晚风生,淅留淅零墓雨初晴。皎皎洁洁照橹篷剔留团栾月明,正潇潇洒洒和银筝失留疏剌秋声。见希飑胡都茶客微醒,细寻寻思思双生双生,你可闪下苏卿!"

郑光祖泪水大涌,一种浓浓的自责愧疚之感袭上,他连忙起身走至前堂的帘幕后。那里,两架硕大的铜壶内水汽四散,茶香氤氲,雾气腾腾。这种突如其来的感觉在他看来是自然而然的,是多少年来内心深处债务的累积,原本在每天的某个特定时刻需要进行反思,不管时间长短,即可化解。显然,郑光祖疏忽了这个事实,他觉得最对不住的就是被自己长久冷落的那个熟悉的影子,而她每时每刻或远在天涯或近在咫尺的静谧之处目不转睛默不作声地看着他。

帘幕后,悠扬的乐声中,歌馆班头焦急地四处打听,"郑先生呢?郑先生呢?"

郑光祖听得极是真切,但他浑身无力,眼光木木地盯着满堂的朦胧雾气,陷入了沉思。

需要反省的沉思的触点实在太多,一时他不知从何落手。唯一无须怀疑的是,所有的沉思触点必将全然归之于强烈的自责。他辜负了那个熟悉的影子,使她备受冷落,而这一切都完全是由自己造成的。就在那泓满是期待的柔目中,他竟然脚步轻松地走进了酒肆歌馆,沉溺于姹紫嫣红的香花艳阵,美其名曰寻找创作灵感。人心极其珍贵的离情别绪和断肠相思竟是被自己活生生地玷污糟蹋得面目全非,他正在亲手毁坏当年由两人亲手筑建而起的那幢一尘不染的精神花园。

好在,郑光祖倏然惊觉时,那座芳香四溢、暖风和煦的密境花园尚未全然变成废墟,根基尚在,柱础尚在,雕梁尚在,唯有布满梁檩之上的精美画作显得斑驳不堪，色调剥落；屋脊瓦棱之上，显出凄凄的荒茎杂草，只需细做打点清理即可恢复如初。

郑光祖终于长长地舒了一口气，一切既已发生，那么在愧疚与自责交相缠绕交相腐蚀的过程中，他必须挖掘出自己违背初心的缘由。

那一步是如何迈出的？那一天是如何到来的？那种念头是如何明目张胆地产生的！当然，他并没有为自己的"误入歧途"寻找客观理由开脱之意，他只是想静下来摸清那道真实存在的线索……

帘幕掀起，歌馆班头进来，一眼看到微闭双目的郑光祖，悄声道："郑先生正眯着呢，谁都不要打扰他，先生胸中必有新作在酝酿着呢……"

郑光祖听得至为清晰。何谓大作，有什么比得上这辈子心里日夜有个牵挂念想的人还幸福的事吗？或许，保存着如此幸福之想一直到老到离开这个世界，让它始终色调如初，锃亮如初，感觉如初，才真是一篇大作品呢……

文章曲调　乡人故交

一切皆有因果。

在郑光祖看来，因果与是非无关，更与对错无关。

细细想来，郑光祖的思路渐渐明晰。他的生活方式与活动范围的改变应从当年他离开杭州"路吏"之时，将投身曲剧创作这个奋斗目标开始算起，除此之外，还有三个人潜移默化的影响。

第一个就是幼年时即奉为人生尊师的白朴白仁甫。白朴当年从真定南下，据传数十年来一直往返于江南金陵一带与河北真定之间，前后达三四次之多。最后一次约在五十余岁，南下之后与其弟一直居住在金陵铜树湾一带。自此，以金陵为核心，开始四处游历创作的浪漫生活，多数较为成熟的作品正是出自这个时段。综合各类传闻，郑光祖对这位从未谋面前辈恩师的游历足迹大致做一梳理。他发现，白仁甫虽则日渐衰老，但他有着一颗常人无法想象的顽童之心，浑身迸发着超乎寻常的激情，更兼有一副同样是常人无法望其项背的铁板钢骨。他以不服老不服输不屈于命运安置的心思，迈开大步，从金陵南下，到过富安、山阴、芜湖、柴桑，乃至九江，并于知天命之年登上庐山，又越鄱阳湖，至景德、祁门、徽州，赴黄山。十余年间，行程达到数千里之遥。当然，这是白仁甫外在的生活方式。晚年时期，实际上包括他的青壮年时期，无论在真定还是在江南金陵一带，白仁甫的身影就一直出没于遍布城市县镇瓦肆大大小小的勾栏行院，同众多歌伎艺人打成一片。可以说，他的创作灵性与创作素材正源于这种看似豪放不羁的生活之中。走向决定了环境，环境决定了方式，方式决定了创作思路和作品风格。白仁甫走出了一条属于他自己的路。这条路非但影响了白仁甫，也影响了郑光祖。

第二个人就是一直浮现在心底的那个熟悉影子。可以说，那个影子从出现到消失犹如一场飘忽不定的梦，从初次接触到人生中最易让人神魂颠倒浪漫而甜美况味到眨眼人去楼空，郑光祖的心更似经历了一场从云端到地狱巨大落差的残酷体验，一度对人生产生了强烈的质疑。人生至善至美的初恋说消失就从这个世界上消失得无影无踪了，毫无征兆，郑光祖欲哭无泪。但是有始无终的破碎初恋与他从此踏入歌馆行院之间到底存在着什么必然的联系呢？直至数年之后，他都处于恍恍惚惚的状态，即便是对自己，他都难以自圆其说。如若将其归入身边蓦然痛失那个熟悉的影子后，他的整个精神世界处于巨大空旷无聊，需要另一种温柔的气息弥补填充，但这个理由非但无法让他心平气静坦然受之反而使得他一想起就脸红脖子粗，显然难以成立。如若将其与幼年时期树立的那个追求目标建立某种联系，虽然听上去显得生硬，但毕竟在确定走向的过程中分明有意地绕了一个略有弧度的圈子，远远避开那个熟悉的影子，无论在情感上或理智上多多少少可以聊作抚慰，但这种带有极大欺骗性质掩人盗铃式的小伎俩，一旦面对当年雨雾中钱塘江边那堵短墙后的那个纤秀身影，同样让他惶恐不安。内心的羞愧非但没有缓减，反而因为难以启齿的小聪明大量积聚。他豁然意识到，内心深处从骨血里渗出来的那种天生的善和天生的纯，其力量强大到让人瞠目结舌，无论在日后的尘世中面对如何复杂的人事，遭遇如何诡异多变的局面，任何变通的态度和举止即便再隐秘再狂热，统统不过是外在表现的遮掩，是块毫无价值的遮羞布，是虚伪的面具，内里包含着与人心本性格格不入的邪恶因素；一旦冷静下来，所有的隐秘和狂热在善和纯的热浪之下，一切都将现出可怖的原形。直面本心的善和纯，再跌宕繁杂的心机都会了无影踪，人才回归本真。多少不堪入目的心机都将附带着让人后怕的代价，所有代价的惨痛程度都会以后发制人的方式，冷酷无情地如蛇噬心刀剜骨般在本真的躯体上让你逐一体味且无法逃脱。郑光祖切切实实体验到了，羞愧让他无力直面那个熟悉的影子，更无法直面自己。无论伤痛也好，泪落如雨也罢，都是他需要偿还的孽债！

  第三个分明又是一种牵强，这个人似乎大可不必出现。郑光祖数次欲言又止，当脑海里闪现出那个人的影子时，他甚至觉得有些不可思议。但是此人的存在，即便抛开与那个熟悉影子所有的牵连因素，他的出现分明有着与自己生活生命无法割舍的联系。他，风流倜傥，幽默风趣；他，才华横溢，放荡不羁。甚至于，在此人身上，郑光祖间或看到了老前辈白仁甫的影子，间或又有着与这个世道风情格格不入的孤傲之气。一言以蔽之，他的生活轨迹上不能没有这个人，离开了此人，生活也好创作也罢，都将变得无聊乃至无趣。

  郑光祖不由得笑了。

  此人就是乔吉。乔吉，字梦符，自号笙鹤翁，又号惺惺道人，太原人，年纪与钟嗣成相仿。

  认识乔吉，并不偶然，正是两年前的一次歌馆欢宴中。

那家歌馆，郑光祖是熟客。当时，他步入歌馆，是因为该歌馆班主来自北境中原一带，说起来也算乡谊。班主属下四处歌馆内，麾下有着近一百余名优伶，个个能歌善舞，常年出入杭州各大瓦肆勾栏，在杭州演艺界颇有声名。那些时日，班主重金购下郑光祖刚刚创作的两部剧作，正组织人马日夜排演，并诚邀郑光祖作为总策划，指点演练。

排演间隙，三楼上方传来一阵清盈流淌的歌声，不过三两句起序，就引起了郑光祖的极大兴趣。

"小娃琵琶，暖烘，醉客，逼匝的芳心动。雏莺声在小帘栊，唤醒花前梦。指甲纤柔，眉儿轻纵，和相思曲未终。玉葱，翠峰，娇怯琵琶重。"

一曲刚了，楼上众人欢呼四起，"乔大公子端得一首撩人好曲也，再来，再来！"

蓦听一声男人声腔扭捏着，咳嗽数声，嗓门蓦地压细，以反串的腔调大笑：

"诸位姐姐妹妹歇歇了，且听小乔子比个对儿，瞧着情动不情动心动不心动，若你们情愫撩起了，今儿个小乔子就算有了吃处住处。"

有人笑，"乔哥子好心思，若唱得好撩动了哪个妹妹的心思，漫说吃处住处，妹妹们自当全程相陪，没得个辞让的，妹妹说是也不是！"

头顶一阵莺莺燕燕的笑。

唤为小乔子的清了清嗓子，道："且听小乔子唱来……来，来……也么哥也！"

楼上一时奇静，郑光祖亦倾耳聆听。

琵琶声微起，琴声悠扬。

"怪石於菟，老树钩娄。苔乡禅阶，尘粘诗壁，云湿经楼。琴调冷声闲虎丘，剑光寒影动龙秋。醉眼悠悠，千古恩雠。浪卷胥魂，山锁吴愁。"

间或，云板脆响，立时转至又一个曲调。

"问荆溪溪上人家。为甚人家，不种梅花。老树支门，荒蒲绕岸，苦竹圈笆。寺无僧狐狸样瓦，官无事鸟鼠当衙。白水黄沙，倚偏阑干，数尽啼鸦。

"多时不到儿家。想绳挂秋千，弦断琵琶。眉淡兰烟，钗横梭玉，粉褪铅华。软龙绡尘蒙宝鸭，烂倩脂雨过金沙。隔个窗纱，梦断东风，门外啼鸦。"

又是一片叫好声。

笑声甫落，一位阴阳怪气的声音传来："小乔子，听着你这所谓新作的曲子有味倒是有味，可咱是耳拙呢还是见多识广，怎么和郑先生所作的曲子一个调儿，莫不是抄袭郑先生的。如此曲调说句不中听的，十年前爷们已听过。十年前，你八成刚脱下你娘的开裆裤没几天吧？"

小乔子嘿嘿笑道："天下文章曲调原是一大抄，便是仿样儿之作，亦是郑先生的，怕甚！你们晓得在下与郑先生何等关系吗？说出来，吓你们一跳，小乔子本是郑先生的乡人故交也！"

话声刚落，班主重重咳了声，腾腾走上楼梯，探上半个脑袋，沉声道："小子休得胡言，郑先生即在我处。有胆子，来认认亲吗！"

楼上楼下一时噤声。

末了，小乔子朗声道："怕甚，乡人就是乡人，故交就是故交！"

脚步响处，从楼梯口下来一位年近三十的后生，齿红面白，目光炯炯，神采斐然。

两下里一对视，郑光祖当即断定，他与此人从不相识，所谓乡人故交从何谈起！

第二十二章　缥缈兰麝香

莺歌燕舞　风月江湖
不在湖堤　不在断桥
爱恋成痴　相思成灾

莺歌燕舞　风月江湖

过而立之年的太原人，素有风流浪子之称的乔吉乔梦符背井离乡南下杭州，与早年的郑光祖人生步调极其相似，他们两人同样在青壮年时由三晋一路千山万水抵达杭州，而且终老江南，再没有踏上生养他们的三晋故土，其中自然大有深意存焉。

倘从两人在前后相隔近二十多年的时间分析，就会发现，他们南下之时，时机极为有趣且耐人寻味。郑光祖二十岁左右从平阳襄陵南下时，正是江南被蒙古大军一举平定、元帝国建立、北方戏剧随着大批儒士文人南下之时。可以说，郑光祖之背井离乡，实是代表着一股风起云涌的文化流通的大气象和大潮流。这种大气象和大潮流对南北双方的杂剧创作，更对后世戏曲这一宏大的文艺形式的整体成型及推进起着不可估量的影响。从某种角度上完全可以说，郑光祖参与并亲手缔造了戏曲的雏形。其功其业，后世综合评价不绝于书。而乔吉乔梦符从太原到达江南，其选择的时段节点较之于郑光祖更具代表性，更具高阔性，也更具宏大而深远的社会意义与历史意义。

在详解这种意义之前，且让我们将笔触先从乔吉乔梦符个人身上点染笔墨。

乔吉约出生于元帝国建立初的世祖皇帝至元十七年（1280），约卒于元至正五年（1345），享年约六十五岁，元代杂剧家、散曲作家。

郑光祖与乔吉同为三晋人氏，皆从江北流寓江南并终老于杭州一带，且终生致力于杂剧创作，人生经历创作极其相似。但参照两人的作品流派创作风格及当世后人零零散散的评价综述，除了杂剧创作，两人的人生追求至为不同。历来，文以载道，文以言志，文以言趣。统观郑光祖前后期作品，从中所透露出来的思想信息来看，郑光祖以"儒补杭州路吏"，在遭受了一系列坎坷屈辱经历之后，对官场中龌龊不堪产生了强烈的厌恶之感，终弃"吏"而去。虽则因平生壮志难酬，产生过极度的郁闷乃至痛楚，但作为一种人生经历，他很快从意志消沉的状态中一跃而起，终在杂剧创作中一泄愤慨与不平，坦坦荡荡自由自在地表达了一番伊尹、周公的皇皇大业之情，内心所崇尚者始终是传统的儒家思想。反观乔吉乔梦符，在其南下之初，血气方刚，朝气蓬勃，豪气干云，如同所有年轻学子一样，同样也怀有强烈而热辣辣的创大业、展大志的雄心，谋图平生所学在广阔的天地之下做一番可济世可救民的人生伟业。所谓事终难遂人愿，当所有的血性激情在世俗尘埃中经历了无情的碾压和碰撞之后，棱角分明的性格自然发生着让人无奈却又不得不坦然接受的巨变，曾经的内心炽焰无论光亮还是热度都逐渐消退。理智和现实，最终以某种聪明智慧的方式适时做出调整,以适应其复杂性和凶险度远远超出梦想中的世界。左右权衡,进退有序,在百般的愁肠苦闷中,乔吉长叹一声,不得不放弃原有的壮志与理想,寻求某种解脱之法。乔吉选定并陶醉于方外世界,更选择了一段说不尽风流洒脱的娱乐人生、风月江湖。

郑光祖与乔吉在杭州相遇时,乔吉已过而立之年,那么在过去的十年中,朝气蓬勃、胸怀大志的乔吉人生到底经历了怎样的挫折劫难,才促使他做出远离故土、只身南下,并终生混迹杭州风月场所呢?从其留之于后世的散曲套数及杂剧作品中可能已显端倪,他愤世嫉俗、厌恶官场,且极度的蔑视富贵功名,自甘淡泊清闲,不难发现他有可能遭受了一系列的碰壁之后,才让他的人生视野和直面世事的态度一跃而变得如此出世般洒脱。

乔吉的游戏人生,源自于他壮志难酬之后的心灰意冷。虽则时至今日,尚没有发现任何记载对乔吉与科考两者之间予以佐证,但综合分析,乔吉南下之时,朝廷颁布科考制度已有数年,在这个过程中,如同所有对以考入仕争功名早已绝望的儒士文人而言,恢复科考必然不啻于一声苍穹惊雷。几近绝迹的读书声再次响彻神州大地四面八方,犹如暗暗黑夜的一道夺目之光,照亮了天下士子的心。在他们面前,无疑闪现出一道平坦且充满希望的康庄之道。

关闭了近八十年,通往圣殿的大门终于轰轰地敞开了。

但敞开的大门并不意味着所有的人都能脚步轻松地走进去,并最终达到梦想的高台。

对前途和命运满怀憧憬的汉家士子们兴冲冲而去,垂头丧气而归。同绝大多数人的命运一样,乔吉落第了。

四等人制的取士之规,看似公正,而对于天下汉家南人占据十之八九的大元帝国而言,潜藏着极大的不公!

乔吉大手一挥,将在他看来一文不值的圣贤书册掷于滔滔汾河,双手背负、满脸不屑、昂头挺胸走进江南，走进丝竹软语的杭州，走进莺歌艳舞的歌馆青楼。

不在湖堤　不在断桥

郑光祖漫步歌馆青楼，融入艺伎声乐，与其说是受来自三晋乡谊乔吉的影响，毋宁说是乔吉轻歌曼舞、莺莺燕燕、放浪形骸的放纵生活深深地刺痛了他警醒了他。

人生得意须尽欢。乔吉所谓的欢，就在声色娱乐。在杭州一地，受乔吉以诗相赠有名有姓、围绕在他身边的女性就多达二三十人之多。乔吉以风流浪子之名处处留情，但却没有一位真正的红颜知己。仿佛经历一梦，经羞愧与内疚的折磨之后，郑光祖幡然大悟，他乍然体验到从未有过浓浓的满足感和幸福感。这种感觉即来源于对乔吉等年轻后辈放纵本性极尽纨绔之色浪荡生活的强烈排斥和厌恶，也来源于内心深处多少年来面目一直清晰如旧回忆一直清晰如旧的那个熟悉身影。人生有一知己，非是无憾，乃是至真至美之事矣。那份清纯得一尘不染的恋情无论是生是死，哪怕这一辈子都无从获寻，只要经历过，郑光祖就心满意足了。

唯一可怖的是，绝不能让那个熟悉人影再遭寂寥冷落，绝不能让那份无价的情感再遭漠然相对。世上，寂寥冷落与漠然相对，是恋情的克星，是恋情的死敌！

泪眼蒙眬中，郑光祖缓缓往后一靠，长舒一口气，微闭双目。

"疼热话向谁学？机密事把谁托？哪里是浔阳江上不通潮？有一日相逢酬旧好，我把这'相思'两字细推敲。"

"细寻寻思思双生双生，你可闪下苏卿！"

苏卿？郑光祖目光忽地一跳，浑身激颤，从座中一跃而起，蓦然回首，江南细雨，云雾迷蒙中那座荒草萋萋孤寂无助的土丘……

甚好，想起来就不为过。哪怕在诗词中无数次地歌过颂过，哪怕在无数个清朗的撩人月夜中默默念叨过，哪怕在绵绵的细雨抑或漫天飞雪中缓步路过。郑光祖大为惊奇的是，就在他的眼皮底下，在他日常与西子湖亲密接触的时光中，那条路线几乎是这十多年来亘古未变的。顺着湖畔的草坡石径跨过断桥，沿白堤一路向南，两里之外的孤岛苏白祠堂是他的第一个歇脚之处；然后再次起身，顺孤岛东岸再次启程，在六一泉畔喝足了水，再过桥到达宋义士武松墓，折返点大多选在岳王庙附近，时已过午。在岳王庙的山阶下开始他的午餐，餐后就躺在庙前的树荫下饱饱睡上一觉。午后沿与白堤隔水相望的北山湖岸回返，多年来仿佛已成为他一种雷打不动的惯例。午后的阳光投射在对面的白堤之上，长长的白堤犹如一条悬浮于西湖上的一道丝绸，景色畅美至极。多数散曲及剧作的构思多在白堤上，而腹稿的大致成型则在北山湖一带。那里非但与白堤隔水，断桥亦同样尽入眼底。

不可否认，这些年来所有能够触发创作灵性的作品莫不与断桥有关。远远望去，孤零零的断桥看似无比寂寞，事实上无论在它残破不堪的桥柱上，木然呆涩犹如百无聊赖的孔洞中，抑或受尽风雨侵蚀的桥栏里，莫不承载与隐藏着对人世界所有思恋、渴慕、惆怅，乃至生离死别的情感，只需择其一，必让人感慨莫名痛楚莫名。郑光祖承认，每到西湖，尤其是站在北山湖朝东遥望的过程中，他的目光和情怀都下意识地投注在视野里的那座桥影之上，久久不忍离去。

断桥之北不过里许，有两个不大的村落。村落的良田均在桥北的山塬之下，村人们一年四季忙碌多在桥北。断桥以南除了像郑光祖这种刻意寻求山水抚慰的文人墨客，甚是荒凉。郑光祖习惯于站在桥西驻足遥望断桥，内心虽也有着在断桥的影子里寻求某种创作灵感刺激的因素，但除此之外，他还有种不忍放弃的留恋。这种留恋之情，源于数年前的一次雨后游历。那天,苍茫的雨雾下,当他一如既往站在北湖遥望断桥时,看到模模糊糊的雨雾中,断桥北端的桥栏上仿佛站着一位身形瘦削的女子。那女子通身上下一袭灰色布衣,在雨中显得孤苦无依,犹如一尊石雕纹丝不动。郑光祖突然浑身大颤,心中涌起大股复杂的凄楚之感,仿佛被雷击了一般怔在当地。

尽管隔一池湖水,但郑光祖在脑海里不假思索地将那位女子的身影与心头那个熟悉的影子迅速合二为一。虽则在两个身影即将合拢的刹那,他恍然觉得如此想法未免不可思议,但是深藏在内心深处的那股激流仍然不可阻挡地涌上,瞬间眼眶湿热,眼角皮肤变得异常松软。好不容易待那层湿雾略略散尽,他深吸一口气再度定睛望去,当下愣了:断桥上空无一人,唯有空落落与倒影浑然一体的桥洞,桥洞如同巨大的满布嘲弄之色的嘴巴,遥遥地向他投来轻蔑的表情。

郑光祖长叹一声,又苦苦一笑。在他看来,既然人世原是张充斥着残酷且无常的大网,离离散散,聚聚合合,悲悲喜喜,乃至生生死死已属上苍注定,他与那个熟悉影子之间发生的一切,事实上从开始就预知了结束。唯其至今想来恍如梦境,恰在于它短暂得让人不知所措。有可能他们之间原就是一面之缘,除此之外,只能天各一方梦中相会而已。但上苍无情,又何至于忍心开这个局,让他十多年来空留万般遗恨,在念念不忘中苦受折磨,在念念不忘中备受摧残,在念念不忘中记不起老天爷的半点好处呢!老天啊,何其霸道于此!

不知何时,雾蒙蒙的云天上撒落均匀的雨线,远处隐隐约约传来时起时落的琴筝竹板,间或伶人清灵婉转的唱腔徐徐而起。耳畔有细微的脆响传来,由疏渐密,淅淅沥沥的雨线说来就来,敲击在宽大的梧桐叶上,均匀而炽烈,点点滴滴犹如与空茫的心碰撞在一起。

西湖周边的小径掩映在大片大片的荒草丛中,郑光祖完全凭着昔日的感觉下意识地踽踽而行。眼前雨雾如云烟,飘忽不定;身畔的湖面上万千朵水花此起彼伏，碎末状的氤氲水汽时而凝聚成团状，时而在水面上方的某处四散开来，与半空雨丝无隙地糅合在一起，瞬间消失得不知去向。

水雾消失了，云空消失了，同时消失得还有记忆中的钱塘江水以及钱塘江畔的那道短墙。随风而逝的当然也绝不止一直浮沉于脑海里的离愁别绪，或许还有生死……

但那座荒草萋萋的土丘呢？郑光祖置身于铺天盖地的雨雾中，浑身早已湿透，雨水顺着头顶角巾的边缘滑落在额头上，之后那种些微的冰凉又从额头滚落而下，在他眼前遮起一道隐隐的水帘。

郑光祖停下脚步，下意识地回身望去。

不在湖堤，不在断桥，也不在雨中孤寂的梧桐林中，而在孤岛之后的那片地势低洼、长年被没腰高的荒草掩盖得严严实实的湖畔。

郑光祖蓦地回身，将咫尺之遥的村落和村落里散发着干爽温热气息的院门远远抛在身后，大步原路返回。

此时，他急需见到的就是那个人，就是那个多少年被自己冷落的荒丘。那个熟悉的影子即便早已从这个世界上消失了，那么，无论它驰飞也好，隐遁也罢，累了乏了它总会有个落足之地。

郑光祖死死认定，那个落足之地，不在他处，就在孤岛边缘的那处野草里。

在孤岛白泠桥畔左手边有一处三角洼地，湿淋淋的草高没膝。郑光祖也不知哪来的自信和胆力，手脚并用，拨开荒草一步步踏入。

终于，草滩深处已积聚了没脚之深雨水的地表上，豁然显出一堆高不过两尺有余的圆顶土丘。

郑光祖一屁股坐进泥水里，从土丘正面几块方石垒筑的灶门边捡起一块斜斜插在泥污中的残破木牌，他小心翼翼地用湿衣袖抹去淤泥，上面骇然现出一行字。上书：

钱塘苏小小之墓。

郑光祖蓦地纵声恸哭……

爱恋成痴　想思成灾

　　人过中年之后，就会明白脚下这片曾经毫不起眼的黄土的意义所在。土地虽可滋养生命，但其更深刻的内涵却寓示着另一种含义。

　　向来，世之美文、良善人事都在传闻，往往年代愈久，形象愈佳；隐藏得愈深，人事愈发迷人。既是古往今来的一种刚性存在，也是一种世俗民众内心的期冀与渴慕。

　　对爱恋的那份刻骨铭心的痴，最重要的是合乎悲喜心境的共振共频，郑光祖沉浸于传说中那个美丽的爱情故事，抑或相思成痴的范例，很自然也很贴切。

　　年年花月如此相似，西子湖畔却只留下一位孤零零的痴情身影。这是人心最沉重的伤，亦是世间最凄美的画。

　　西泠桥畔埋香之所，涤尽了人间的烦琐忧杂，埋尽了俗世爱恋。

　　所有的爱情何其相似，所有的痴恋何其相似，所有的相思又何其相似。

　　漫天飞雨，凄凉的排箫四起；西湖上，远处密密的苇荡内有成对成双的飞鸟掠空而起，声悲如嘶。

　　恍恍惚惚，犹如梦中，窗外有凄风冷雨敲击荷叶的空灵声响。

　　郑光祖缓缓睁开眼，他看到就在雨雾昏黄的窗外，站着一位似曾相似的纤巧身影。纵然面目模糊难辨，纵然身影模糊难辨，纵然举止模糊难辨，但他分明听到了那个止不住让他泪如雨下的声音：

　　"弊裘尘土压征鞍，鞭倦袅芦花。弓剑萧萧，一竟入烟霞。动羁怀西风禾黍，秋水兼葭。千点万点，老树寒鸦。三行两行，写长空历历雁落平沙。曲岸西边，近水涡、鱼网纶竿钓艖；断桥东下，傍溪沙、疏篱茅舍人家。见满山满谷，红叶黄花。正是凄凉时候，离人又在天涯。"

郑光祖泪水纵横，此首正是他当年在钱塘初识顾楚仪之后，倾心为她而作的曲子。记得那时，当他忐忑不安地将此首曲交与顾楚仪之手时，内心满是惶恐和羞愧。虽则他心里清楚，那是他倾尽所有的心智和才学之作，但是面对顾楚仪，他分明感觉到，曲中词句仍然是枯燥的干瘪的，很可能会遭到心仪的人儿耻笑。

郑光祖清楚地闻到了熟悉的胭脂香味，看到了那双纤嫩的手指接过了他的作品。他悬着的心并没有放下，反而更局促不安。他在心里默默念叨：日后，我定然会做一曲比现下这首更情真意切的作品。

就在心烦意乱之时，浑如现下，他清晰地听到了她细若娇盈的吟诵声。那时，他激动得险些跳将起来。

"楚仪，楚仪！"

窗外的身影仿佛没听到，她时而沉眉微诉，时而抬头畅吟，一举一动莫不柔缓雅致，在飞雨蒙蒙的窗棂上留下一道靓丽剪影。

断桥一别，你到底去了哪里？郑光祖意识到他仰躺在竹榻之上，整个身体就如同一座沉重的山岩，自己都无法控制，唯有因日夜思念而渐趋消瘦的手臂尚可活动自如。

正在郑光祖焦灼不堪时，却听窗外那个身影又在吟诵：

"相思借酒消，酒醒相思到。月夕花朝，容易怀抱。恹恹病转深，未否他知道。要得重生，除是他医疗。他行自有灵丹药。"

字字有诛心之力，句句有剥骨之痛。

一首诵完，身影仿佛挪动了一下身子，似是远离窗棂。

郑光祖大惊，那个可人儿莫非要走？不行，当年一别既成相思之灾，此次他断然不会轻易再让她离开自己。

郑光祖猛然用力，想要从竹榻上跃起。奇怪的是，平日里这架低矮的竹榻只需微微侧身，就可双足踏地。此时身体却像被某种无形的粗索紧紧绑缚在一起，丝毫动弹不得。郑光祖大骇，愈挣扎愈似筋骨都被竹榻之上的每一道片叶穿过！

所有的呼喊都若静寂无声，一切都淹没在密密的雨线中，眨眼不见踪影。眼见窗前的影子已缓缓走下台阶，郑光祖却无力阻止。

老天爷，为何如此残酷，咫尺之遥，却又远隔天涯！

郑光祖犹如中了魔咒，只能平躺在竹榻上眼睁睁地看着熟悉的身影走下台阶，走进院中那条日里被他修缮一新的甬道，走上院门石阶。就在石阶的门洞里，他看到那个身影停下了脚步，有意无意地朝他看了一眼，清澈透明的眼神里满是哀怨……

"顾楚仪！"

郑光祖热血上涌，拼尽全身力气从喉中迸裂而出！那声音，数里之外的钱塘边能够听到，雨雾苍茫的断桥边能够听到，绿荫丛中的灵隐寺能够听到！

终于，郑光祖从竹榻上坐起来了，眼前窗棂外空无一人，院中雨水肆虐的甬道中空无一人，石阶上门洞里空无一人。

原是南柯一梦。

泪水淌落胸前，衣襟已湿大片。郑光祖倏然发觉，唯有泪是真的，那种刻骨的相思是真的。

郑光祖痴呆如石雕，缓缓起身，木木地走至门边，靠着门扇，身子瘫软，慢慢滑落，跪坐于门槛上，泪落如雨……

第二十三章 相见时也难

月影铭心　青灯刻骨
一石起浪　唯我岿然
良辰美景　风调才情

月影铭心　青灯刻骨

灯红酒绿、逍遥纵情、放荡不羁的生活方式在经历了最初的表面繁华之后，自然而然地退隐于一种让人生无趣无味甚至无聊的布满灰烬的深渊之中。这种形式、格局与性质前后截然不同的感触，郑光祖并没有感觉到任何的不可思议，对他来说，世上但凡视野之所见、耳朵之所闻、鼻息之所味，诸如人间芸芸生命，不过都是过眼尘埃，与他无关。在这场注定悄无声息的过程中，在饱尝了人情冷暖一张纸，世态炎凉本是风，所有面对过或即将面对的指责议论、鄙弃恶讽、谩骂陷害，跌跌撞撞地独自一个人居然从家乡的汾河岸边走到了山明水秀的江南，居然从风雨侵袭的偏僻寓所走进了完全属于自己的高屋瓦舍之后，一切都归于虚无。

大门一闭，两个世界。

郑光祖习惯了在丝竹声乐中保持一颗坦然的心，更习惯了在月影孤灯下的独处。在他看来，独处方是人生自由的核心本色。

年近五旬的郑光祖，在他南下杭州二十多年之后，他的生活方式发生了翻天覆地的改变。这种改变与其说是厌倦了喧嚣与嘈杂，毋宁说是多年前根植于内心让他一生都念念不忘的恋情倏忽再现。所谓时光会磨耗掉消化掉所有的心理劫难和精神创伤，那必定是所经历的劫难不重，所遭受的创伤太浅罢了。同样所谓的苦短人生，不过是在走过之后玩味的感慨而已，实则人生相当漫长，漫长到空虚和无聊会占据绝大部分的无趣时光。迷茫由此而生，怅惘由此而生，痛苦由此而生，唯一可将这些让人瞠目结舌的迷茫、怅惘和痛苦全面掩盖的只有一个情，充满希望且一生都处于希望状态的牵挂。宛如苍穹圆月，最让人旷然心动即在将圆未圆之时。那种牵肠挂肚所表现出巨大的力量，用一条无形的容坚刚与柔韧一体的绳索，拉扯着你的心，让你既有走向可循无须经受恍惚无助的忧郁，又不时稍稍紧绷让你感到隐隐的痛意，不至于偏离那条既定的轨迹太远。活是为了对一种内在牵挂的终生寻觅，死也是为了对这种牵挂的无限靠拢。

一旦生与死的脚印合拍，牵挂自然消亡。与牵挂同步消亡的除了那种隐隐的痛，还有生命。痛，是生命的真颜色，而不是庸世人云亦云的团聚。表面热热闹闹、排排场场的团聚，衍生出多少无尽的猜忌、争端、侵害、残忍和厮杀。而造成这一切的根源就是趋近；趋近，就是灾难。

幸好，郑光祖机智而熟练地避开了那种足以要命的趋近，空空旷旷利利索索地一路走在平坦幽静的人世山野之内。笙歌燕舞的日子同样也不是例外，走过那段岁月之后驻足回望，郑光祖恍然而悟，如此热闹非凡的静象之下，实则隐藏着一种世人不易察觉的大寂静。轻盈而起的清灵乐声，柔曼而起的翩翩舞影原本就是道密不透风的厚重大幕，将人世万千杂乱无章的嘈杂一概隔于幕外。幕内，清纯干净，是适宜品味内心牵挂情怀的圣地仙境。在郑光祖看来，人生在世，最为完美的方式是随心所欲的创作。创作的状态是孤独的，创作的内涵却是怀拥整个空阔世界，风影月移，春绿秋黄，离愁别绪，尽可召之来挥之去，百味俱有，至为大乐。而比大乐更为完美的则是在曼妙清澈如泉水流淌的音乐中共频共振共享，两者相汇相融，碰撞交织的时光。

郑光祖全部拥有。慢慢回想，二十年间，年轻而朝气蓬勃的他懵懵懂懂地踏进世人趋之若鹜的俗世官场，在遭逢并备尝了其间谁都逃不脱的无聊防范、肆意陷害、钩心斗角，乃至围绕利益之核所产生的一系列恶毒谩骂、虚与委蛇、生死较量之后，他适时抽身而出，远离了心机重重陷阱重重的趋近。二十年后，同样因为内心的那份清清纯纯的牵挂，他再次做出与惯有的生活方式挥手作别的选择。

这种选择的产生，实是他越来越感觉到随着年龄阅历的不断增长，那份内心的牵挂时不时揪扯的力道日益加重，非是心底某处，而是整个身心都无法消融的痛觉所致。二十年来，那种痛觉由原来的数月一现逐渐缩短着这个周期，直到现在的数日一现甚至一日数现。那痛觉的来临无可躲避，郑光祖也不想躲避。实言讲，他的内心甚至充满了对那种痛觉的强烈渴望。唯有在痛中，他才体会到所有活着的意义，才让他品咂到痛中潜藏的乐。

如若真要给人世之属做某种框定的话，郑光祖是越活越豁然开朗了，人生非属有钱者，非属有权者，乃属有心者。

郑光祖人生道路的三个重要转折点，一是南下杭州，寻梦艺术之路；二是义无反顾脱离时人不解的"吏"途，消失在茫茫人海；三是悄无声息地从歌楼伎馆消失。

杭州城内瓦肆勾栏中，到处唱响他的杂剧，春夏秋冬，此起彼伏，日日不息；重重叠叠的歌楼舞榭中，艺伎们沉浸在郑光祖创造的剧中世界，感受着男男女女的悲欢离合，朱唇中吟唱着婉转的让人心碎的曲调。动情之时，她们依着楼栏，面朝茫茫的西湖山水，呼唤着"郑老先生"。

郑光祖老矣，由当年的"先生"又多了一个"老"字。庭院中，孤灯下，铜镜里，郑光祖看到了鬓间丛生的白发，看到了依旧光彩熠熠的眼眶之外，鱼鳞横亘，皱纹密布；就连嘴唇与脖颈之下，亦呈现出与昔年线条光洁的影子格格不入的岁月刻痕。

郑光祖稳稳地坐在窗前坚实高峻的圈椅内，他的目光炯炯，望着拂垂于窗外咫尺之遥的柳枝陷入习以为常的坐定。他的坐姿稳当且踏实，他的心境空灵又波澜起伏。笙歌再嘹亮再诱人，昔日和谐共处的艺伎朋交们的呼喊声再热烈再真挚，郑光祖都不为所动。所有的词作和曲调，所有的音乐与舞姿，所有的幕启与幕落，全都装进了他的心里。

但凡需要歌乐相伴，郑光祖只需心念一动，随手就是一出。舞台搭在心上，需悲即悲，需喜则喜，幕幕都是激荡人心的大戏。

整整一个春天一个夏天，郑光祖日则彷徉在西子湖畔，或在飞来峰下灵隐寺畔聆听晨钟暮鼓，或在潇潇雨落的苍茫云天下隔一道黄土与苏小小诚恳对话，或坐在北湖密密的浓荫下与孤零零的断桥隔水相望。相望的时光，总有一个影子犹如来自天外，时隐时现。夜则就在全面启开的窗前，一杯冒着腾腾热气的香茗，或一坛浓烈袭人的来自故乡的汾河老酒，在坐定中沉思，在坐定中发痴，在坐定中突然拍案而起！

能让勘透世事、沉稳练达、知足安惬的郑光祖拍案而起，且生命力间或爆发的只有一个，毫无疑问，就是创作。而创作的故事框构其源头正是那道隐隐的痛。

即将付诸案头的故事，其实诸如同时代大多数名家的作品一样并不复杂，无非男女之间的爱恨情仇。事实上，纵观古今乃至遥远的将来，世间关于饮食男女的话题具有无可替代的广泛性和普遍性，滋味浓郁，时嚼时新，且让人刻骨铭心。郑光祖所需倾注心血投入的故事中，诉说着那个历久弥新话题的方式、内容及所需表态的意义。

应该说，故事很可能在一次午后西湖的漫游，与烟雾迷蒙中的断桥隔水相望时隐隐地萌生了。或许那时天飘着细蒙蒙的雨丝，如一条玉带般横跨于湖岸与白堤前的断桥上，出现了一个隐隐约约的人影，孤孤单单地置于一把油布伞下。油布伞时隐时现，郑光祖痴迷般地站在断桥对岸的石亭下整整一个时辰，久久不肯离去。同样也是在那天晚上，他躺在住所的床榻上，看着头顶上方簇展一新的仰尘难以成眠。静如止水的表面掩饰不掉内心翻腾的火烫浆液。抑或就在那个梦中，脑海里反复出现断桥、伞影、青灯冷床，近而那种触角不断向身前身后延伸，青年时代的志向，聚聚散散的朋交，把酒论诗的干云豪气，最终愈来愈清晰地回归到熟悉的山水之间，回归到山水之间的油纸伞下。伞下的人影不再孤单，而是双手互握，在苍茫的雨雾中默默倾诉衷肠、怀念生死相依的恋人。

与以往创作不同的是，这个故事的整部框构尚未架定、脉络亦未通畅、风格尚未成型之前，郑光祖最先确定的是作品中男女主人公的名字。

男主角名为白敏中，女主角名为㑇梅香。

一石起浪　唯我岿然

元朝建立后的第三十四年，即元仁宗至大二年（1313），从帝国建立之初在朝野一直处于争论从未停歇的科举取士之制终于正式启动。

一石激起的波浪不止千重万重。震动最大的当然是广大儒士文士，在黑暗中摸爬滚打了几代人近八十年之久，一旦头顶广阔的天幕上出突然出现足以照亮人生的光芒，那种社会集体性的癫狂与灼热，想想都激动人心。

科考恢复，意味着光明的前途、地位的攀升、身份的变化、门庭的光楣、家族的荣耀，尤其关键的是，挣扎在社会底层对生活乃至生命无望的落魄凄惨局面一夜之间就可能发生惊天动地的大逆转。想想，一个昨日还衣衫褴褛食难果腹的穷小子摇身一变，扶摇直上，享受到了无数人一生都在梦寐以求人上人的日子，多新奇多刺激啊！

尽管天下士子很快发现，蒙古朝廷复科后的取士制度显现出对泱泱亿兆汉族子民极大的不公平。抱怨、指责、谩骂、愤怒，声讨如浪，但说归说骂归骂，并不影响每年科考之时，他们穿上家里压在箱底最体面的衣服，背着寄予改变命运热望沉甸甸的书册，走出家门，走离乡野，从四面八方千里迢迢赶往考试之地。他们脚步匆匆，必定在考舍大门启开的那一刻就神清气爽地站在大门外。

那个门，对他们来说太重要了也太庄严了，他们不惜以所有的青春热血乃至个人生命作为赌注，毫不吝啬地全部押上。

无论输赢，唯求一搏。

郑光祖没有那个心思更没有那个心劲，但他所创作的作品中，复科后的那道龙门被他郑重其事地当成了背景。这道背景的全部意义就在于，作品本身在呈现出极为明晰的时代特征时，顾及尘世芸芸大众的口味。更为重要的还有一条在郑光祖看来颇为戏谑性的内在铆接，那道龙门既是当前当朝开启的新门，也可能是数十年前日子久远到几乎遥不可及的那个时代里轰然倒塌的旧门。两座门既可在时间和空间上遥遥相对，又可合二为一。龙门只是背景，新与旧、毁与建，全凭观者的想象和认知，郑光祖毫不在意。

对他而言，那道门，就是天地面无表情冷森森地张开的大口，吞吐而出的绝非是妙音奇香，而是笑话。

从细雨蒙蒙的初秋到万物凋零、枯叶翻飞的初冬，三个月的时间，郑光祖又一部作品脱稿了。这部以白敏中与㑇梅香为主角的剧作，题目为《挺学士傲晋国婚姻》，正名为《㑇梅香骗翰林风月》。

古今皆知，为文者，从他沉浸于创作过程之始，就是一场漫漫的苦行僧之旅，脱稿之日，必定最为欢畅。事实上，这是一种大大的误解。恰恰相反，创作的过程既是一种痛苦孕育的过程，也同样是一段至为愉悦至为有意义的过程。一旦脱稿，非是欢畅和庆祝，而是一种深深的怅然和失落。

郑光祖即是。如此古怪的心理落差，幸好多年来他早就养成了弥补这种怅然和失落的独特方法。

郑光祖至为享受的正是实施这种方法的过程，当作品的最后一滴墨点随着笔锋猛然收起，握笔的手指总是神经质地起起落落，然后，起身将仍饱蘸着浓浓墨汁的毛笔浸泡在光洁锃亮铜盆的清水里，小心翼翼地进行清洗，连每根细微的毛毫都不放过。清洗的过程看上去是繁复而让人厌恶的，但郑光祖不在意。以往洗一支笔来来回回至少需要三盆水，而脱稿之日，他心甘情愿地准备至少五盆水。水就在庭院紧挨着山墙的梧桐树下，辘轳把和井绳就缠绕在一丛枝叶茂盛的斜斜伸出来的枝干上。郑光祖端着盆坐在树下的一块平整片石上。那块片石是从断桥边的乱石堆中在仔细详端了近一月之久才最终选定，并一口气扛回院中。坐在平坦的片石上，慢条斯理地清洗笔锋是一种快意，洗毕如何处理散发着墨香的污水更是一种快意。郑光祖在井沿边专门用石块砌了一个长宽深均为一尺左右的方形水池。小型水池与院内成畦的菜园形成一道缓坡，从水池外缘至菜园，凭脑海里关于家乡日夜滔滔不绝的汾河用小铁铲挖出一条曲曲折折的小河槽。洗漱完毕，余水皆倒于水池，然后他看着水头由水池的开口处沿着水槽满是激情地流进院落的田畦内。

做完这一切，郑光祖舒爽地大大伸着懒腰。在伸懒腰的过程中，脖颈挺直，眼望云天。他的视线总是先从正房屋梁上中间最突出的那道瓦楞线开始，由左至右沿着瓦檐缓缓移动，然后是东厢房，高耸的庭院门脊，几与门楼等高的南山墙，西厢房，一圈过后形成一道圆圆的闭环。

郑光祖神清气爽，心境舒畅，回到屋内，这才准备开始真正意义上的庆祝仪式。这种庆祝仪式的特别之处就在于，郑光祖用五只根据薄厚高低的瓷碗，以确定为五音。他的杂剧作品成型之后，并非常人以为的那样由行院或歌馆艺伎以琴乐配奏谱唱，而是曲曲必经自己之手。如此做法一来可检验曲调的乐感质感及其流畅性与流淌在自己内心的那股曲调是否合拍，二来在边敲击边吟唱的过程中也可对通篇做全面的梳理，及时发现在词曲谱奏时可能存在的失误，以便及时纠正，从而保证作品正式登台后的准确性，提升观众的愉悦感。

总而言之，这既是对自己精心孕育作品的全面审视，更是自始至终负责到底的精神所在。世上，还有什么比得上与自己所诞生的"孩子"进行面对面的深情恳谈更有意义的事呢？

尤为关键的是，几十年的杂剧创作，郑光祖本身就对乐谱有着极为熟悉的亲近感和参与感。五音对他而言，或悠缓或激昂或悲凄或欢快，他都如数家珍，无须闭目，即可娓娓吟来。

和爽清悠的秋风从窗外徐徐而起，梧叶飒飒。郑光祖持箸在手，口中喃喃数语，缓缓敲击碗沿，婉转悠扬的乐声随之而起……

良辰美景　风调才情

悠扬的乐声中，"白敏中"登台了，"㑇梅香"出场了，《㑇梅香骗翰林风月》首幕在郑光祖的居室内开演。

诗云："寂寞琴书冷竹床，砚池春暖墨痕香。男儿未遂风流志，剔尽青灯苦夜长。"

先唱首折部分：

【仙吕】【点绛唇】书丧秦嬴，道绝孔圣，坑灰冷。汉代儒生，他每都拨煨烬寻迹影。

【混江龙】孔安国传《中庸》《语》《孟》,马融集《春秋》祖述著左丘明,演《周易》关西夫子,治《尚书》鲁国伏生,校《礼记》舛讹杨子云,作《毛涛》笺注郑康成。无过是阐大道发扬中正,纪善言问答详明。咱祖父乃文林华胄,况外戚是儒业簪缨。哀先相几乎绝嗣,使小姐振厥家声。又何须悬头刺股,积雪囊萤。那里也齐家治国,显姓扬名。但只要动天机,合天理,识天时,顺天道,尽天心,知天命。寸阴是竞,万理咸精。

【哪吒令】摇玎冬玉声,蹴金莲步轻;蹴金莲步轻,踏苍苔月明;踏苍苔月明,浸凌波袜冷。

【鹊踏枝】花共柳笑相迎,风与月更多情。酝酿出嫩绿娇红,淡白深青。对如此良辰美景,可知道动骚人风调才情。

【寄生草】此景翰林才吟难尽,丹青笔画不成。觑海棠风锦机摇动鲛绡冷,芳草烟翠纱笼罩玻璃净,垂杨露绿丝穿透珍珠迸。池中星有如那玉盘乱撒水晶丸,松梢月恰便似苍龙捧出轩辕镜。

【归塞北】则你那年纪小,有路到青霄,有一日名挂在白玉楼头龙虎榜,愁甚么碧桃花下凤鸾交,早挣个束带立于朝。

第三折部分唱:

【越调】【斗鹌鹑】想着那星斗文章,几回家逢咱稽颡。只为那花月精神,一见了教人断肠。用了我说六国喉舌,下三齐智量,不甫能添了晚妆,推烧夜香,如此般月白风清,花浓气爽。

【紫花儿序】月溶溶梨花庭院,风淡淡杨柳楼台,雾蒙蒙芳草池塘。如此般好天良夜,淑女才郎,相将。意厮投门厮对户厮当,成就了只凤孤凰。这一个月夜南楼,那一个窥视东墙。

【金蕉叶】这的是桃源洞花开艳阳,须不比袄庙火烟飞浩荡。

阳台上云雨渺茫，可做了蓝桥水洪波泛涨。

第四折部分：

【双调】【新水令】今日个洞房中敕赐予栋梁材。则你那寄香囊故人安在？都因他七步才及第了。带得那一块刍过门来。他承恩在玉殿金阶，更堪那兰省乌台。似这般相貌胎孩。（带云）他今日到咱门呵。休想肯拜俺先代。

【驻马听】头刺在万丈深崖，苦志挨时怎的挨。（带云）那穷酸每一投得了官呵，胸脯在九霄云外。可正是春风来似不曾来。他穷骨头消不得相公宅。则是你那饥肚皮不克化黄齑菜。尽教他休要睬，不到那二更过敢挣破了天灵盖。

【沽美酒】汉相如志已谐，卓文君笑盈腮。这的是一段姻缘天上来。现如今名扬四海，正淑女配多才。

【太平令】俺小姐这一个有千般娇态，新状元有万种襟怀。荷皇恩荣升宠赉，成配偶不胜感戴。端的个美哉，壮哉，这都是圣裁。愿万万载民安国泰。

吟唱完毕，郑光祖将竹箸奋力掷向窗外，突然伏在宽大的桌案上，号啕大哭……

两个月后，《㑇梅香骗翰林风月》正式进入杭州各大瓦肆，大大小小十余家勾栏院几乎同时上演。二十余年来，郑光祖所创作的杂剧非但成为杭州各瓦肆争相排演的招牌戏，而且通过郑戏的上演，捧红了一大批优伶，有数十位名噪一时的伶角由杭州一路唱响周边三府四十余县，就连地处偏僻、交通不便的山村郊野，逢有节目，众口一辞写戏必写郑德辉郑老先生。

"郑老先生"成为众班主及优伶们发息内心的尊称,更成为民间男女老幼广泛的一致称谓。

新戏上市,作为剧作的创作人郑光祖原该高调庆贺,为何伏案号哭?究其因,必得从后世后人对他的作品,尤其是此幕《㑇梅香骗翰林风月》的追寻评价中寻求蛛丝马迹。

《㑇梅香骗翰林风月》的上演虽则震响了杂剧界,但其盛名也在后世为其留下了与事实完全不符,在某种程度上降至了其艺术成就,甚至掺杂了明明暗暗的丑化。

此处所谓的后世后人,主要是指明清两代的曲论家。

截至目前,在郑光祖残存的表现婚姻爱情的剧作仅有两种,一种是他人生的最后一部,代表他一生创作巅峰的《迷青琐倩女离魂》,一种即是新近刚刚完成并成功上演的《㑇梅香骗翰林风月》。

《㑇梅香骗翰林风月》全剧演绎唐代裴度之女小蛮与白敏中的爱情故事,而主角则是婢女樊素。小蛮与白敏中私期暗约,樊素传书递简,最终有情人成为眷属。全剧通过小蛮、樊素与白敏中之口,引经据典,文人气息极为浓厚。

后人论及此剧,多与一部几乎为同时代的剧作相比,这部剧作即为同为杂剧名家王实甫所做的《崔莺莺待月西厢记》。明清两代曲论家几乎众口一词,坚称《㑇梅香骗翰林风月》是模拟《崔莺莺待月西厢记》之作,受到普遍指责。清代文学评论家梁延枏在其著作《曲话》中称郑剧即是"一本小《西厢》"。并对两剧进行对照,断定《㑇梅香骗翰林风月》"皆一一照本模拟《西厢记》",甚至列举了不下十余条相同之处。

事实上,在指责郑光祖是否"模拟"王实甫之前,我们且详加分析,首先是《西厢记》的作者王实甫。王实甫生卒年不详,名德信,河北保定定兴人(今定兴县)。钟嗣成在《录鬼簿》中将其列入"前辈已死名公才人"。据元朝周德清《中原音韵》可知王实甫于元泰定元年(1324)前已去世。据此可知，王实甫与郑光祖应为同时代人，而彼时郑光祖南下杭州，杂剧创作已名震江南，到处传诵"郑老先生"之名。以郑光祖的声名和地位，不可能模拟一位名气远不如自己，且在当时受交通所限，两人一南一北隔江而各有生活及创作范围，郑模拟王之说显然既不合情又不合理。

王实甫在其一生中所著杂剧十四种，现仅存《西厢记》《丽春堂》《破窑记》三种。而较为著名的是写刘月娥和吕蒙正悲欢离合故事的《破窑记》，后世后人即疑此作非出自王实甫之手！

明朝著名评论家何良俊在《四友斋丛说》公开不赞同"元人称马（致远）、郑（光祖）、关（汉卿）、白（朴）"元曲四大家之排序，应"当以郑为第一"，赞赏"郑德辉所作情词，亦自与人不同……语不着色相，情意独至，真得词家三昧者也"。

现代戏曲理论家田同旭先生在《元杂剧通论中》称："《㑇梅香骗翰林风月》其独特的艺术构思，以一位婢女樊素扮正旦为主人公，反以小姐小蛮扮旦儿为陪衬人物，这在整个元曲及整个古代戏曲史上，唯有《㑇梅香骗翰林风月》！"

当代古典文学家、红学家陈中凡先生，在多年的研究中，遍阅史料，于《江海学刊》1961年2月号发文《关于〈西厢记〉的创作年代及其作者》提出"今传本《西厢记》实非王实甫所作，而是后期元曲家的集体创作，而《㑇梅香骗翰林风月》则是前继关汉卿（《西厢记》）、白朴（《东墙记》），下启今传本《西厢记》之间的一部剧作，而今传本《西厢记》的本事、套数、出没、宾白，以及前后关目，大致取法郑氏此剧。"

当然，"郑老先生"郑光祖号啕大哭与上述论辩毫无关联。他所哭者，是由他亲手创作的作品中"白敏中"与"小蛮"手挽手走入婚姻殿堂，有情人成了眷属，他蓦然想起心中那个熟悉的影子。

想起就心绞不已，就痛苦不已。至于他用心血写出的剧作，后世后人想怎么评就怎么评就随他去吧……

第二十四章 生死两茫茫

一帘秋雨　半生流年
王生写恨　倩女离魂
琴瑟齐奏　琵琶悠扬

一帘秋雨　半生流年

人生真的又苦又短,仿佛一夜之间,曾经精力充沛、豪情满怀的时光眨眼不知去向。须发皆白仅是表象罢了,让郑光祖感到怅闷的倒不是对生命终结前突然降临的恐惧,也不是对周遭弥漫人间烟火的留恋,而是一种隐隐的失望的痛。这种因失望而产生的痛是源于对大好光阴白白从指间溜走所至,他感觉到自己竟还有好多需要说的话好多需要做的文章还淤积在肚子里,没有说出来没有写出来,由此而让他恐惧莫名的是,当他意识到他需要更长久的时光来完成自己人生志向的所有命题时,突然脚腿不灵便了!

郑光祖设想过许多人生衰老时的困境和状态,却唯独遗漏了这一点。

走不出家门，就走不进广阔的有山有水有风有雨的人生视野。所有的生命给养都在门外的天地中，一旦丧失，曾经构建得再坚实的精神家园都面临着崩塌之险。这种崩塌比死亡阴森可怖，那种生不如死的痛楚不用想象都难以言表。

在彻底因为生命结束之前而卧床不起前，郑光祖最后一次走出院门，走进西湖，走进让他梦中出现无数次也让他做了无数次梦的山山水水。

山色、水雾、田园，曾经熟悉的风光突然显现出莫名其妙的距离感和陌生感，当年苇荡林立的区域茂密的景象已不再，取而代之的是泊靠岸畔大大小小的渔船。篷船之上，有袅袅的青烟，有鸡犬相逐，有书声琅琅；当年一望无际的近岸滩涂之上，不知从何时起，挖开了条条深沟浅壕，笨重的石头塞满了这些深沟浅壕，泥坯和青砖建起了一座座高峻的房屋，形成了人家，形成了街道，形成了市集。

一帘秋雨，半生流年。郑光祖就这样感慨着恍惚着，不得不睁大眼睛，绷紧神经，浑若置身于完全陌生的远方秘境，开始小心翼翼地仔细打量重新认识。

好在，西湖还是那个西湖，断桥还是那座断桥。郑光祖不得不将眼睛避开繁杂吵闹的市集人流，在迷雾一样的绵绵细雨中顺着西湖岸畔的青石板路一路寻觅着可能碰撞起心灵火花的精神秘境。

事实上，微微拱起的断桥还是幽静的安逸的，石栏上不太平整的柱础上淤积着零零散散的清澈水珠，晶莹剔透。

郑光祖突起童心，脑海里浮现在当初与少年时代的好友在家乡汾河水面上抛飞片石的游戏。平滑的石片在奋力远掷的过程中，犹如展翅飞翔在碧海云天之上的苍鹰，身姿优美，灵活自如。当然，断桥之上是完不成这种游戏了，关键是幼时的玩伴没有了，青春的日子一去不复返了。一路走，他一路用手拂落栏杆石础上的水珠，身后洒落一片茫茫飞雾。

突然，郑光祖看到断桥南端的雨雾中影影绰绰站着一位孤单的身影。

渐渐走近，他才看清那是位与他年纪仿佛的老妇人，她侧身而立，视线一直看着断桥下万朵雨花的湖面，怔怔发呆。让郑光祖大怔的是，他一眼看到老妇人瘦弱的胳膊下夹着一把合拢起的油纸伞！

"这么大的雨，老妹子咋地不回家？"

老妇人头也不回，仍旧看着愈来愈幽暗的雨雾，答非所问道："老哥哥定然也住得不远，从来都是一个人，心里定然有个念想的。"

郑光祖忽然觉得有点不好意思，笑道："啥念想不念想，远了老了就啥也想不起来了。老妹子莫非惦念着丈夫？还是孩子？"

老妇人点了点头，又缓缓摇了摇头，"死了，都死了，就剩下我这个老东西了——呀嗯呀儿，呔呔呔——骏马靡鞍紫锦袍，临军能识阵云高。等闲赢得食天禄，愿竭丹心辅圣朝。某乃冀王袁绍是也！"那老妇人突然张开手臂，腋下油纸伞忽做马鞭状，连连挥舞。老妇人的肢体神态异常活跃，唱起了戏文，而她所唱之曲段正是多年前自己所作《虎牢关三英战吕布》第一折的首唱之句。

恰在老妇人如醉如痴欢畅起舞的过程中，郑光祖发现看到她的脸上竟有数道隆起如血条的疮疤。道道疮疤一望便知已有多年，同脸上的肌肉色调已深深融于一处。他的心蓦地一阵莫名其妙的抽搐隐痛，他断定这位陷入某种近乎疯癫痴迷状态的老妇人身上，也许在她年轻的时候发生过极其残酷之事，毁了一个女人寄予其全部生命价值和意义的容貌，更碎了她的心。从此，她就像眼前一望无际浩浩西湖水面上随波逐流的浮萍，在自我的折磨中苦挨着她的青春年华，苦挨着她的生命余晖。

郑光祖断定，在这位老妇人内心深处，必定有一种强大的内在力量，诸如断桥的础石，让她风吹雨淋，让她弥久挺立。

老妇人撑起油纸伞，站在桥上，手舞足蹈，自言自语道："听我唱戏，我唱得一腔好戏文，老娘是杭州城的那个咿呀——呀角。"一嗓子出来，居然清清爽爽的，哪里像个老妇人，竟似个二三十岁的年轻伶儿，"咿呀——千点万点老树寒鸦,三行两行写长空历历呀呀雁落平沙。曲岸西边近水涡,渔网纶竿钓艖,断桥东下傍溪沙,疏篱茅舍人家。见满山满谷,红叶黄花。正是凄凉时候,离人又在天涯。"

郑光祖突然大骇,意识到必须赶快离开。

此时,雨线越下越大,天地昏黄一片。

"雨大了,快快回家吧!"

郑光祖低头冒雨向白堤方向而去。

身后,老妇人笑骂道:"兀那老汉子,头脑糊涂,眼也糊涂了吗?那是你的家吗?"

郑光祖头也不回,脚步踉踉跄跄。

老妇人手里的油纸伞掉落在地,她怔怔地呆立断桥之上,望着消失在雨雾中的郑光祖身影,手抚着脸上丑陋不堪的道道肉痕,大股大股的眼泪倏地夺眶而出。口中喃喃道:"老天爷啊,老娘的身子被人毁了,脸也被人毁了。这命原是成了草芥,瞎了眼的老天爷,你还我顾楚仪的命来!还我顾楚仪的命来!"

老妇人扑通跪在雨地里,颤抖着捧起雨水泥浆,疯了一样往脸上抹往身上涂,华发散乱,面色狰狞,仰天大笑。

笑声凄厉如狗吠狼嚎……

王生写恨　倩女离魂

郑光祖的脑海里再次浮现起那个熟悉的身影,那个身影没来由地同断桥上的老妇人合二为一,让他恐惧不已后怕不已。问题在于,那个身影总是出现在或夜晚午后小歇的深度梦寐里。梦的力量无比强大,梦仿佛剥离了他的魂,缥缥缈缈,既无法改变,又无法驱离。

一惊而起,郑光祖常常大汗透身。脑海渐渐明晰,陡然闪现出梦中场景,与远处的西湖重重相叠时,他的眼前陡然一亮。

郑光祖猛地跳下床,连履鞋都顾不上穿,赤脚几乎一路小跑至桌案前,颤抖着手在纸上写下一个大大的"魂"字。

这个率先出现在纸面上的"魂"字成为郑光祖创作史和生命史上颜色最靓丽光彩最夺目的一部作品的线头,这个线头最终将《迷青琐倩女离魂》这部在有元一代杂剧史上大放异彩的艺术精品推上前台。

《迷青琐倩女离魂》,在钟嗣成的《录鬼簿》和朱权的《太和正音谱》中均有著录。后世公认,此剧代表了郑光祖一生创作的最高成就。《迷青琐倩女离魂》与关汉卿的《王瑞兰闺怨拜月亭》、王实甫的《崔莺莺待月西厢记》、白朴的《裴少俊墙头马上》被誉为元曲四大爱情戏。

《迷青琐倩女离魂》原本取材于唐朝陈玄祐所著的传奇小说《离魂记》,以离奇怪诞的故事情节,反映了其时青年男女对婚姻自由的渴望,颂扬了一种追求自由、不惜抗争的无畏精神。离魂故事为古典小说较为常见的题材,最早见于南朝刘义庆所著《幽明录》之《庞阿》。到了唐朝,此类题材较为盛行,《太平广记》收录张荐著《灵怪录》之《郑生》,李亢著《独异记》之《韦隐》等剧均叙述唐人离魂故事,但描写简略,以陈玄祐的《离魂记》最为著名,对后世历朝历代文学影响甚巨。郑光祖所著《迷青琐倩女离魂》即据此本演绎而成。

郑光祖所著的《迷青琐倩女离魂》情节较为简单,全剧写书生王文举幼时父母给为他与张倩女订下终身,但后来倩女母亲以"俺家三代不招白衣女婿"为由迫使王文举赴京赶考。王文举启程后,张倩女的灵魂与躯壳脱离,身躯卧病在床,灵魂却追赶王文举并与之日夜相伴。王文举一举中第,带倩女的灵魂返回家园,倩女的灵魂与身躯方合而为一,皆大欢喜。倩女魂追王文举的行动告诉人们,封建礼教可以桎梏人的肉体,却控制不了人的思想感情。郑光祖通过对倩女离魂的描写,热情讴歌了青年男女为婚姻自由大胆冲破封建礼教藩篱的叛逆精神。曲词艳美动人，情节简单离奇，抒情写景，以景寄情，充满了积极的浪漫主义气息，在元杂剧中当属第一流作品。

田同旭先生在所著《元杂剧通论》中指出："《离魂记》与《迷青琐倩女离魂》的最大不同处在于，一为爱情而离魂，表现爱情理想；一为婚姻而私奔，关注婚姻现实。无论爱情还是婚姻，其结局如何，都决定一个女子的悲与喜。"

郑光祖的《迷青琐倩女离魂》之艺术成就，择其精彩片段如下：

楔子部分：

花有重开日，人无再少年。休道黄金贵，安乐最值钱。

黄卷青灯一腐儒，三槐九棘位中居。世人只说文章贵，何事男儿不读书。

【仙吕】【赏花时】他是个矫帽轻衫小小郎，我是个绣帔香车楚楚娘，恰才貌正相当。俺娘向阳台路上，高筑起一堵雨云墙。

【幺篇】可待要隔断巫山窈窕娘，怨女鳏男各自伤。不争你左使着一片黑心肠，你不拘箝我倒不想，你把我越间阻，越思量。

第一折部分：

【仙吕】【点绛唇】挨彻凉宵，疯然惊觉，纱窗晓。落叶萧萧，满地无人扫。

【混江龙】可正是暮秋天道，尽收拾心事上眉梢，镜台儿何曾览照，绣针儿不待拈着。常夜坐窗前烛影昏，一任晚妆楼上月儿高。俺本是乘鸾艳质，他须有中雀丰标。苦被煞尊堂间阻，争把俺情义轻抛。空误了幽期密约，虚过了月夕花朝。无缘配合，有分煎熬。情默默难解自无聊，病恹恹则怕知道。窥之远，天宽地窄；染之重，梦断魂劳！

【油葫芦】他不病倒，我猜着敢消瘦了。被拘箝的不忿心，教他怎动脚？虽不是路迢迢，早情随着云渺渺，泪洒做雨潇潇。不能勾傍阑干数曲湖山靠，恰便似望天涯一点青山小。（唱）他多管是意不平，自发扬，心不遂，闲缀作，十分的卖风骚，显秀丽，夸才调。我这里详句法，看挥毫。

【天下乐】只道读书人志气高，原来这凄凉，甚日了。想俺这孤男寡女忒命薄。我安排着鸳鸯宿，锦被香；他盼望着鸾凤鸣，琴瑟调；怎做得蝴蝶飞，锦树绕。

【哪吒令】我一年一日过了，团圆日子较少；三十三天觑了，离恨天最高；四百四病害了，相思病怎熬。（唱）千里将凤阙攀，一举把龙门跳，接丝鞭，总是娇娆。

【鹊踏枝】据胸次，那英豪；论人品，更清高。他管跳出黄尘，走上青霄。又不比闹清晓，茅檐燕雀；他是掣风涛，混海鲸鳌。

【寄生草】他拂索楮，鹅溪茧，蘸中山玉兔毫。不弱如骆宾王夜作论天表，也不让李太白醉写平蛮稿，也不比汉相如病受征贤诏。他辛勤十年书剑洛阳城，决峥嵘一朝冠盖长安道。

【村里迓鼓】则他这渭城朝雨，洛阳残照。虽不唱阳关曲本，今日来祖送长安年少，兀的不取次弃舍，等闲抛掉，因而零落！（唱）恰楚泽深，秦关杳，秦华高。叹人生，离多会少！

【元和令】杯中酒，和泪酌；心间事，对伊道。似长亭折柳赠柔条，哥哥，你休有上梢没下梢。从今虚度可怜宵，奈离愁不了！

【上马娇】竹窗外响翠梢，苔砌下深绿草，书舍顿萧条，故园悄悄无人到。恨怎消，此际最难熬！

【游四门】抵多少彩云声断紫鸾箫，今夕何处系兰桡。片帆休遮,西风恶,雪卷浪滔滔。岸影高,千里水云飘。

【胜葫芦】你是必休做了冥鸿惜羽毛。常言道:好事不坚牢。你身去休教心去了。对郎君低告,恰梅香报道,恐怕母亲焦。

【后庭花】我这里翠帘车先控着,他那里黄金镫懒去挑。我泪湿香罗袖,他鞭垂碧玉梢。望迢迢堆满西风古道,想急煎煎人多情人去了,和青湛湛天有情天亦老。俺气氲氲喟然声不定交,助疏剌剌动羁怀风乱扫,滴扑簌簌界残妆粉泪抛,洒细蒙蒙浥香尘暮雨飘。

【柳叶儿】见渐零零满江千楼阁,我各剌剌坐车儿懒去桥,他矻蹬蹬马蹄儿倦上皇州道。我一望望伤怀抱,他一步步待回镳,早一程程水远山遥。

【赚煞】从今后只合题恨写芭蕉,不索占梦揲蓍草。有甚心肠,更珠围翠饶。我这一点真情魂缥缈,他去后,不离了前后周遭。厮随着司马题桥,也不指望驷马高车显荣耀。不争把琼姬弃却,比及盼子高来到,早辜负了碧桃花下凤鸾交。

第二折部分:

【越调】【斗鹌鹑】人去阳台,云归楚峡。不争他江渚停舟,几时得门庭过马?悄悄冥冥,潇潇洒洒。我这里踏岸沙,步月华;我觑这万水千山,都只在一时半霎。

【紫花儿序】想倩女心间离恨,赶王生柳外兰舟,似盼张骞天上浮槎。汗溶溶琼珠莹脸,乱松松云髻堆鸦,走的我筋力疲乏。你莫不夜泊秦淮卖酒家?向断桥西下,疏剌剌秋水菰蒲,冷清清明月芦花。

【小桃红】我蓦听得马嘶人语喧哗,掩映在垂杨下,唬得我心头丕丕那惊怕,原来是响王吉王吉榔板捕鱼虾。我这里须风悄悄听沉罢,趁着这厌厌露华,对着这澄澄月下,惊的那呀、呀、呀寒雁起平沙。

【调笑令】向沙堤款踏,莎草带霜滑;掠湿湘裙翡翠纱,抵多少苍苔露冷凌波袜。看江上晚来堪画,玩冰壶潋滟天上下,似一片碧玉无瑕。

【秃厮儿】你觑远浦孤鹜落霞,枯藤老树昏鸦。听长笛一声何处发,歌欸乃,橹咿哑。

【圣药王】近蓼洼,缆钓槎,有折蒲衰柳老兼葭;傍水凹,折藕芽,见烟笼寒水月笼沙,茅舍两三家。

【麻郎儿】你好是舒心的伯牙,我做了没路的浑家。你道我为甚么私离绣榻,待和伊同走天涯。

【紫花儿序】只道你急煎煎趱登程路,原来是闷沉沉困倚琴书,怎不教我痛煞煞泪湿湿琵琶。有甚心着雾鬓轻笼蝉翅,双眉淡扫宫鸦,以落絮飞花。谁待问出外争如只在家,更无多话,愿秋风驾百尺高帆,尽春光付一树铅华。

【东原乐】你若是赴御宴琼林罢,媒人每拦住马,高挑起染渲佳人丹青画,卖弄他生长在王侯宰相家。你恋着那奢华,你敢新婚宴尔在他门下。

【棉搭絮】你做了贵门娇客,一样矜夸;那相府荣华,锦绣堆压,你还想飞入寻常百姓家?那时节似钱跃龙门播海涯,饮御酒插宫花。那其间占鳌头,占鳌头登上甲。

【幺篇】把艄公快唤咱,恐家中厮捉拿,只见远寒鸦,岸草汀沙,满目黄花,几缕残霞。快先把云帆高挂,月明直下;便东风刮,莫消停,疾进发。

【收尾】各剌剌向长安道上把车儿驾,但愿得文苑客当时奋发。则我这临邛市沽酒卓文君，甘休侍你濯锦江题桥汉司马。

第三折部分：

【中吕】【粉蝶儿】自执手临歧，空留下这场憔悴，想人生最苦别离。说话处少精神，睡卧处无颠倒，茶饭不知滋味。似这般废寝忘食，折挫得一日瘦如一日。

【醉春风】空服遍眩约不能痊，知他这腌臢病何日起，要好时直等的见他时，也只为这症候因他上得，得。一会家缥缈呵忘了魂灵，一会家精细呵使着躯壳，一会家混沌呵不知天地。

【迎仙客】日长也愁更长，红稀也信尤稀，春归也奋然人未归。我则道相别也数十年，我则道相隔几万里。为数归期，则那竹院里刻遍琅玕翠。

【红绣鞋】去时节杨柳西风秋日，如今又过了梨花暮雨寒食。(正旦唱)则兀那龟儿卦无定准，枉央及；喜蛛儿难凭信，灵鹊儿不诚实，灯花儿何太喜。

【普天乐】想鬼病最关心，似宿酒迷春睡。绕晴雪杨花陌上，趁东风燕子楼西。抛闪杀我年少人，辜负了这韶华日。早是离愁添萦系，更哪堪景物狼藉。愁心惊一声鸟啼，薄命趁一春事已，香魂逐一片花飞。

【上小楼】则道你辜恩负德，你原来得官及第。你直叩丹墀，夺得朝章，换却白衣。觑画仪，比向日、相别之际，更有三千丈五陵豪气。

【幺篇】空疑惑了大一会，恰分明这搭里。俺淘写相思，叙问寒温，诉说真实。他紧摘离，我猛跳起。早难寻难觅。只见这冷清清半竿残日。

【十二月】原来是一枕南柯梦里，和二三子义翰相知。他访叫科习五常典礼。通六艺有七步才识，凭八韵赋纵横大笔，九人上得遂风雷。

【哨遍】将往事从头思忆，百年情只落得一口长吁气。为甚么把婚聘礼不曾题，恐少年堕落了春闱。想当日在竹边书舍，柳外离亭，有多少徘徊意。争奈匆匆去急，再不见音容潇洒，空留下这词翰清奇。把巫山错认作望夫石，将小简帖联做《断肠集》。恰微雨初阴，早皓月穿窗，使行云易飞。

【耍孩儿】俺娘把冰绡剪破鸳鸯只，不忍别远送出阳关数里。此时无计住雕鞍，奈离愁与心事相随。愁萦遍垂杨古驿丝千缕，泪添满落日长亭酒一杯。从此去孤辰限凄凉日，忆乡关愁云阻隔，着床枕鬼病禁持。

【四煞】都做了一春鱼雁无消息，不甫能一纸音书盼得。我则道春心满纸墨淋漓，原来比休书多了个封皮。气得我痛如泪血流难尽，争些魂逐东风吹不回。秀才每心肠黑，一个个贫儿乍富，一个个饱病难医。

【尾煞】并不闻琴边续断弦，倒做了山间滚磨旗。划地接丝鞭别娶了新妻室。这是我弃死忘生落来的。

第四折部分：

【黄钟】【醉花阴】行李萧萧倦修整，甘岁月淹留帝京。只听的花外杜鹃声，催起归程。将往事，从头省，我心坎上犹自不惺惺，做了场弃业抛家恶梦境。

【喜迁莺】据才郎心性，莫不是向天公买拨来的聪明？那史内才外才相称，一见了不由人不动情。忒志诚，兀的不倾了人性命？引了人魂灵？

【刮地风】行了些这没撒和的长途有十数程，越恁地骨瘦蹄轻。暮春天景物撩人兴，更见景留情。怪的是满路花生，一攒攒绿杨红杏，一双双紫燕黄莺，一对蜂，一对蝶，各相比并，想天公知他是怎生，不肯教恶了人情。

【四门子】中间里列一道红芳径，教俺美夫妻并马儿行。咱如今富贵还乡井，方信道耀门闾昼锦荣。若见俺娘，那一会惊，刚道来的话儿不中听。是这等门厮当，户厮撑，怎教咱做妹妹哥哥答应？

【古水仙子】全不想这姻亲是旧盟，则待教祆庙火刮刮匝匝烈焰生，将水面上鸳鸯忒愣愣腾分开交颈，疏刺刺沙鞍雕鞍撒了锁𩨳，厮琅琅汤偷香处唱号提铃，支楞楞争弦断了不续碧玉筝，吉丁丁玟精砖上摔破菱花镜，扑通通冬井底坠银瓶。

【古寨儿令】可怜我伶仃，也那伶仃，搁不住两泪盈盈，手拍着胸脯自招承。自感叹，自伤情，自懊悔，自由性。

【挂金索】蓦入门庭，则教我立不稳，行不正。望见首饰妆奁，志不宁，心不定。见几个年少丫鬟，口不住，手不停；拥着个半死佳人，唤不醒，呼不应。

【尾声】猛地回身宋合并，床儿畔一盏孤灯。兀良，早则照不见伴人清瘦影。

（正末云）小姐分明在京，随我三年，今日如何合为一体？
（正旦唱）

【水仙子】想当日暂停征棹饮离尊，生恐怕千里关山劳梦频。没揣的灵犀一点潜相引，便一似生个身外身，一般般两个佳人。那一个跟他取应，这一个淹煎病损，母亲，则这是倩女离魂。

诗云：凤阙诏催征举子，阳关曲惨送行人。调素琴王生写恨，迷青琐倩女离魂。

琴瑟齐奏　琵琶悠扬

　　离散如何？生死如何？魂梦又如何！

　　郑光祖泪眼蒙眬，他已记不清有多少天就一直这样临窗枯坐。当年的满腹豪气、蓬勃激情、明晰思路已如枯尽的油灯、飘零的飞叶，渐渐耗灭。

　　眼角的皱纹亦呈松散干裂之势，就连眨一下都感觉到如山岳般的重负。远隔千里之遥黄土漫漫汾水滔滔的故乡故景，车水马龙繁闹市集中的花红柳绿自在逍遥，就连近在咫尺游了无数遍的西子湖都如同隔了一堵高峻厚重的山墙。那道山墙，与若干年前钱塘江边的短墙何曾相似，上有秋黄的枯草飒飒作响，有湿润的春苔滑腻如水，更有随风而逝的清尘漫卷无边。无论如何，他是跨不过去了，就连踮起脚尖偷偷眺望一下的力气和欲望都丧失得一干二净。

　　这是一段谁都避不开的等待旅程，也是一条谁都逃不脱的人生通道。旅程上，有春华秋月，有肥绿瘦红，有悲喜荣辱，滋味混杂，或如滔天的浪涛般汇入一汪深不见底的黑潭中，搅成一团糊糊状，什么都无从辨识。事实上，一切辨识的想法都毫无必要，也毫无意义，乃至就是一个任谁都觉得无聊的笑话而已。

　　原说人生如梦，何若说是一场由冥冥中伸出的大掌随手所捏的尊卑不分、贵贱不分、高下不分，乃至大小不分、形状不分、软硬不分的泥团！几滴潇潇秋雨，一切烟消云散。

　　窗外秋叶飞旋，星月寂寞。这枚落叶，无论如何是归不了根回不了家了，曾经，梦中那座作为人生归宿暖融融的黄土之下幽暗的深穴，陡然遥不可及，阴风飕飕，寒流刺骨，让他不寒而栗！

视野中倏忽出现白堤外孤岛边那座雨雾中的黄土丘,想起来时胸中竟然滚滚热浪。

远处,有震耳欲聋的钟声悠悠扬扬而起。郑光祖清楚,那是来自西湖边飞来峰下灵隐寺重重叠叠殿宇之内的钟声。

郑光祖咧嘴一笑,花白的胡须乱颤,干皱的手臂乱颤,渐趋熄灭的油灯光影乱颤……

郑光祖缓缓伏在宽大的桌案上,不觉沉沉睡去。

梦中,院门外好似有无数脚踪纷沓而至,有人站在台阶下高喊:

"郑老先生,再写一段好戏文如何?"

"郑老先生,再谱一首好曲调如何?"

"郑老先生,戏开了,戏开了!"

郑光祖双目紧闭,喃喃自语:"你们听去吧,老夫这辈子写的曲太多了,听的戏太多了,累了,想清静……"

"看戏去喽!"

呼啦啦脚踪乱响,闹杂杂纷沓而去。

西湖浩渺,层云万里,苍穹混沌。

云空之下,杭州城内各大瓦肆勾栏行院内灯火通明,亮如白昼,人声鼎沸,万众齐呼一个"好"!

舞台上,云板脆击,琴瑟齐奏,琵琶悠扬。

当红名优,着一袭水袖紫裙,款款而舞,舞姿柔曼,目光流盼,朱唇轻启:

"咿呀——你看他青渗渗秀眉长,高耸耸俊鼻梁。拳挛着手脚精神爽,潜形古树在村庄。生的来清奇面似雪,肤体白如霜。却怎么不教存画阁,莫不他举意隐空桑。他生得神采非凡像,美貌更端详。莫不是谪降天宫坠下方?不由我心欢畅。"

台下,万人齐声和唱,如涛如浪:"我——心——欢——畅!"